조영남 (趙英男, Young Nam Cho)

2002년부터 현재까지 서울대학교 국제대학원 교수로 재직하고 있다. 서울대학교 동양사학과를 졸업하고 정치학과에서 석사 및 박사 학위를 받았다. 중국 베이징대학(北京大學) 현대중국연구센터 객원연구원(1997~1998년), 난카이대학(南開大學) 정치학과 방문학자(2001~2002년), 미국 하버드-옌칭연구소(Harvard-Yenching Institute) 방문학자(2006~2007년)를 역임했다. 연구 성과로는 『중국의 통치 체제 1, 2』(2022년), 『중국의 엘리트 정치』(2019년), 『덩샤오핑 시대의 중국』(2016년) 3부작(『개혁과 개방』, 『파벌과 투쟁』, 『톈안먼 사건』), *Local People's Congresses in China*(2009년) 등 열여덟 권의 단독 학술서와 많은 학술 논문이 있다. 서울대학교 연구공로상(2007년), 니어(NEAR) 재단 학술상(2008년), 한국정치학회 학술상(저술부문)(2020년)을 수상했다.

(주)북이십일 경계를 허무는 콘텐츠 리더

21세기북스 채널에서 도서 정보와 다양한 영상자료, 이벤트를 만나세요!
페이스북 facebook.com/jiinpill21   **포스트** post.naver.com/21c_editors
인스타그램 instagram.com/jiinpill21   **홈페이지** www.book21.com
유튜브 youtube.com/book21pub

서울대 **가**지 않아도 들을 수 있는 **명강**의! 〈서가명강〉
'서가명강'에서는 〈서가명강〉과 〈인생명강〉을 함께 만날 수 있습니다.
유튜브, 네이버, 팟캐스트에서 '서가명강'을 검색해보세요!

중국의 위기 대응 정책

중국의
위기 대응 정책

코로나와의 인민 전쟁

조영남

21세기북스

중국은 왜 위기에 강한가?

길고 어두운 터널 같았던 코로나19의 위기가 끝난 지도 어느덧 1년이 다 되어간다. 지금도 우리 사회 곳곳에는, 또한 우리의 마음 속 깊은 곳에는 팬데믹(pandemic: 대유행 감염병)의 아픈 기억과 상처가 생생히 남아 있다. 그러나 인간은 망각의 동물! 시간이 가면 이것도 곧 잊힐 것이다. 그러기 전에 우리가 겪었던 경험을 분석하는 일은 학자에게 남겨진 중요한 과제다. 미래에 똑같은 비극을 반복하지 않으려면 지난 잘못을 깊이 있게 성찰해야 하고, 그런 성찰은 객관적이고 정확한 분석을 전제로 해서만 가능하기 때문이다.

이 책은 중국의 코로나 팬데믹 분투기다. 즉 중국이 지난 3년 동안 코로나19라는 국가적 위기를 극복하기 위해 어떤 정책을 어떻게 결정하여 집행했는지를 분석한다. 2019년 12월 초에 후베이성

(湖北省) 우한시(武漢市)에서 발생한 '원인 불명 폐렴'은 정부의 잘못된 초기 대응으로 인해 순식간에 전국으로 퍼져나갔다. 이후 '코로나19(Covid-19)'로 명명된 이 감염병은 전 세계로 빠르게 확산하면서, 최근에 인류가 경험해보지 못한 가장 강력한 팬데믹이 되었다. 한편 중국은 전면적인 대응 방침을 결정한 이후 두 달이 채 되기 전인 2020년 3월 중순 무렵, 코로나19를 '국내 확진자 없음(zero)' 상태로 통제하는 데 성공했다. 그리고 다시 2년이 지난 2022년 12월 말에는 제로 코로나(Zero-Covid) 정책을 공식 폐기했다. 이로써 3년 동안 이어진 중국의 '코로나와의 인민 전쟁(人民戰爭)'은 막을 내렸다. 이 책은 이에 대한 분석이다.

이 책은 또한 나의 코로나 팬데믹 분투기이기도 하다. 2002년에 중증 급성 호흡기 증후군(SARS: 사스)이 발생했을 때, 나는 중국 정부의 대응을 체계적으로 분석하지 않았다. 서울대학교 국제대학원의 교수로 임용된 지 1년이 되지 않아 정신없이 바빴기 때문이다. 또한 사스는 우리 사회에 큰 영향을 미치지 않아서 내가 직접 경험할 수 없었기 때문이기도 하다. 즉 사스는 '남의 일'이었다. 그러나 코로나19는 다르다. 이 감염병은 중국뿐만 아니라 한국도 강타했고, 우리도 중국처럼 3년 동안 이를 극복하기 위해 온갖 노력을 다해야만 했다. 즉 코로나19는 '우리의 일'이기도 하다.

그래서 코로나19가 창궐한 지난 3년 동안, 우리는 모두 이 감염병과 맞서 싸우기 위해 각자의 자리에서 무엇인가를 해야만 했다.

정부의 방역 정책을 충실히 따르는 일은 기본이었다. 작은 힘이나마 보태고자 자원봉사 활동에 참여한 사람도 있었다. 희생자 가족과 방역 일선의 의료인을 돕기 위해 성금을 낸 사람도 있었다. 그런데 중국 전문가로서 내가 가장 잘할 수 있고, 또한 내가 아니면 다른 사람은 할 수 없는 일이 있다고 생각했다. 바로 중국의 코로나19 대응을 분석하는 일이다. 이런 판단에서 자료 부족 등 악조건을 이겨내면서 중국의 감염병 대응을 분석하기 위해 최선의 노력을 다했다. 그래서 이 책이 나 개인의 코로나 팬데믹 분투기이기도 하다는 것이다.

이 책의 2부 「중국의 코로나19 대응」은 이런 분투의 결과물이다. 이것은 위기가 끝난 현재의 시점에서 과거를 회상하면서 쓴 글이 아니다. 대신 감염병이 발생한 2019년 12월부터 그것이 끝난 2022년 12월까지 3년 동안, 중국이 각 단계에서 어떻게 코로나19에 대응했는지를 면밀하게 관찰하면서 그때그때 분석한 연구 결과물이다. 그러다 보니 2부의 연구 질문(research question)은 당시에 내가, 더 나아가서는 팬데믹으로 고통받고 있던 우리가 한편으로는 중국을 원망하는 마음에서, 다른 한편으로는 정말로 궁금해서 누군가에게 묻고 싶었던 질문이기도 하다.

첫째, 왜 중국은 2002년 사스에 이어 2019년 코로나19에서도 초기 대응에 실패했을까? 중국이 초기 대응만 잘했어도 코로나19는 팬데믹으로 발전하지 않았을 것이고, 그랬다면 우리는 3년 동안의 고통을 겪지 않았을 수도 있었다. 그런데 이번에도 중국은 초기 대응에 실패했다. 특히 사스 이후 중국은 천문학적인 재정을 투입하여 감염병 예방 체계를 수립했고, 그 결과 2009년 신종 인플루엔자와 2013년 조류 인플루엔자를 초기에 통제하는 데 성공했다. 그러나 코로나19는 그렇지 않았다. 왜 그랬을까?

둘째, 어떻게 초기 대응에 실패한 중국이 전면적인 대응 방침을 결정한 지 두 달 만에 감염병을 성공적으로 통제할 수 있었을까? 중국은 사스 때도 그랬다. 즉 당시에도 중앙정부가 사스에 대한 전면적인 대응 방침을 결정한 이후, 불과 석 달 만에 사스를 통제하는 데 성공했다. 이는 일종의 역설(paradox)이다. 특히 전체 인구가 14억 명이 넘고, 전면 봉쇄된 후베이성의 인구가 5,700만 명, 그중에서도 76일 동안 봉쇄된 우한시의 인구가 960만 명인 점을 고려하면, 이는 정말 놀라운 결과다! 그것이 어떻게 가능했을까?

셋째, 왜 중국은 2022년 12월 말에 갑자기 제로 코로나 정책을 폐기하고, 대신 코로나와의 동행(With Corona) 정책을 결정했을까? 2022년 10월 말에 개최된 공산당 20차 당대회까지만 해도 시진핑 총서기는 앞으로도 계속 기존 정책을 유지하겠다고 말했다. 그래서 대부분 전문가와 언론은 중국의 '코로나와의 인민 전쟁'은 당분간 계속될 것으로 예측했다. 그런데 12월에 들어 갑자기 정책을 바꾼 것이다. 준비가 부족한 상태에서 이렇게 정책을 바꾸면, 적게는 수십만 명, 많게는 100만 명의 사망자가 발생할 수 있다는 예측 보고서가 이미 서너 편 발표되었다. 중국 정부도 이를 잘 알고 있었는데, 갑자기 제로 코로나 정책을 폐기한 것이다. 왜 그랬을까?

따라서 중국의 코로나19 대응에 관심이 있는 독자라면, 먼저 2부를 읽고, 그다음에 1부를 읽어도 좋을 것이다. 어떤 면에서 보면, 이렇게 순서를 바꾸어 읽는 것이 책을 더 흥미진진하게 읽는 방법일 수 있다. 아니면 아예 1부를 읽지 않고, 그냥 2부만 읽어도 좋을 것이다. 그것만으로도 중국의 코로나19 대응을 충분히 이해하고 평가할 수 있기 때문이다. 거기에 더해, 만약 한국과 중국의 대응을 비교하면서 읽는다면, 2부의 내용은 더욱 생동감 있게 다가올 것이다.

1부 「중국의 정책 결정 과정」은 이 책이 어떤 관점에서 중국의 코로나19 대응을 분석하는지를 설명하는 내용이다. 이 주제는 다양한 관점에서 분석할 수 있다. 예를 들어 감염병이 맹위를 떨치던 2020년 1월부터 4월까지 약 4개월 동안, 10여 명의 중국 지식인들은 자신의 '코로나와의 분투'를 일지(日誌)로 작성하여 인터넷과 소셜미디어(SNS)에 올렸다. 이 중에서 가장 유명한 것이 팡팡(方方) 작가가 쓴 『우한일기(武漢日記)』다. 또한 이런 일지를 모으고, 그 일지의 작가들을 전화 및 이메일로 인터뷰한 자료를 기초로, 봉쇄된 우한시의 실상을 체계적으로 기록한 중국 출신 미국 학자의 책도 있다. 이것들은 '내부자'의 관점에서 중국의 코로나19 대응을 기록한 것으로, 매우 의미 있는 일이라고 평가할 수 있다.

그런데 우리는 이런 관점에서 중국의 코로나19 대응을 분석할 수도 없고, 그렇게 할 필요도 없다. 지난 3년 동안 우리는 중국에 있지 않았을 뿐만 아니라, 이런 '내부자'의 경험 기록은 이미 충분히 있기 때문이다. 또한 이런 관점으로 중국의 감염병 대응을 잘 서술할 수 있지만, 잘 분석할 수 있다는 보장은 없다. 그래서 우리만의 관점에서 중국의 코로나19 대응을 정확하고도 객관적으로 분석할 수 있다면, 동시에 그것을 토대로 중국의 대응에 어떤 문제와 성과가 있었는지를 제대로 평가할 수만 있다면, 그것으로 충분하다.

이 책에서 내가 선택한 분석 관점은 정책 결정 과정이다. 이 관점에서는 각 국가가 어떤 정책으로 어떻게 국가적 위기에 대응하는지 체계적으로 분석할 수 있다. 그래서 이 관점을 사용하여 우리는 중국만이 아니라, 한국·미국·일본 등 다른 국가의 코로나19 대응도 분석할 수 있다. 여기에는 학술적인 논의도 일부 들어 있다. 그래서 1부의 내용은 일반 독자에게는 조금 생소할 수도, 조금 어려울 수도 있다. 그러나 중국 정치를 체계적으로 이해하고자 하는 학생이라면, 또한 약간의 시간을 더 투자할 수 있거나, 지적 호기심이 강한 독자라면 1부도 분명히 재미있게 읽을 수 있을 것이다.

이 책을 쓰면서 여러분들에게 많은 도움을 받았다. 2부에 실린 논문을 작성할 때, 그래프와 그림 작성에 도움을 주었을 뿐만 아니라, 이후에 책의 다른 곳을 집필하는 과정에서도 다양한 도움을 준 임꿔건, 왕흠우, 강승원, 오평평 조교에게 감사한다. 또한 책의 초고 전체를 꼼꼼하게 읽고 오타 수정 등 다양한 도움을 준 이서영 박사, 책의 구성 및 내용과 관련하여 유익한 조언을 해준 이정호 박사, 김희수 석사, 조대건 학생에게 감사한다. 이번에도 출판을 흔쾌히 수락해주신 21세기북스의 김영곤 대표이사님과 편집을 맡아 훌륭하게 책을 만들어주신 양으녕 팀장님과 노재은 선생님께도 감사드린다.

마지막으로, 7~8년 전부터 학계의 '극한직업(極限職業)'으로 전락한 중국 연구에 헌신하여, 밤낮으로 연구하고 가르치는 선배·동료·후배 학자들께 깊은 존경의 마음을 전한다. 또한 '중국의 똘마니'라는 주위의 따가운 눈총도 아랑곳하지 않고, 미래에 훌륭한 중국 전문가가 되겠다는 일념으로 열심히 공부하고 있는 우리 학생들과 젊은 연구자들께도 따뜻한 격려의 말을 전한다. 내가 오늘도 지치지 않고 계속 연구할 수 있는 것은, 같은 학문의 길을 가는 든든한 동학(同學)이 곁에 있기 때문이다.

2024년 2월 5일
관악산 자락의 서울대 연구실에서
조영남

차례

· 1장 ·

중국은 어떻게 위기에
대응하는가?

2023년은 중국이 개혁·개방 정책을 추진한 지 45년이 되는 해다. 지난 개혁·개방의 역사를 되돌아보면, 중국은 결코 순탄하고 안락한 꽃길만 걸어온 것이 아니었다. 반대로 거의 10년 주기로 국가적 위기에 직면했고, 그런 위기를 성공적으로 극복함으로써 현재 미국과 세계의 패권을 놓고 경쟁하는 강대국의 지위에 오를 수 있었다.

중국이 경험한 가장 최근의 국가적 위기는 2019년의 코로나 바이러스 감염병(Covid-19: 코로나19) 팬데믹이다. 코로나19가 중국을 강타했을 때, 국내외 언론과 일부 전문가들은 코로나19를 '중국판 체르노빌 사건'이라고 불렀다. 소련에서 1986년에 발생한 체르노빌 원자력발전소 사건과 그것을 은폐한 정부 정책이 나중에 밝혀지면서 소련의 붕괴를 초래한 하나의 계기가 되었듯이, 코로나19도 중국 붕괴의 계기가 될 수 있다는 의미에서 그렇게 불렀다. 그러나 3년이 지난 현재의 시점에서 보면, 그런 예상은 잘못된 것임이 드러났다. 최소한 통계 수치로만 보면, 중국은 성공적으로 코로나19를 극복한 국가 중 하나다.

예를 들어, 2023년 4월 말 기준으로 스타티스타(Statista)의 통계에 따르면, 코로나19 사망자 수는 중국이 약 5,000명(5,272명)으로, 미국의 약 116만 명(116만 1,164명), 인도의 약 53만 명(53만 1547명), 러시아의 약 40만 명(39만 8,895명), 한국의 약 3만 4,000명(3만 4,495명)보다 훨씬 적다.[1] 국내총생산(GDP)으로 계산한 연평균 경제성장률도 2020년 2.2%, 2021년 8.4%, 2022년 3% 등 3년 평균 4.5%를 기록했다. 이는 미국·일본·유럽의 주요 선진국과 비교했을 때 높은 수치다. 즉 중국은 비교적 적은 인명 피해를 기록하면서 코로나19를 통제했을 뿐만 아니라, 경제성장률도 일정한 선에서 유지하는 등 '두 마리 토끼'를 모두 잡는 데 성공한 셈이다.

그렇다면 중국은 최근의 코로나19를 포함해 개혁기 45년 동안에 겪었던 수많은 국가적 위기에 어떻게 대응했을까? 중국이 이런 위기를 극복할 수 있었던 것은 우연이었을까, 아니면 중국만의 그 무엇이 있었기에 가능한 것이었을까? 또한 우리는 그것을 어떻게 분석하고 설명할 수 있을까?

1. 개혁·개방 45년: 위기와 극복의 역사

사실 1978년에 시작된 중국의 개혁·개방 정책 그 자체도 국가적 위기의 산물이었다. 마오쩌둥(毛澤東) 시대(1949~1976년)의 대약진운동(大躍進運動: 1958~1960년)과 문화대혁명(文化大革命: 1966~1976년)을 겪으면서 국민은 말할 수 없는 고통을 겪었다. 그 결과 민심은 공산당을 떠나고 있었다. 1976년에 마오쩌둥이 죽었을 때 유행하던 '삼신위기(三信危機: 세 가지 신뢰의 위기)', 즉 국민이 사회주의·혁명·공산당을 더 이상 신뢰하지 않는 정치 위기는 이를 잘 보여준다. 만약 이것을 그대로 방치할 경우, 공산당은 집권을 장담할 수 없었다. 덩샤오핑(鄧小平)을 중심으로 하는 새로운 지도부가 1978년 12월에 개최된 공산당 11기 중앙위원회 3차 전체회의(11기 3중전회)에서 개혁·개방 노선을 결정한 것은 이 때문이었다.[2]

(1) 톈안먼 민주화 운동과 아시아 금융위기

그런데 개혁·개방 정책을 추진한 지 10년쯤 되었을 때, 중국은 다시 두 가지의 거대한 국가적 위기에 직면한다. 첫째는 내부적 도전으로, 1989년 6월에 발생한 '톈안먼(天安門) 민주화 운동'이다. 톈안먼 민주화 운동을 통해 공산당은 대학생과 베이징시 등 대도시 주민으로부터 통치의 정통성을 의심받는 존재로 전락했다. 특히 '인민의 군대가 무력으로 인민을 진압했다'는 사실은 군의 정통성

마저 위태롭게 만들었다.

둘째는 외부적 충격으로, 1989년부터 시작된 동유럽 사회주의 국가들의 붕괴와 1991년의 소련 붕괴다. 사회주의권의 붕괴는 더욱 치명적인 영향을 미쳤다. 이제 '사회주의의 시대'는 끝났다는 사실을 증명하는 역사적 사건이었기 때문이다. 그러나 중국은 1992년 초에 있었던 덩샤오핑의 '남순강화(南巡講話: 덩이 남쪽 지방을 순회하면서 개혁·개방의 필요성을 역설한 사건)'와 1992년 말에 개최된 공산당 14차 당대회에서 '사회주의 시장경제론'을 공식 채택하면서 개혁·개방에 더욱 매진했다.[3] 그 결과 다시 한번 비약적인 경제성장을 경험하게 된다.

그로부터 다시 10년 뒤인 1997~1998년에는 아시아 금융위기가 터졌다. 태국에서 시작된 금융위기는 한국을 포함해 아시아 지역의 개발도상국을 강타했다. 중국도 이 위기를 피해 갈 수 없었다. 1992년 공산당 14차 당대회 이후 시작된 국유기업 개혁으로 인해 이미 3,000만 명에서 4,000만 명에 달하는 대규모 실업자가 발생했다. 따라서 이 문제를 해결하는 것만으로도 벅찬 상태였다. 이런 상황에서 터진 아시아 금융위기는 설상가상으로 경제에 악영향을 미쳤다.

여기에 더해 1997년 7월 1일에 영국으로부터 돌려받은 홍콩이 경제위기에 직면하지 않도록 만드는 것이 중국에는 최우선적인 임무였다. 이는 '국가적 체면'이 걸린 문제였기 때문이다. 다행히도 중국에는 주룽지(朱鎔基)라는 걸출한 정치 지도자(총리)가 있어서 국유기업을 개혁하고, 홍콩의 경제위기도 극복할 수 있었다. 이 무렵 중국은 '아시아 강대국(regional power)'으로 불리기 시작했고, 장쩌민(江澤民) 정부는 '책임지는 강대국(負責任的大國)'이라는 새로운 외교 방침을 천명했다.

(2) 세계 금융위기와 미국의 '아시아로의 회귀'

그런데 다시 10년 뒤인 2007~2008년에는 세계 금융위기가 터졌다. 이번에는 위기의 진원지가 선진국의 심장인 미국이었다. 당시 미국은 중국의 최대 무역국이자 중국에 자본과 기술을 공급하는 주요 국가로서, 미국의 경제위기는 곧 중국의 경제위기로 확대될 가능성이 컸다. 실제로 광둥성(廣東省)을 비롯해 수출 중심의 공업 지대에서는 수많은 기업의 도산과 함께 대량의 실업자가 발생했다. 여기에 더해, 2009년에 집권한 오바마(B. Obama) 정부는 '아시아로의 회귀(pivot to Asia)' 정책을 호기 있게 선언하면서 중국에 대한 견제 방침을 분명히 밝혔다.

그러나 금융위기에 더해 국민 생활 악화 등의 어려움에 직면하면서 오바마 정부는 국내 문제 해결에 우선순위를 둘 수밖에 없었다. '오바마 케어(Obama care)'로 불리는 국민 의료보험 제도의 도입이 대표적이다. 게다가 미국은 2001년 9·11 사건 이후 10년 동안 '테러와의 전쟁(war against terrorism)'을 선포하고 중앙아시아와 중동

등지에서 전쟁에 몰두하면서 이미 국력을 많이 소진한 상태였다. 즉 미국도 일본처럼 '잃어버린 10년'을 겪고 있었다. 그 결과 중국을 견제할 힘이 없었고, 오바마 정부의 중국 견제 선언은 선언으로 끝나고 말았다.

이와 같은 미국의 '잃어버린 10년'과 내부의 위기 상황을 적절히 이용하여 중국은 혁신(創新, innovation) 주도의 경제발전 전략과 아시아 주변국과의 관계 강화라는 외교 전략을 민첩하게 추진했다. 그 결과 국력이 증진되고, 국제적 지위도 높아졌다. 드디어 2010년에는 일본을 제치고 세계 2위의 경제 대국—당시 일본의 국내총생산은 5조 6,000억 달러, 중국은 5조 8,000억 달러였다—이 되었다. 이때 중국이 미국과 함께 세계를 다스린다는 'G-2(Group of Two: 미국과 중국)'라는 용어가 등장했다. 중국 경제와 미국 경제가 한 몸처럼 밀접하게 결합해 있다는 '차이메리카(Chimerica: China+America)'라는 말도 이때 유행했다.

그리고 다시 10년이 지난 2019년에 코로나19 팬데믹이라는 국가적 위기를 맞은 것이다. 사실 10년 주기로 국가적 위기를 경험한 것 외에도 중국은 다양한 크고 작은 위기를 맞았다. 자연재해로는 2019년의 코로나19 외에도 2002년의 중증 급성 호흡기 증후군(SARS: 사스), 2008년의 쓰촨성(四川省) 원촨(汶川) 대지진, 2009년과 2013년의 신종 인플루엔자(독감)와 조류 인플루엔자가 있었다. 정치적으로는 톈안먼 민주화 운동(1989년)과 소련 붕괴(1991년) 말고도

1986~1987년의 대학생 민주화 운동, 2008년의 티베트 장족(西藏藏族) 자치구와 2009년의 신장 위구르(新疆維吾爾) 자치구에서 발생한 대규모 소수민족 시위가 있었다. 이를 보면 중국은 수많은 위기를 겪으면서 대응 능력을 키워왔다고 말할 수 있다.

2. 중국은 왜 위기에 강한가?

그렇다면 중국은 왜 위기에 강한 것일까? 일부 학자들은 중국이 '권위주의 이점(authoritarian advantage)'을 갖고 있어서 2002년 사스나 2019년 코로나19 같은 긴급 상황에 잘 대처할 수 있다고 주장한다. 여기서 권위주의 이점은 위기 시기에 발휘되는 중국 정치체제의 장점, 즉 중앙으로의 권력 집중과 중앙의 신속하고 과감한 정책 결정, 지방의 효과적인 정책 집행, 정부 결정에 대한 대중의 지지와 호응, 정부의 대중매체 통제 능력 등을 말한다.[4]

이런 주장은 일면 타당해 보인다. 코로나19에 대한 중국의 대응과 미국의 대응, 그리고 실제 방역 결과를 비교해보면, 최소한 위기 시기에는 중국이 '권위주의 이점'을 누리는 것처럼 보이기 때문이다. 그러나 자세히 살펴보면 이는 사실이 아니라는 점을 쉽게 알 수 있다. 단적으로 전 세계에 존재하는 수많은 권위주의 국가 중에서 중국처럼 할 수 있는 국가는 없기 때문이다. 다시 말해, 중국이 권위주의 국가여서 그렇게 할 수 있는 것이 아니다.

인구 960만 명의 우한시(武漢市)—서울시 인구와 같은 규모다—를 76일 동안 주택단지 내로 봉쇄할 수 있는 행정 능력과 통치 체제(governance system)를 갖춘 국가, 인구 2,600만 명의 거대 첨단도시 상하이시(上海市)—서울시, 인천시, 경기도 등 수도권 전체를 합한 인구 규모다—를 두 달 동안 봉쇄할 수 있는 능력과 체제를 갖춘 국가, 인구 5,700만 명의 후베이성(湖北省) 전체—한국의 인구 규모보다 크다—를 한 달 이상 봉쇄할 수 있는 체제와 능력을 갖춘 국가가 전 세계에 중국 외에 또 있을까? 따라서 이는 '권위주의 이점' 혹은 '민주주의 약점(disadvantage)'의 문제가 아니다.

반면 중국 정부와 일부 중국 학자는 이를 '중국 특색 사회주의 체제의 우월성'을 보여주는 근거라고 주장한다(이런 표현을 직접 사용하지 않는 학자들도 실제로는 같은 내용을 주장한다). 코로나19 방역 과정에서 보여준 중국의 모습이 대표적이다. 통일적이고 효율적인 지휘 체계의 수립과 지도, 전 국민이 참여하는 엄밀한 방역 체계의 구축과 운영, 과학기술을 이용한 타당한 방역 정책의 수립과 집행, 전체 국민의 희생정신과 헌신적인 활동 등이 이를 잘 보여준다는 것이다.[5]

그런데 이런 주장을 자세히 살펴보면, 앞에서 살펴본 '권위주의 이점'의 내용과 크게 다르지 않다. 즉 같은 주장의 반복이지, 결코 새로운 주장은 아니다. 더욱 심각한 문제는, '권위주의 이점'이건 아니면 '중국 특색 사회주의 체제의 우월성'이건, 코로나19의 신속한 통제에 성공한 그 정치체제가 바로 코로나19의 초기 대응에 실패해 중국뿐만 아니라 전 세계에 막대한 피해를 준, 같은 정치체제라는 점이다.

뒤에서 살펴보겠지만, 2002년 사스 사태와 2019년 코로나19 사태 모두에서 중국은 '신속한 통제'에는 성공했지만, '초기 대응'에는 실패함으로써 감염병이 전 세계로 확산하게 된 빌미를 제공했다. 만약 두 경우 모두에서 중국이 초기에 제대로 대응했으면, 사스나 코로나19는 팬데믹으로 발전하지 않았을 것이다. 이런 면에서 신속한 통제라는 한 측면만 강조하면서 '권위주의 이점' 혹은 '중국특색 사회주의 체제의 우월성'을 주장하는 것은 타당하지 않다.

3. 중국의 코로나19 대응을 어떻게 분석할 것인가?

그렇다면 '초기 대응 실패'와 '신속한 통제 성공'이라는 양면적인 모습을 동시에 보여주는 중국의 사스 및 코로나19 대응을 우리는 어떻게 분석해야 하는가? 더 나아가서는 개혁기에 중국이 보여준 위기 대응 과정과 결과를 어떤 관점에서 어떻게 분석할 수 있을까?

(1) 정책 결정 과정의 관점

나는 정책 결정 과정(policy-making process)의 관점에서 중국의 코로나19 대응, 즉 '초기 대응 실패'와 '신속한 통제 성공'이 동시에 나타나는 현상을 분석하려고 한다. 이 관점을 통해 중국이 국가적 위기에 어떻게 대응하는지를 가장 잘 분석할 수 있다고 생각하기 때문이다. 여기서 정책 결정 과정이란, '국가가 정책을 결정하고 집행하는 과정'을 말한다. 학계에서는 이를 줄여서 '정책 과정(policy process)'이라고 부르는데, 일반인에게는 '정책 결정 과정'이라는 말이 더 친숙할 것 같아서 그렇게 부르려고 한다.

그렇다면 우리는 왜 정책 결정 과정의 관점에서 중국의 코로나19 대응을 분석해야 하는가? 또한 왜 이렇게 해야만 이 주제를 제대로 분석할 수 있다고 주장하는가? 정치는 "일정한 국민과 영토 내에서 공적이고 권위 있는 정책 결정을 둘러싸고 벌어지는 제반 활동"으로 정의할 수 있다. 결국 정치는 '정책 결정을 둘러싸고 벌어지는 과정과 갈등'을 가리키는 것으로, 정치의 핵심 내용이 바로 '정책 결정'이다.[6]

따라서 정책 결정 과정의 관점에서 중국의 코로나19 대응을 분석한다는 것은, 코로나19라는 국가적 위기에 직면하여, 중국이 어떤 대응 정책을 어떻게 결정해 집행하는지를 분석한다는 것을 의미한다. 이는 곧 중국 정치체제가 국가적 위기를 극복하기 위해 실제로 어떻게 움직이는지를 분석하는 것이기도 하다. 따라서 이와 같은 분석을 통해 우리는 중국이 어떻게 위기에 대응하는지는 물론, 왜 위기에 강한지도 제대로 이해할 수 있다.

(2) 두 가지의 이점

조금 더 자세히 설명하면, 정책 결정 과정의 관점에서 중국의 코로나19 대응을 분석할 경우는 두 가지 이점이 있다. 첫째, 중국 정치체제의 특징을 파악할 수 있다. 일상 시기에도 그렇지만 위기 시기에 직면하면, 공산당 중앙과 중앙정부(국무원) 등 '중앙'은 대응 정책을 신속하고 과감하게 결정하고, 국가·사회·국민은 위기 극복을 위해 중앙이 결정한 정책을 비교적 충실히 집행한다. 정책 결정 과정의 관점은 바로 이런 과정과 결과뿐만 아니라, 공산당—국가—사회—국민 간의 역동적인 상호작용도 체계적이고 종합적으로 분석하는 접근법이다.

구체적으로 코로나19라는 국가적 위기에 직면하여 중앙은 어떤 대응 정책을 어떻게 결정할까? 중앙이 결정한 정책을 국가 관료조직과 지방정부는 어떻게 집행할까? 만약 이들이 대응 정책을 충실하게 집행하지 않는다면, 중앙은 어떻게 그들을 강제할 수 있을까? 일반 시민과 사회단체(NGO)는 정책 집행 과정에서 어떤 역할을 담당할까? 이들을 동원하기 위해 공산당과 정부는 어떤 정책을 구사할까? 정책 결정 과정의 관점에서는 이런 질문에 답할 수 있다. 그리고 이런 모습이 바로 중국 정치체제가 실제로 움직이는 생생한 모습이기도 하다.

둘째, 중국이 왜 과거에 위기에 강했는지를 이해할 수 있고, 미래에도 각종 위기를 극복하면서 계속 발전할 수 있을지를 전망할 수 있다. 앞에서 살펴보았듯이, 중국은 개혁기 45년 동안 10년 주기로 찾아오는 위기를 극복하기 위해 노력했고, 결국은 매 위기를 잘 극복하여 다시 도약하는 역사를 경험했다. 우리는 정책 결정 과정의 관점을 통해 중국이 어떻게 과거의 위기를 기회로 전환하면서 발전할 수 있었는지를 이해할 수 있다.

또한 중국의 과거가 어려웠다면, 미래도 그만큼 어려울 수 있다. 대외적으로는 현재의 패권 국가(hegemonic power)인 미국이 중국의 부상을 정면에서 막고 있기 때문이다. 대내적으로는 쉬운 개혁 과제는 거의 다 끝나고, 어렵고 힘든 과제만 남아 있기 때문이다. 중국이 발전 초기에 누렸던 후발주자의 이점도 이미 대부분 소진했고, 앞에는 더 높은 단계로 도약해야 하는 어려운 도전 과제만 남이 있기 때문이다. 따라서 미래에도 위기는 반드시 찾아올 것이고, 중국이 초강대국이 되기 위해서는 이런 위기를 잘 극복해야만 한다. 정책 결정 과정의 관점은 이를 전망할 수 있는 근거를 제공해 줄 것이다.

4. 책의 구성과 주요 내용

이 책은 1부와 2부로 구성되어 있다.

1부에서는 「중국의 정책 결정 과정」을 분석한다. 여기서는 먼저, 중국의 정책 결정 방식에는 어떤 것이 있는지 자세히 분석한다. 중국에는 현재 세 가지 종류의 정책 결정 방식이 사용되고 있다. 첫째는 관료적 정책 방식, 줄여서 관료 방식이다. 둘째는 운동식 정책 방식, 줄여서 운동 방식이다. 셋째는 실험에 기초한 정책 방식, 줄여서 실험 방식이다. 일상 시기에는 세 가지 종류의 정책 결정 방식이 모두 사용되지만, 위기 시기에는 이 중에서 운동 방식만이 사용된다. 이것이 2장의 내용이다.

3장에서는 일상 시기의 정책 결정 과정을 좀 더 잘 이해하기 위해 사례 분석을 시도한다. 사례로는 2006년부터 2009년까지 4년 동안 힘들고 어려운 과정을 거쳐 결정된 의료 개혁을 선택했다. 의료 개혁은 전체 국민의 생활과 밀접히 관련된 국민적 관심사이면서, 동시에 수많은 관료조직과 이익집단의 이해가 걸린 중대한 정책이기도 하다. 그래서 정책 결정과 집행이 매우 어려웠다. 이에 대한 분석을 통해 우리는 일상 시기에 관료 방식을 통해 중요한 정책이 어떻게 결정되고 집행되는지를 이해할 수 있다.

2부에서는 「중국의 코로나19 대응」을 분석한다. 일상 시기와 달리 위기 시기가 찾아오면, 공산당 중앙은 관료 방식 대신에 운동 방식을 사용하여 대응 정책을 신속하게 결정하고, 그렇게 결정한 정책을 국가·사회·국민을 총동원하여 일사불란하게 집행한다. 여기서는 코로나19라는 국가적 위기에 직면하여 중국이 어떤 정책을 어떻게 결정하여 집행했는지를 상세히 검토한다.

2002년 사스와 2019년 코로나19에 대한 중국의 대응 과정을 살펴보면, '초기 대응 실패'와 '신속한 통제 성공'이 동시에 나타나는 역설(paradox)이 반복되고 있음을 알 수 있다. 따라서 중국의 코로나19 대응 정책을 이해하기 위해서는 왜 이런 역설이 반복되는지를 이해해야 한다. 이를 위해 나는 이 책에서 크게 세 가지 문제를 집중적으로 분석할 것이다.

첫째, 중국이 왜 코로나19의 초기 대응에 실패했는지를 분석한다. 2002년 사스 이후 중국은 그간의 경험을 토대로 감염병에 대응하기 위해 법적·제도적 정비를 서둘렀을 뿐만 아니라, 지방과 지역 사회의 공중 보건위생 체계를 더욱 완벽하게 만들기 위해 천문학적인 재정을 투입했다. 그 결과 2009년과 2013년에 신종 인플루엔자와 조류 인플루엔자가 전 세계를 휩쓸었을 때도 큰 문제 없이 잘 대처할 수 있었다. 그러나 코로나19가 발생했을 때는 사스 때처럼 초기 대응에 다시 한번 실패한다. 왜 그랬을까? 4장에서는 이를 자세히 살펴본다.

둘째, 초기 대응에 실패한 중국이 어떻게 코로나19의 신속한 통제에는 성공했는지를 분석한다. 2020년 1월 20일에 중앙정부는 코로나19에 대한 전면 통제 방침을 결정하고, 이를 실행하기 위해 1월 23일부터 우한시와 후베이성의 주요 도시를 봉쇄했다. 이후 약 두 달이 지난 3월 19일에는 해외에서 감염되어 입국한 사람은 있지만, 국내에서 감염된 사람은 없다고 선언할 수 있었다. 불과 두 달 만에 코로나19의 확산을 통제하는 데 성공한 것이다. 이것을 이해하려면 먼저 중앙의 정책 결정과 감독을 분석해야 한다. 5장의 내용이다. 또한 지방과 지역 사회의 정책 집행을 분석해야 한다. 6장의 내용이다. 이를 통해 우리는 중국이 왜 위기에 강한지를 제대로 이해할 수 있다.

셋째, 중국이 왜 갑자기 '제로 코로나' 정책, 즉 코로나19의 확산을 차단하기 위한 지역 봉쇄와 바이러스 박멸 정책을 폐기했는지를 분석한다. 2022년 초부터 오미크론 변이가 델타 변이를 제치고 코로나19의 우세종이 되면서, 전 세계 대부분 국가는 제로 코로나 정책을 폐기하고, '코로나와의 동행' 정책을 채택했다. 한국도 마찬가지였다. 오미크론 변이는 봉쇄 정책으로는 통제할 수 없다는 사실이 밝혀졌기 때문이다.

그러나 중국은 여전히 제로 코로나 정책, 중국식으로는 '동태적 제로 코로나' 정책을 고수했다. 2022년 10월에 개최된 공산당 20차 당대회에서도 마찬가지였다. 즉 시진핑(習近平) 총서기는 당대회의 「정치 보고」에서 제로 코로나 정책의 고수를 천명했다. 이는 그해 11월 말까지 이어졌다. 그런데 그로부터 얼마 지나지 않아 이를 폐기하고, 코로나와의 동행 정책을 전격적으로 결정한 것이다.

정책 변경 이후 베이징시와 상하이시 등 대도시뿐만 아니라, 중소도시와 농촌 지역 등 중국 전역이 대혼란에 빠졌다. 이는 이미 예상했던 일이었다. 다행히 대혼란은 두 달 동안 지속되다가 2023년 2월 초순 무렵에는 안정을 되찾았다. 이처럼 중국이 의료 체계의 붕괴 등 사회적 대혼란이 발생한다는 사실을 잘 알면서도 왜 제로 코로나 정책을 갑자기 폐기했는지를 분석해야 한다. 7장의 내용이다.

마지막으로 8장에서는 이런 분석 내용을 정리하고, 중국의 코로나19 대응을 종합적으로 평가한다.

1부

중국의
정책 결정 과정

People's War
against
the Coronavirus

2장

어떻게 정책을
결정하는가?

중국이 개혁·개방 정책을 추진한 이후, 경제와 사회는 전과 다르게 크게 바뀌었다. 사적 소유제도와 시장제도가 도입되었을 뿐만 아니라 경제적 대외 개방, 구체적으로는 해외직접투자와 대외무역이 크게 성장했기 때문이다. 중국의 정치는 그만큼은 아니지만 역시 큰 변화를 겪었다. 국가 정책을 결정하고 집행하는 과정, 즉 정책 결정 과정도 마찬가지다.

예를 들어, 마오쩌둥 시대(1949~1976년)에는 공산당이 각종 '사회혁명'을 추진하기 위해 100회에 달하는 다양한 종류의 대중 운동(mass movement)을 전개했다. 급속한 경제발전을 달성하기 위해 추진된 대약진운동(1958~1960년), '자본주의의 길'을 걷는 당정 간부를 처단하고 '프롤레타리아 독재'를 완성하기 위해 추진된 문화대혁명 (1966~1976년)이 대표적이다.[1] 이처럼 마오쩌둥 시대에 중국은 대중 운동이라는 혁명 시기의 방식을 사용하여 주요 정책을 결정하고 집행했다.

그러나 개혁기(1978년~현재)에는 달라졌다. 현재도 마오쩌둥 시대처럼 위기 시기나 중요한 정책을 집행할 때는 '운동식 정책 방식 (campaign-style policy mode)', 줄여서 '운동 방식(campaign mode)'이 사용된다. 그렇지만 일상 시기에는 대부분 정책이 '관료적 정책 방식 (bureaucratic policy mode)', 줄여서 '관료 방식(bureaucratic mode)'에 따라 결정되고 집행된다. 이는 국가 관료조직이 정해진 법률과 제도에 근거하여 주요 정책을 결정하고 집행하는 방식을 가리킨다.

이 장에서는 중국이 일상 시기와 위기 시기에 어떻게 정책을 결정하고 집행하는지를 원론적인 차원에서 자세히 살펴보려고 한다. 구체적으로 현재 중국의 정책 결정 방식에는 어떤 종류가 있고, 각 종류의 방식은 어떤 특징을 띠고 있는지를 분석한다. 우리가 중국의 코로나19 대응을 제대로 이해하기 위해서는 무엇보다 먼저 이와 같은 다양한 종류의 정책 결정 방식을 이해해야 한다. 그래야만 일상 시기와 다르게 위기 시기가 닥치면 중국이 국가적 위기를 극복하기 위해 어떤 방식으로 대응 정책을 결정하여 집행하는지를 제대로 이해할 수 있다.

1. 정책 결정 과정에 대한 학계의 연구

먼저 중국의 정책 결정 과정을 분석한 학계의 연구를 간략히 살펴보자.[2] 이를 통해 우리는 현재 중국에는 어떤 종류의 정책 결정 방식(policy-making mode)이 있고, 그것은 어떻게 사용되고 있는지를 이해하는 데 도움을 받을 수 있다.

(1) 분절된 권위주의 모델과 수정 모델들

개혁기에 중국 정치를 분석하는 주류 모델은 '분절된 권위주의(fragmented authoritarianism)'였다. 이 모델은 중앙과 지방의 국가 관료조직에 초점을 맞추어 정책 결정 과정을 분석한다는 특징이 있다. 그래서 이를 관료 모델(bureaucratic model)이라고 부르기도 한다. 이와 대비되는 모델로는 '보수파'와 '개혁파' 간의 권력 투쟁의 관점에서 중국 정치를 분석하는 파벌 모델(factional model) 혹은 투쟁 모델(struggle model)이 있다.

구체적으로 분산된 권위주의 모델에 따르면, 마오쩌둥 시대와는 달리 개혁기에는 정책 결정 권한(authority)이 중앙과 지방뿐만 아니라 동급(同級)의 관료조직 간에도 분절(fragmented) 혹은 분산된(decentralized) 정치 구조가 등장했다.[3] 그 결과 국가 정책은 권한을 보유하고 있는 다양한 관료조직 간에 합의(consensus)가 형성되어야만 결정될 수 있게 되었다. 개혁기에 정책 결정 과정이 중앙과 지방의 관료조직 간에 협상과 타협이 반복되는 아주 길고 복잡한 과정으로 변화한 것은 이 때문이다.

그런데 1990년대 중반 이후 분절된 권위주의 모델의 문제점이 분명해지면서 이를 수정 보완하려는 연구가 진행되었다. 첫째는 중앙의 권한과 능력이 강화되었다는 사실을 강조하는 연구다. '통합된(integrated) 권위주의' 모델이 대표적이다. 이에 따르면, 중앙은 1990년대 중반 이후 이전의 권한과 능력을 회복하게 되고, 이를 행사하여 국가 관료조직과 지방정부의 정책 결정 과정을 통제할 수 있다.[4] 즉 정책 결정 과정이 '분절된(fragmented)' 측면이 있지만, 동시에 중앙에 의해 '통합된(integrated)' 측면도 있다는 것이다.

둘째는 정책 참여 주체의 확대를 강조하는 '정책 과정의 다원화(pluralization)' 모델이다. 이에 따르면, 1990년대 중반 이후 정책 결정 과정에는 국가 관료조직뿐만 아니라 사회단체, 기업, 명망가(개인), 일반 시민 등 '사회 세력(social actors)'도 중요한 주체로 참여한다.[5] 즉 새로운 사회 세력의 등장으로 인해, 중국의 정책 결정 과정도 이제는 다양한 행위자들이 참여하는 복잡한 게임으로 바뀌었다는 것이다.

(2) 게릴라 정책 방식: 운동 방식과 실험 방식

한편 2000년대를 넘어서면서, 마오쩌둥 시대와 개혁기를 연속선상에서 분석하려는 새로운 연구가 등장했다. '게릴라 정책 방식(guerrilla policy style)'을 주장하는 연구가 대표적이다. 여기서 말하는 게릴라 정책 방식은 마오쩌둥 시대에 시작되어 개혁기에도 사용되는 두 가지 종류의 정책 결정 방식을 가리킨다. 하나는 앞에서 말한 운동 방식이고, 다른 하나는 '실험에 기초한 정책 방식(experimentation-based policy mode)', 줄여서 '실험 방식(experimental mode)'이다. 중국은 이런 방식들을 사용한 덕택에 '사회주의 건설'뿐만 아니라 개혁·개방 정책도 성공적으로 추진할 수 있었다.[6]

마지막으로, 헤일만(S. Heilmann) 교수는 중국의 정책 결정 과정을 '일상 방식(normal mode)'과 '위기 방식(crisis mode)'의 두 가지 종류로 나눈다. 이는 새로운 관점인데, 중국의 정책 결정 과정을 이해하는 데 매우 중요한 지적이라고 할 수 있다. 여기서 '일상 방식'은 일상 시기에 정해진 절차와 규정에 따라 정책이 결정되고 집행되는 방식으로, 관료적 정책 방식과 비슷하다. 반면 '위기 방식'은 자연재해 등 심각한 비상 상황이 발생하면 사용되는 정책 결정 방식으로, 운동식 정책 방식과 비슷하다.[7]

그런데 내가 볼 때, 이런 이분법은 너무 단순하여 현실을 제대로 반영할 수 없다. 특히 헤일만 교수 본인이 집중적으로 연구한 '실험에 기초한 정책 방식(실험 방식)'을 '관료적 정책 방식(관료 방식)'과 함께 '일상 방식'으로 포괄하는 것은 타당하지 않다. 왜냐하면 실험 방식과 관료 방식은 분명히 다르기 때문이다(이는 뒤에서 자세히 살펴볼 것이다). 그래서 나는 중국이 세 가지(실제로는 네 가지)의 정책 결정 방식으로 다양한 상황과 조건에 대응하여 정책을 결정하고 집행하고 있다고 주장하는 것이다.

2. 정책 결정 방식의 네 가지 종류

먼저, 현재 중국에는 '크게 보면' 세 가지 종류의 정책 결정 방식이 사용되고 있다. 첫째는 관료 방식이다. 이는 분절된 권위주의, 통합된 권위주의, 정책 과정의 다원화 모델이 강조하는 정책 결정 방식이다. 현재 대부분 정책은 이 방식으로 결정되고 집행된다. 둘째는 운동 방식이다. 이는 마오쩌둥 시대에 주로 사용된 정책 결정 방식인데, 개혁기에도 중요한 정책을 집행할 때 주로 사용된다. 셋째는 실험 방식이다. 1980~1990년대에 중요한 개혁·개방 정책은 기본적으로 이 방식으로 결정되었다. 현재도 이 방식은 종종 사용된다.

또한, 이런 세 가지 종류의 정책 결정 방식은 '일상 시기(normal period)'와 '위기 시기(crisis period)'에 달리 사용된다. 여기서 주의할 점은, 이런 구분이 헤일만 교수의 이분법과는 다르다는 사실이다. 즉 헤일만 교수는 정책 결정 방식 그 자체를 일상 '방식(mode)'과 위기 '방식(mode)' 등 두 종류로 나눈 데 비해 나는 정책 결정 방식이 작동하는 시기 혹은 상황을 일상 '시기(period)'와 위기 '시기(period)'

로 나눈다. 비록 사용하는 용어는 비슷할지라도, 각 용어가 지칭하는 내용은 분명히 다르다.

한편 위에서 설명한 두 가지의 내용, 즉 첫째, 세 가지 종류의 정책 결정 방식과 둘째, 일상 시기와 위기 시기라는 두 가지의 시기를 종합하면, 우리는 조금 더 세밀한 종류로 중국의 정책 결정 방식을 나눌 수 있다. 먼저, 세 가지의 정책 결정 방식 중에서 운동 방식은 위기 시기에 주로 사용되지만, 일상 시기에도 종종 사용된다. 그리고 두 시기의 운동 방식은 과정과 절차는 비슷하지만 실제 내용은 크게 다르기 때문에 두 가지의 정책 결정 방식으로 나눌 수도 있다. 반면 관료 방식과 실험 방식은 일상 시기에만 사용되고, 위기 시기에는 사용되지 않는다.

이렇게 '세밀하게 보면' 중국의 정책 결정 방식은 세 가지가 아니라 모두 네 가지 종류라고 말할 수 있다. 첫째는 관료 방식이다. 둘째는 '일상 시기'의 운동 방식이다. 셋째는 '위기 시기'의 운동 방식이다. 즉 운동 방식은 한 가지 종류가 아니라 두 가지 종류의 정책 결정 방식이다. 넷째는 실험 방식이다. 이를 정리한 것이 〈표 1〉이다.

첫째는 관료 방식이다. 이는 중앙과 지방의 관료조직이 정해진 절차와 규정에 따라 법률이 부여한 권한을 행사하여 정책을 결정하고 집행하는 방식을 말한다. 중국은 지금까지 정치개혁을 꾸준히 추진했고, 정부 구조와 운영을 제도화하는 행정개혁은 그중에서도 특히 중요했다.[8] 그 결과 현재 중국의 정책 결정 과정은 한국

〈표 1〉 정책 결정 방식의 네 가지 종류

	관료 방식	운동 방식	실험 방식
일상 시기	• 중앙의 방침과 목표 제시 • 관료조직의 정책 결정과 집행 • 사회 세력의 선별적 참여	• 중앙의 정책 결정과 지도 • 관료조직의 정책 집행 • 대중의 선별적 동원	• 중앙의 허용과 일부 실험 • 정책의 확대와 검증 • 검증된 정책의 전국 실시
위기 시기	해당 사항 없음	• 중앙의 정책 결정과 감독 • 관료조직의 정책 집행 • 공산당·군·인민단체의 동원 • 대중의 광범위한 동원	해당 사항 없음

자료: 필자 작성

이나 일본 등 동아시아의 다른 국가들과 비슷한 방식으로 변화했
다. 이들 국가는 모두 관료 방식에 따라 대부분 정책을 결정하고
집행하기 때문이다. 이런 면에서 관료 방식이 일상 시기의 정책 결
정 방식을 대표한다고 말할 수 있다.

둘째와 셋째는 운동 방식이다. 이는 중앙이 결정한 정책 목표를
달성하기 위해 국가 관료조직뿐만 아니라, 사회단체와 일반 대중(시
민)을 총동원하여 정책을 집행하는 방식을 말한다. 운동 방식은 마
오쩌둥 시대(1949~1976년)에는 중요한 정책 방식이었다. 앞에서 말한
대약진운동과 문화대혁명이 대표적이다. 개혁기에는 이보다는 사
용 빈도가 많이 줄어들었지만, 여전히 중요한 정책을 집행할 때는
이 방식이 사용된다. 특히 위기 시기에는 운동 방식만이 사용된다.

참고로 공산당이 자기 조직과 당원을 대상으로 전개하는 정치 활동은 대부분 운동 방식으로 진행된다. 예를 들어, 시진핑(習近平) 시기(2012년~현재)에 들어 2년에 1회 정도로 진행되는 정풍운동(整風運動: 공산당의 자정 운동)과 일상적으로 전개되는 부패 척결(反腐敗) 운동은 모두 운동 방식으로 진행된다. 국민을 대상으로 추진하는 정치 사상학습 운동도 마찬가지다. 이는 장쩌민(江澤民) 시기(1992~2002년)와 후진타오(胡錦濤) 시기(2002~2012년)에도 같았다. 그런데 이 책은 국가의 정책 결정 방식에 초점을 맞추어 분석하기 때문에, 공산당만의 정책 결정 방식은 분석에서 제외한다.[9]

넷째는 실험 방식이다. 이는 정책의 타당성과 실행 가능성을 검증하기 위해 먼저 일부 지역에서 정책을 실험적으로 실행한 다음에 검증이 완료되면 전국적으로 확대 실행하는 방식을 말한다. 이 방식은 정책에 대한 확신이 없어서 정치 엘리트나 관료조직 간에 치열한 논쟁이 전개될 때, 혹은 정책 부작용이나 예상하지 못한 결과가 발생할 가능성이 있을 때 주로 사용된다.

실험 방식은 마오쩌둥 시대에도 널리 사용되었지만, 개혁기에 개혁·개방 정책을 추진하는 과정에서 더욱 광범위하게 사용되었다. 그 결과 중국의 실험 방식은 점진적 개혁의 대명사가 되었다. 소련과 동유럽의 사회주의 개혁 과정에서 사용된 '충격요법(shock therapy)'과 대비되는 '중국식 개혁 방식'은 바로 실험 방식을 가리킨다.[10]

이제 네 가지 종류의 정책 결정 방식을 하나하나 자세히 살펴보자.

3. 정책 결정 방식 1: 관료 방식

일상 시기의 정책 결정 방식을 대표하는 것이 관료 방식이다. 관료 방식에서는 중앙이 정책의 기본 방침과 일반 목표를 제시한다. 그러나 그것은 너무 추상적이고 포괄적이어서 현장에서 당장 실행할 수가 없다. 따라서 그것을 구체적인 정책으로 바꾸는 일이 필요한데, 이는 국가 관료조직의 몫이다. 이런 점에서 관료 방식에서는 정책 결정의 주체가 바로 관료조직이다. 또한 다양한 사회 세력이 관료조직을 보조하여 정책을 결정하고 집행한다.

(1) 중앙의 방침과 목표 제시

먼저, 중앙이 정책의 기본 방침과 일반 목표를 제시한다. 여기서 '중앙'은 일반적으로는 공산당 중앙, 즉 당대회(5년에 1회 개최), 중앙위원회(매년 1회 개최), 정치국(매월 1회 개최), 정치국 상무위원회(매주 1회 개최)를 가리킨다. 그런데 중요한 정책은 공산당 중앙과 중앙의 국가기관, 예를 들어 중앙정부인 국무원이 함께 결정하여 발표한다. 이 경우 중앙은 공산당 중앙과 중앙의 국가기관을 포함한 중앙의 '전체' 권력기관을 가리킨다.

중앙이 방침과 목표를 제시하는 방식에는 여러 가지가 있다. 회의 개최가 대표적이다. 예를 들어, 5년에 한 번씩 개최되는 공산당 전국대표대회(당대회)에서는 과거 5년의 업무를 평가하고, 향후 5년의 중점 과제를 제시한다. 여기에는 주요 정책의 방침과 목표가 들어 있다. 매년 개최되는 공산당 중앙위원회 전체회의(중전회)도 마찬가지다. 이때에는 국무원이 5년에 한 번 전국인민대표대회(전국인대: 중앙 의회)에 보고하는 '국민경제 및 사회발전 5개년 계획(規劃)'이 의제로 상정되어 논의된다.

국무원이 매년 전국인대 연례회의(例會)에 보고하는 '정부 업무 보고'도 마찬가지다. 그리고 바로 이런 계획과 보고에는 주요 정책의 방침과 목표가 들어 있다.

또한 공산당 중앙은 정기적으로 혹은 중요한 이슈가 발생할 때마다 각종 '공작회의(工作會議)'를 개최한다. 매년 연말에 개최하는 중앙 경제 공작회의가 대표적이다. 이 밖에도 농촌 공작회의, 재경(財經) 공작회의, 금융 공작회의, 조직 공작회의, 사상·선전 공작회의, 외사(外事) 공작회의 등이 있다. 중앙은 이런 회의를 통해 주요 정책의 기본 방침과 일반 목표를 제시한다. 국내외 언론과 학자들이 이런 공작회의에 주목하는 것은 이 때문이다.

중앙은 관료조직이 세부 정책을 결정하고 집행할 때도 역시 전체 정책 결정 과정을 통제할 수 있다. 이때는 크게 세 가지 종류의 통제기제(control mechanism)가 동원된다. 첫째는 인사제도, 즉 노멘클라투라(nomenklatura: 간부직무 명칭표) 제도다. 공산당 중앙은 인사권을 행사함으로써 중앙정부의 각 부서와 성급(省級) 지방정부를 통제할 수 있다. 당정기관 밖에 있는 인민단체, 국유기업, 사업 단위(事業單位: 병원이나 학교 등)도 마찬가지다. 이런 면에서 인사권은 중앙의 가장 강력한 통제 수단이라고 말할 수 있다.[11]

둘째는 공산당 중앙 소속의 영도소조(領導小組, leading small group)다. 중앙 영도소조는 정치국 상무위원이나 정치국원이 조장(組長)을 맡고, 당·정·군의 주요 부서 책임자(장관)가 조원으로 참여하는 특수한 지도조직이다. 영도조직의 임무는 정책 초안 작성과 결정, 부서 간 의견 조정, 집행 감독 등 세 가지다. 중앙은 영도조직을 통해 국가 관료조직과 성급 지방정부를 통제할 수 있다. 특히 시진핑 시기(2012년~현재)에 들어 영도소조가 급증하면서 중앙의 권한과 능력은 전보다 더욱 강화되었다.[12]

예를 들어, 공산당 18차 당대회(2012년) 이전까지 18개였던 중앙 영도소조가 2017년 9월에는 26개로 증가했다. 또한 시진핑은 신설된 주요 영도소조 조장(組長)을 독점했다. '영도소조 정치(小組治國: 영도소조가 국가를 통치한다)'가 등장한 것은 이 때문이다.[13] 이와 비슷하게, 국무원 산하 영도소조의 지위와 역할도 강화되었다.[14] 그 결과 현재 중앙은 그 어느 시기보다도 강력한 권한과 능력을 행사할 수 있게 되었다.

셋째는 정풍운동과 부패 척결 운동이다. 이는 공산당 내부의 자정 활동이지만 동시에 국가 관료조직을 대상으로 전개되는 공산당 중앙의 감독 활동이기도 하다. 장쩌민 시기와 후진타오 시기에도 그랬지만, 시진핑 시기에 들어와서는 정풍운동과 부패 척결 운동이 더욱 강력하게 추진되었다. 게다가 순시제도(巡視制度)와 국가 감찰위원회(國家監察委員會) 등 새로운 감독제도가 도입되면서 중앙의 통제 능력이 한층 더 강화되었다. 따라서 국가 관료조직은 중앙의 정책을 그 어느 때보다 잘 집행할 수밖에 없게 되었다.[15]

(2) 관료조직의 정책 결정

다음으로, 국가 관료조직은 중앙이 결정한 방침과 목표에 근거하여 구체적인 정책을 결정하고 집행한다. 이때는 분절된 권위주의 모델에서 말하는 정책 결정 방식이 작동한다. 이는 크게 두 가지 명제로 정리할 수 있다.

첫째, 개혁기에는 권한이 분절된 정치 구조가 등장했기 때문에, 명령이 아니라 합의 형성(consensus-building)이 정책 결정 과정의 관건이 되었다. 권한이 분산된 상황에서 정책은 관련 당사자(주로 관료조직) 간에 합의가 이루어져야만 결정될 수 있기 때문이다. 반면 마오쩌둥 시대에는 중앙, 특히 마오쩌둥 개인이 정책을 결정하면 국가 관료조직은 그것을 집행하는 방식으로 정책이 일방적이고 신속하게 결정되었다.

또한 관료 방식에서 합의 형성은 횡적 관계(塊關係), 예를 들어 국무원 각 부서 간의 관계와 동급 지방정부 간의 관계뿐만 아니라, 종적 관계(條關係), 예를 들어 중앙과 성급(省級) 지방정부(성·직할시·자치구) 간의 관계에서도 이루어져야 한다. 이런 이유로 합의 형성은 더욱 어렵고 복잡하다. 그 결과 일상 시기의 정책 결정 과정은 관료조직 간에 협상과 타협이 반복되는 길고 험난한 과정으로 변화했다.

둘째, 정책 결정 과정이 분산된다(diffuse). 정책 결정 권한이 횡적 및 종적으로 나뉘고 계층화된 상황에서, 중앙과 지방의 관료조직이 협상하고 타협하는 과정은 분산될 수밖에 없다. 하나의 정책에도 복수의 활동 주체(관료조직)가 개입하여 협상을 벌이기 때문이다. 또한 하층 단위(정부)에서 결정된 정책이 상층 단위(정부)로 보고되어 재승인을 받아야 하기 때문이다. 만약 전체 정책 결정 과정을 총괄 조정하는 영도소조와 같은 지도조직이 없다면, 정책 결정은 더욱 지연되고 왜곡된다.[16]

(3) 사회 세력의 정책 참여

마지막으로, 관료 방식의 정책 결정 과정에는 '사회 세력(social actors)'도 중요한 정책 주체로 참여한다. 이런 사회 세력으로는 첫째, 사회단체(NGO)가 있다. 여기에는 총공회(總工會: 노동조합연합회), 부녀연합회(婦聯), 공산주의청년단(共靑團) 같은 인민단체(GONGO)와 다양한 민간 사회단체(civic NGO)가 포함된다. 둘째, 국유기업·민영기업·외자기업 등의 각종 기업과 공상업연합회(工商聯)·사영기업가협회(私營企業家協會)·외자기업가협회(外資企業家協會) 등의 기업가단체도 중요하다. 셋째, 저명인사·전문가·교수·

언론인 등 개인 활동가가 있다. 넷째, 그 밖에도 일반 시민 혹은 대중도 정책 결정 과정에 참여한다. 이는 1990년대 중반 이후에 나타난 새로운 변화로, 지금은 중앙과 지방에서 정책을 결정하고 집행할 때 나타나는 보편적인 현상이 되었다. '정책 과정의 다원화(pluralization)' 모델은 이를 잘 보여준다.[17]

그런데 사회 세력이 정책 결정 과정에 참여하게 된 가장 강력한 배경은, 이들의 참여를 합법화하고 권장하는 관련 법규가 제정되고, 그에 따라 참여 기제 혹은 제도가 만들어졌기 때문이다. 이는 우연히 일어난 일이 아니라, 공산당이 일관된 정책에 따른 예정된 결과였다. 특히 1997년 공산당 15차 당대회에서 의법치국(依法治國: 법에 의한 통치)이 국가 통치 방침으로 확정되면서 이것이 더욱 강화되었다.[18]

예를 들어, 사회단체와 시민은 「행정소송법」(1989년에 제정)에 근거하여 정부와 공무원의 잘못된 정책에 대해 행정소송을 제기할 수 있고, 이를 통해 정책 결정과 집행에 영향을 미칠 수 있다. 1997년에 제정된 「가격법(價格法)」과 2000년에 제정된 「입법법(立法法)」은 물가 정책의 결정과 법률의 제정 과정에서 청문회 개최를 의무로 규정했다. 사회 세력은 이런 청문회에 참여함으로써 정책 결정 과정에 참여할 수 있다. 2003년에 도입된 환경영향평가제도도 마찬가지다. 즉 일반 시민들은 이 제도를 이용하여 국가의 대규모 토목 사업과 건설 항목 결정 과정에 참여하여 의견을 말할 수 있게

된 것이다.[19]

다만 여기서 주의할 점이 있다. 사회 세력의 정책 참여는 정책 영역에 따라 크게 달라질 수 있다는 사실이다. 다시 말해, 사회 세력이 모든 정책 결정 과정에 참여할 수 있는 것은 아니다. 단적으로 국민 생활과 밀접히 관련된 경제와 사회 정책에서는 활발히 참여하지만, 외교·안보·정법(政法) 등 공산당 집권과 국가 안위에 관련된 정책에서는 거의 참여할 수 없다. 또한 사회 세력이 참여하는 정책 결정 과정에서도 주도권은 여전히 국가 관료조직이 쥐고 있다. 따라서 사회 세력의 정책 참여를 과장해서는 안 된다.

그런데 일부 중국 학자들은 이를 과장하여 중국의 정책 결정 모델을 '개방(開門)'과 '조정(磨合)'을 특징으로 하는 '중국식 합의형 정책 결정(中國式共識型決策)'이라고 부르는데, 이는 또 다른 편견일 뿐이다.[20] 다시 강조하지만, 사회 세력의 역할은 관료조직이 정책을 결정할 때 의견을 제시하는 '협의(consultation)'가 대부분이다. 반면 정책 결정 과정에서 사회 세력이 주요 문제를 직접 결정하는 '심의(consideration)'는 아주 제한된 범위에서 소수의 세력만이 담당할 뿐이다.

4. 정책 결정 방식 2: 일상 시기의 운동 방식

운동 방식은 일상 시기와 위기 시기에 모두 사용된다는 점에서
다른 정책 방식과는 다르다. 즉 관료 방식과 실험 방식은 일상 시기
에만 사용되고, 위기 시기에는 사용되지 않는다. 따라서 운동 방식
은 일상 시기와 위기 시기로 나누어 살펴보아야 한다. 절차와 방식
은 비슷하지만, 구체적인 내용이 다르기 때문이다. 먼저 일상 시기
의 운동 방식을 살펴보고, 그다음에 위기 시기의 운동 방식을 살
펴보자.

(1) 개혁기 운동 방식의 특징

일상 시기에는 대부분 정책이 관료 방식으로 결정되고 집행되지
만, 중앙의 관점에서 볼 때 공산당 집권과 국가 발전에 매우 중요
하다고 판단되는 정책은 운동 방식으로 처리된다. 중국이 1980년
대부터 최근까지 중점적으로 추진한 산아제한 정책이 대표적이
다.[21] 2005년부터 추진된 '사회주의 신(新)농촌 건설' 운동,[22] 강력한
집행이 필요한 환경 정책,[23] 각종 범죄 소탕 정책(嚴打, 打黑)도 이 범
주에 속한다.[24]

그런데 개혁기의 운동 방식은 마오쩌둥 시대의 운동 방식과
는 다르다. 그래서 화이트(T. White) 교수는 이를 '제도화된 동원
(institutionalized mobilization)', 페리(E. Perry) 교수는 '관리된 운동

(managed campaign)'이라고 부르면서 이전 시기의 '대중 동원(mass mobilization)' 혹은 '대중 운동(mass campaign)'과는 구분한다. 몇 가지 중요한 차이가 있기 때문이다.

첫째, 운동의 시간·강도·범위가 지역마다 다르다. 즉 전국적으로 고강도로 동시다발적으로 전개하는 획일화된 정책 집행이 아니다. 둘째, 제한된 짧은 시기 동안만 지속된다. 즉 문화대혁명이 10년 동안 유지된 것처럼 장기간 지속되지 않는다. 셋째, 산아제한이나 빈곤 탈출처럼 구체적이고 명확한 목적을 달성하기 위한 것이지, '사회주의형 인간' 창출이나 '정신문화 개조' 같은 거창하고 추상적인 목표를 달성하려는 것이 아니다. 넷째, 목표 집단에 한정해서 대중의 참여를 허용하지, 무차별적으로 모든 대중을 동원하지 않는다. 다섯째, 대중 선동 방식을 사용하지만, 파괴적인 대중 행동을 고취하지는 않는다.[25]

(2) 중앙의 정책 주도권 장악과 하향식 정책 집행

먼저, 일상 시기나 위기 시기나 할 것 없이 운동 방식에서는 중앙이 정책 결정의 주도권을 행사한다. 관료 방식에서 중심적인 역할을 담당하는 국가 관료조직은 운동 방식에서는 정책 결정에 참여하지 못한다. 대신에 공산당 당대회, 중앙위원회, 정치국과 정치국 상무위원회가 정책을 결정한다. 상황에 따라서는 공산당 중앙과 국무원(중앙정부)이 합동으로 정책을 결정하기도 한다. 그리고 이때 중앙 영도소조, 공산당 중앙서기처, 공산당 주요 부서(예를 들어 정책실, 조직부, 선전부, 정법위원회)가 중요한 보조 역할을 담당한다.

또한, 공산당 중앙이 결정한 정책은 하향식(top-down style)으로 집행된다. 첫째, 중앙과 지방 모두에 정책 집행을 위한 특별한 지도조직(주로 영도소조)이 구성된다. 지도조직에는 공산당 지도부와 국가기관의 주요 부서 책임자가 구성원으로 참여한다. 둘째, 중앙은 정책 집행을 위한 방침과 계획을 발표한다. 여기에는 정책의 지도 이념과 사상, 목표, 절차, 기간, 추진조직, 감독 및 평가 방법 등이 명시되어 있다. 셋째, 대중 동원을 위한 선전이 광범위하고 체계적으로 진행된다. 중앙과 지방에서는 동원대회가 개최되고, 언론은 이를 대대적으로 보도한다. 국가기관과 군, 인민단체와 사업 단위도 소속원의 참여를 독려하기 위해 자체적으로 추진 계획을 수립하여 집행한다. 넷째, 중앙은 관료조직과 지방의 정책 집행을 독려하고 평가하기 위해 특별 감독조를 파견한다.

(3) 관료조직의 집행 참여와 대중 동원

그런데 일상 시기건 아니면 위기 시기건 개혁기의 운동 방식에서는 국가 관료조직이 정책의 '결정'에는 관여하지 못하지만 '집행'에서는 중요한 역할을 담당한다는 특징이 있다. 이 점이 마오쩌둥 시대의 대중 동원 방식과 다른 점이다. 마오쩌둥 시대에는 공산당 중앙이, 당정 간부가 '관료주의'와 '형식주의'에 빠지는 위험을 방지하기 위해, 또한 관료 방식으로는 집행할 수 없는 국가 정책을 집행하기 위해 관료조직을 제쳐두고 대중을 광범위하게 동원하여 정책을 집행했다. 대약진운동과 문화대혁명이 대표적인 사례다. 이 경우 운동 방식은 관료 방식과 대립 혹은 대체하는 성격을 띤다. 그러나 개혁기는 다르다. 운동 방식으로 정책을 결정할 때도 관료조직의 협조가 없으면 정책이 제대로 집행될 수 없기 때문이다. 이런 면에서 관료 방식과 운동 방식은 상호 보완 및 협조 관계에 있다고 말할 수 있다.[26]

마지막으로, 운동 방식에서는 대중 동원이 중요하다. 그런데 마오쩌둥 시대와는 다르게 개혁기에는 정책에 필요한 집단이나 계층만이 '선별적으로' 또한 '제한된 범위' 내에서만 동원된다. 예를 들어, 산아제한 정책의 경우는 가임 적령기의 여성, 특히 남아선호사상이 강하게 남아 있는 농촌 지역의 여성이 주요 동원 대상이 된다. 사회주의 신농촌 건설 정책의 경우는, 빈곤 지역으로 지정된 지역의 농민이 주요 동원 대상이다. 반면 마오쩌둥 시대에는 모든 대중이 무차별적으로 동원되었다. 대약진운동과 문화대혁명 시기에 있었던 대규모 대중 동원이 이를 잘 보여준다.

5. 정책 결정 방식 3: 위기 시기의 운동 방식

　위기 시기의 운동 방식은 일상 시기의 운동 방식과 절차와 형식은 비슷하지만, 정책 결정의 속도, 정책 집행의 강도, 대중 동원의 범위 등에서 차이가 난다. 일상 시기와는 달리 위기 시기에는 상황이 매우 급박하게 돌아가기 때문이다.

(1) 중앙의 정책 결정권 독점과 관료조직의 일사불란한 집행

　먼저, 국가적 위기 상황이 발생하면 정책 결정 권한은 중앙으로 더욱 집중되고, 중앙은 이를 이용하여 필요한 정책을 신속하고 과감하게 결정한다. 이때 정책을 결정하는 주체는 공산당 정치국 상무위원회인데, 아주 중요한 정책일 경우는 정치국이 소집되어 결정하기도 한다. 또한 중앙은 위기 대응의 긴박감을 강조하기 위해 군대식 용어를 사용한다. '인민 전쟁', '총력전', '주전장(主戰場)', '투쟁 활동', '전투 보루', '선봉대', '돌격대' 등이 대표적이다.

　또한, 공산당 중앙은 당성(黨性: 공산당 중앙에 대한 전 조직과 당원의 복종)과 사회주의 이데올로기를 강조하면서, 공산당 조직과 국가 관료조직이 중앙의 결정과 지시에 무조건 복종할 것을 요구한다. 그 밖에도 중앙은 국가 관료조직이 중앙의 명령과 지시를 충실히 따르고 있는지를 감독하기 위해 '특별 감독조'를 조직하여 전국에 파견한다. 감독 과정에서 적발된 간부는 즉시 처결하고, 그 결과를 대외에 공포(公布)하여 정책 집행의 긴장감을 고조시킨다.

반면, 국가 관료조직은 위기 시기의 운동 방식에서는 정책 결정 권한을 상실하고, 중앙이 결정한 정책을 충실하게 집행하는 임무만 주어진다. 정책 집행 과정에서도 일상 시기의 운동 방식에서는 일부 허용되는 재량권, 즉 정책 분야와 지역의 특수한 상황에 맞추어 사용되는 탄력적인 집행 방법이나 수단은 허용되지 않는다. 마지막으로, 중앙의 정책을 충실히 이행하지 않은 당정 간부는 즉시 처벌하고, 그 결과가 공포된다. 중앙의 정책을 충실히 집행한 당정 간부는 공개적으로 포상한다.

(2) 조직 역량의 '총동원'과 대규모 대중 동원

또한, 위기 시기의 운동 방식에서는 공산당이 동원할 수 있는 모든 인원과 자원이 총동원된다. 그중에는 공산당 조직과 당원, 정규군(인민해방군)·무장경찰(武警)·민병(民兵)을 포괄하는 군이 포함된다. 인민단체, 즉 총공회·부녀연합회·공청단 등도 마찬가지다. 그 밖에 공식 종교조직이나 자선단체 등도 있다. 이들은 공산당이 위기를 극복하기 위해 동원하는 가장 강력한 수단이다.

예를 들어, 공산당 조직과 당원은 중앙의 지시에 따라 위기 상황을 극복하기 위해 솔선수범을 보인다. 후베이성 우한시에서 코로나19가 발생했을 때, 다른 지역에서 '공산당원'인 의사와 간호사가 '선봉대' 혹은 '돌격대'를 조직하여 지원하러 온 것이 대표적이다.

그러면 언론 매체는 이를 대대적으로 선전하면서 대중의 헌신적인 참여를 촉구한다. 또한 위험하고 중장비가 필요한 힘든 과제를 수행할 때는 군이 동원된다. 쓰촨성 원촨 대지진 때 군이 동원된 것이나, 코로나19 방역을 위해 매일 20만 명의 민병(民兵)이 동원된 것이 이를 잘 보여준다.

마지막으로, 위기 시기의 운동 방식에서는 대중도 광범위하고 신속하게 동원된다. 일상 시기의 운동 방식에서는 선별적으로 제한된 범위 내에서만 대중이 동원되는 것과는 다르다. 예를 들어, 2008년에 쓰촨성 원촨에서 대지진이 발생했을 때, 중앙은 재난 극복을 위해 전 국민이 동참할 것을 촉구했다. 이에 호응하여 수많은 사회단체와 시민이 재난 극복에 참여했다. 거액의 기부금을 내거나, 복구 활동에 지원한 것이 대표적이다.[27] 2002년에 사스가 발생했을 때나, 2019년에 코로나19가 발생했을 때도 마찬가지였다.[28]

6. 정책 결정 방식 4: 실험 방식

개혁기의 실험 방식을 집중적으로 연구한 헤일만(S. Heilmann) 교수는, 개혁·개방 과정은 '계서제 하의 실험(experimentation under hierarchy)'으로 특징지을 수 있다고 주장한다. 여기서 '계서제(hierarchy)'는 중앙이 목표를 설정하고 실험을 지원하거나 통제하는 것, '실험(experimentation)'은 일부 지방이 정책을 실험적으로 시행하는 것을 가리킨다. 따라서 '계서제 하의 실험'은 "중앙의 개입과 (지방의) 분권화된 실험이 생산적으로 결합한 것"으로, "이것이 바로 중국 정책 과정을 이해하는 열쇠다."[29]

(1) 일부 지방의 정책 실험과 '실험지' 지정

구체적으로 실험 방식의 정책 결정 과정은 다음과 같은 절차로 진행된다.[30] 먼저, 특정한 정책이 한두 지방에서 실험적으로 실시된다. 이들 지방은 자체 판단으로 실험을 시작할 수도 있고, 아니면 중앙의 요청에 따라 시작할 수도 있다. 이때 중앙은 그런 지방을 위해 실험을 허용하는 방침이나 규정을 제정하기도 한다. 수권입법(授權立法), 즉 입법권을 부여하여 지방이 자체적으로 법규를 제정하여 정책을 실험할 수 있도록 허용하는 조치가 대표적이다.

예를 들어, 전국인민대표대회(전국인대) 상무위원회는 공산당 중앙의 지시에 따라 광둥성 선전(深圳)에 특별 입법권을 부여했다. 선전은 이에 근거하여 '헌법 정신에 어긋나지 않는 범위' 내에서 개혁·개방에 필요한 각종 지방 법규를 제정할 수 있었다. 선전이 사적 소유제도와 시장제도 등의 개혁 정책을 과감하게 추진할 수 있었던 것은, 중앙이 부여한 수권 입법권을 사용하여 관련 법규를 제정했기 때문이다.[31]

다음 단계로, 중앙은 정책 실험을 확산시키는 방침을 확정하고,

이를 위해 몇 개의 '실험지(試點)'를 지정한다. 1979년에 네 곳의 지역을 경제특구(經濟特區, Special Economic Zone)로 지정한 것이 대표적이다. 여기에는 광둥성의 선전, 주하이(珠海), 산터우(汕頭)와 푸젠성(福建省)의 샤먼(廈門)이 포함된다. 또 다른 사례로, 시진핑 시기인 2013년 8월에 중앙이 상하이시 푸둥(浦東) 지역에 '중국 자유무역 시험구(自由貿易試驗區)'를 설치한 것을 들 수 있다.

(2) '실험 구역' 확대와 국가 정책화

이와 같은 실험이 성공하면, 중앙은 이를 더 넓은 지역으로 확산시키려고 '실험 구역(試驗區)'을 지정한다. 1984년에 연해 지역의 14개 도시, 즉 다롄(大連), 친황다오(秦皇島), 톈진(天津), 옌타이(烟臺), 칭다오(青島), 롄윈강(連雲港), 난퉁(南通), 상하이(上海), 닝보(寧波), 원저우(溫州), 푸저우(福州), 광저우(廣州), 잔장(湛江), 베이하이(北海)를 '개방 도시'로 지정하고, 경제특구에서 실행한 주요 정책을 도입한 것이 이를 잘 보여준다.[32]

시진핑 시기의 자유무역 시험구도 이와 비슷하게 전국으로 범위를 넓혀갔다. 즉 2015년 4월에는 톈진시와 광둥성, 2017년 4월에는 랴오닝성(遼寧省), 저장성(浙江省), 허난성(河南省), 충칭시(重慶市), 쓰촨성, 산시성에 자유무역 실험구가 설치되었다. 이런 확대는 이후에도 계속되어 2023년 11월에는 신장 위구르 자치구에 자유무역 실험구가 설치되었다.

마지막 단계로, 중앙은 국가 계획, 예를 들어 국민경제 및 사회 발전 5개년 계획을 수립하거나, '국유기업 개혁법'이나 '외국자본 유치법' 등의 국가 법률을 제정하는 방법을 통해 새로운 정책을 전국적으로 확대 실행한다. 이렇게 해서 일부 지역에서 실험되었던 정책은 중앙에 의해 국가 정책으로 채택된다. 이것이 바로 '점(點)—선(線)—면(面)(由點到面)'의 점진적인 정책 추진 방식이다. 중국에서는 이를 "돌다리를 두드리며 강을 건넌다(摸著石頭過河)"라는 말로 표현한다.

그런데 여기서 주의할 점이 있다. 실험 방식은 독자적으로도 사용되지만, 최근에는 관료 방식이나 운동 방식과 결합해서 사용되는 경우가 많다. 예를 들어, 정책 결정 과정에서 관료조직 간에 의견 대립이 심하거나 반대가 많을 때, 혹은 정책 결과가 불확실할 때 일부 지역을 대상으로 실험을 진행한 다음에 그 결과에 따라 전국으로 확대 실행할지를 결정한다. 이 경우 실험 방식은 관료 방식과 결합한다. 비슷하게, 운동 방식으로 정책을 집행하기 전에 일부 지역에서 먼저 실험적으로 정책을 실행한다. 이 경우는 운동 방식과 결합한다.

앞에서 살펴보았듯이, 현재 중국의 정책 결정 방식은 '크게 보면' 세 가지 종류다. 첫째는 관료 방식이고, 둘째는 운동 방식이며, 셋째는 실험 방식이다. 그런데 세 가지 종류의 정책 결정 방식은 일상 시기와 위기 시기에 다르게 사용된다. 즉 세 가지 종류의 정책 결정 방식 중에서 운동 방식만이 일상 시기와 위기 시기 모두에 사용된다.

이런 두 가지의 내용을 종합하여 '세밀하게 보면' 중국의 정책 결정 방식은 실제로는 모두 네 가지 종류라고 말할 수 있다. 즉 첫째는 관료 방식, 둘째는 '일상 시기'의 운동 방식, 셋째는 '위기 시기'의 운동 방식, 넷째는 실험 방식이다.

이제 의료 개혁을 사례로, 중국이 일상 시기에 관료 방식을 사용하여 어떻게 중요한 정책을 결정하고 집행하는지를 자세하게 살펴보도록 하자.

3장

일상 시기의 정책 결정 : 의료 개혁 사례

의료 개혁(healthcare reform)은 국무원 산하에 전담 조직(taskforce) 이 구성된 2006년 6월부터 최종 방안이 확정 발표된 2009년 3월까 지 약 4년 동안, 국가 관료조직 간에 힘든 협상과 타협을 통해 정책 이 결정되면서 추진될 수 있었다. 만약 새로운 농촌 의료보험 제도 를 실험하기 시작한 2002년을 기점으로 잡고, 의료 개혁이 일차 완 료되는 2011년을 종점으로 잡으면, 그 기간은 10년으로 늘어난다. 이는 '관료적 정책 방식(관료 방식)'을 가장 잘 보여주는 대표적인 사 례다. 따라서 이를 통해 중국이 관료 방식을 사용하여 중요한 정책 을 어떻게 결정하고 집행하는지를 이해할 수 있다.

또한 의료 개혁은 '일상 시기'에 정책이 결정되고 집행되었다. 이런 점에서 이 개혁은 일상 시기의 정책 결정과 집행을 가장 잘 보여주는 대표적인 사례라고도 할 수 있다. 이는 뒤에서 살펴볼 '위기 시기'의 '운동식 정책 방식(운동 방식)'을 사용하여 코로나19에 대응하는 것과는 완전히 상반된 상황과 조건에서 진행된 것이다. 따라서 이 사례는 위기 시기의 운동 방식을 이해하는 데 참고 자료 혹은 비교 대상을 제공해준다는 점에서도 의의가 있다.

1. 의료 개혁의 절박함과 어려움

의료 제도를 전면적으로 개혁해야 한다는 주장은 1990년대부터 이미 제기되었다. 의료 체계의 문제가 심각했고, 이에 대한 국민의 불만이 매우 높았기 때문이다. 2000년대에 들어와서도 이런 상황은 바뀌지 않았다. 특히 2002년 사스 사태를 계기로 중국의 공공보건의료 제도와 의료 체계가 매우 취약하다는 사실이 분명해지면서 의료 개혁은 더 이상 미룰 수 없는 과제가 되었다.

(1) 의료 개혁의 절박함

중국에서는 의료 체계의 문제를 간단히 '간병난(看病難: 진료받기의 어려움)'과 '간병귀(看病貴: 의료 비용의 급증)'로 표현한다. '간병난'은 의료보험 가입률이 매우 낮아 병이 나도 병원에 갈 수 없는 상황을 가리킨다. '간병귀'는 의료 비용이 너무 많이 들어 병이 나도 치료를 받을 수 없는 상황을 가리킨다.

① 간병난과 간병귀

먼저, 의료보험 제도가 제대로 갖추어지지 않아서 의료 혜택을 받는 사람이 소수에 그치면서 '간병난' 현상이 나타났다. 1990년대에 도시 지역에서는 국유기업 개혁이 추진되면서 수억 명의 노동자가 의료보험 혜택을 받을 수 없게 되었다. 이를 보완하기 위해 1998년에 도시 직장인(취업자)을 대상으로 하는 '도시 직공 기본의료보험(城鎮職工基本醫療保險) 제도'가 전국적으로 실행되었다. 그 결과 2005년에는 취업 노동자의 50%가 혜택을 볼 수 있었다. 그러나 이 제도에는 심각한 문제가 있었다. 노동자 가족과 비(非)취업자가 보험 가입 대상에서 제외된 것이다.

농촌 지역에서는 상황이 더욱 심각했다. 농촌에서는 1990년대에 들어 호별영농(戶別營農)이 보편화되면서 집단영농(集團營農)을 기반으로 운영되던 '농촌 합작의료(農村合作醫療) 제도'가 완전히 무너졌다. 이를 대신하고자 정부는 2002년에 '신형(新型) 농촌 합작의료 제도'를 일부 지역을 대상으로 실험적으로 실행하기 시작했다. 그러나 이 제도 자체에 문제가 많아 시간이 가도 가입률이 10%밖에 되지 않았다. 그 결과 농민 대다수는 의료보험 혜택을 받지 못했다. 결국 도시와 농촌을 합해 의료보험 미가입자가 전국적으로

10억 명이나 되었고, 이들은 의료 서비스의 사각지대에 놓여 있었다.[1]

이는 곧바로 의료 비용이 급증하는 '간병귀' 현상으로 이어졌다. 즉 의료보험 가입률이 매우 낮은 상황에서 병원 치료를 받으면, 대부분 환자는 그 비용을 스스로 감당해야만 했다. 의료 비용이 급증한 것은 당연한 결과였다. 단적으로 1978년에서 2011년까지 중국의 소비자물가지수가 5.56배 증가한 데 비해 1인당 의료비 지출은 164배나 증가했다. 다른 통계에 따르면, 1978년부터 2008년까지 30년 동안 경제성장률은 매년 9% 증가한 데 비해 의료비는 매년 16%나 증가했다.[2]

또한 2010년 무렵에 의료비 중에서 약물 비용이 차지하는 비중이 약 50%나 되었다. 이는 미국의 약 10%, 경제협력개발기구(OECD) 국가의 평균 약 16%보다 서너 배가 많은 수치다.[3] 이것도 당연한 결과였다. 국민 상당수가 의료보험에 가입하지 않았기 때문에 병원에서 치료받을 경우는 비용이 많이 든다. 그래서 병이 나면 병원에 가는 대신 약국에서 약을 사서 복용한다. 의료비 중에서 약물 비중이 큰 것은 이 때문이다. 또한 병원이 이윤 추구를 위해 약물을 과잉 처방한 것도, 약물 비용이 증가한 또 다른 원인이 되었다. 중국에서는 당시는 물론 현재도 의약분업이 제대로 이루어지지 않고 있다.

② 세계 최하위권의 공공의료 체계

이 밖에도 몇 가지 심각한 문제가 더 있었다. 첫째, 도시와 농촌 간의 의료 격차가 확대되었다. 2003년 기준으로, 5세 이하 사망률이 1,000명당 도시는 13명인 데 비해 농촌은 330명이었다. 둘째, 과잉 진료와 과잉 약물 처방이 심각했다. 정부가 병원의 의료 가격을 엄격히 통제하는 가운데서 오직 조제 약품에 대해서만 15%의 이윤을 보장했다. 그 결과 과잉 약물 처방이 나타났다. 예를 들어, 항생제 처방 비율을 보면 일반 환자는 75%, 입원환자는 79%였는데, 이는 국제 평균인 약 30%보다 두 배 이상 큰 것이다.

셋째, 병원과 제약회사 사이의 담합과 결탁, 즉 부패가 심각했다. 국민의 의료비가 증가한 데는 이런 담합도 한몫했다. 넷째, 분절된 의료 체계로 인해 의료 자원이 낭비되고, 환자의 의료 비용이 증가했다. 예를 들어, 상·하급 의료기관은 완전히 분리되어 하급 기관의 의료 검사 기록이 상급 기관에서는 무용지물이었다. 이 때문에 환자가 병원을 옮길 때마다 같은 검사를 반복해야 했고, 그에 따라 의료비가 늘어났다.[4]

이런 심각한 상황은 국제적인 비교 평가에서도 확인되었다. 2000년에 세계보건기구(WHO)는 191개 국가를 대상으로 의료 서비스 공급 실태를 조사했다. 여기에는 의료 서비스의 불평등, 공정한 재정 지원, 환자 만족도 등의 평가 기준이 포함되었다. 평가 결과, 중국은 191개의 조사 대상 국가 중에서 의료 불평등은 188위,

다른 항목은 144위를 차지했다. 거의 최하위였다.

2002년에 발생한 사스 위기는 공중 보건위생 및 의료 체계의 취약성과 심각성을 다시 한번 확인해주었다. 만약 이런 심각한 상황이 개선되지 않는다면, 중국은 감염병에 취약하여 주기적으로 보건의료 대란(大亂) 혹은 위기에 직면할 가능성이 크다. 이에 대한 정치 지도자의 위기의식이 크게 증폭된 것은 당연한 일이었다.[5]

(2) 의료 개혁의 어려움

의료 개혁이 아무리 절박해도 바로 개혁을 추진할 수 있는 것은 아니다. 여러 가지 어려움이 있기 때문이다. 이는 국민 생활과 밀접히 관련되는 개혁이라서 국민의 요구가 매우 많을 뿐만 아니라, 결과에 대한 국민의 관심도와 기대 또한 매우 높았다. 따라서 의료 개혁을 잘못 실행하면 국민으로부터 거센 비난과 저항에 직면할 수 있다. 이외에도 의료 개혁은 세 가지 문제로 인해 추진이 쉽지 않았다.

① 관료조직 간의 치열한 영역 다툼

첫째는 정부 부서 간의 치열한 '영역 다툼'이다. 분절된 권위주의 모델이 주장하듯, 정책이 결정되기 위해서는 무엇보다 먼저 국가 관료조직 간에 합의가 이루어져야 한다. 그런데 첫째, 정책과 관련된 중앙과 지방의 관료조직 수가 많을 경우, 둘째, 정책 결과가 관료조직의 이익에 커다란 영향을 미칠 경우, 셋째, 정책 방향 및 내용과 관련하여 관료조직 간의 의견 대립이 클 경우는 합의 형성이 매우 어렵다. 의료 개혁이 바로 이에 딱 맞는 사례다.

먼저, 의료 개혁에는 중앙과 지방의 수많은 관료조직이 직접적으로 관련되어 있다. 단적으로 2006년 6월에 의료 개혁을 추진하기 위해 국무원이 설립한 '조정 공작소조(協調工作小組)'에는 모두 16개 부서가 참여했다. 여기서 국무원 위생부와 국가 발전개혁위원회(發改委: 발개위)가 조장을 맡았고, 재정부, 농업부, 노동사회안전부, 중앙기구편제위원회, 교육부, 민정부, 인사부, 국가가족계획(計劃生育)위원회, 국무원 연구실, 국유자산감독관리위원회, 국가식품약품감독관리국, 국가중의약관리국, 중국 보험감독관리위원회, 전국총공회가 조원으로 참여했다. 2008년 12월에 '의료 개혁 영도소조'가 설립되었을 때는 이보다 4개가 많은 20개 부서가 참여했다.[6]

또한, 이들 관료조직은 각자의 조직 이익, 즉 권한과 예산의 확대를 위해 노력할 뿐만 아니라, 소속 집단의 이익도 대변해야만 했다. 예를 들어, 국무원 위생부는 병원과 의료 계통 종사자의 이익, 인사부는 공무원의 이익, 노동사회안전부는 기업의 이익, 국가식품약품감독관리국은 의약품 계통의 기업과 종사자의 이익, 전국총공회는 노동자의 이익을 대변했다. 이에 비해 국무원 재정부와 발개위는 국가 이익의 수호자를 자처하면서 국가 재정투입의 축소

를 주장했다. 각 지역에서 의료 개혁을 실제로 집행해야 하는 지방
정부는 재정 확대나 경제발전과 같은 간부 인사고과에 유리한 성
과 달성에만 몰두했다. 이런 상황에서는 정책 결정과 집행이 쉽지
않다.[7]

② 이해 당사자 간의 이익 조정 문제

둘째는 거대하고 복잡한 '이해 당사자(stake-holder)' 간의 이익 조
정 문제다. 의료 개혁에는 수많은 관련 집단의 생계가 달려 있다.
첫째는 병원과 의료 종사자(주로 의사와 간호사, 약 850만 명), 둘째는
공중 보건위생 기구(보건소, 약 100만 개), 셋째는 보험회사와 종사자,
넷째는 의약품과 의료기기 제조사(약 1만 3,500개), 다섯째는 의약품
도매업자(약 1만 3,000개)와 소매업자(약 600만 명)다.

이들은 의료 개혁이 어떻게 결정되는지에 따라 이해가 갈릴 뿐
만 아니라, 상황에 따라서는 생존 자체도 위협을 받을 수 있다. 따
라서 이들은 의료 개혁 방안이 준비되는 과정에서 각자 새로운 이
익단체를 결성하거나, 아니면 기존 이익단체를 동원하여 국가 관
료조직을 상대로 치열한 로비전을 전개했다.[8]

예를 들어, 34만 개의 약국과 600만 명의 종사자를 거느린 중국
의약상업협회(中國醫藥商業協會)는 의약분업과 병원의 독과점 폐지,
의약품 시장의 경쟁 강화를 요구했다. 6,154개의 국내 의약품 기업
이 소속된 중국의약기업관리협회(中國醫藥企業管理協會)와 외국 제

약회사가 가입한 중국외상투자기업협회(中國外商投資企業協會)의 의약품연구개발업종위원회(藥品硏制和發展行業委員會, RDPAC)는 의약품 단가의 현실화(인상)를 요구했다. 반면, 176개의 국내 보험회사가 가입한 중국보험업종협회(中國保險行業協會)는 보험회사의 의료보험 참여 보장을 요구했다. 마지막으로, 공립병원 원장과 의사가 소속된 중국의원협회(中國醫院協會)와 중국의사협회(中國醫師協會)는 정부의 병원 통제 완화와 자율성 제고, 의료 단가의 인상과 의료 종사자의 처우 개선을 요구했다.[9]

다만 중국 정치체제의 특성상, 즉 공산당 일당제의 권위주의 정치체제라는 특징으로 인해 이런 이익집단이 한국이나 미국에서처럼 자유롭게 활동하면서 국가 정책에 실질적인 영향력을 행사하기는 매우 어렵다. 주요 이익집단은 공산당이나 국가의 통제하에 있을 뿐만 아니라, 국가 정책은 공산당의 지도를 받아 국가 관료조직이 주도적으로 결정하기 때문이다. 따라서 이들의 역할과 영향력을 과장해서는 안 된다.

③ 이념적 및 정책적 대립

마지막은 의료 개혁 방안을 둘러싼 이념적 및 정책적 대립이다. 의료 개혁이 정책 의제로 등장하면서 관료조직과 사회 세력은 정책 방향과 내용을 놓고 두 개의 진영으로 나뉘어 치열한 논쟁을 전개했다. 하나는 정부 주도의 의료 제도 수립을 강조하는 '정부파(政

府派)'이고, 다른 하나는 시장 주도의 의료 제도 수립을 강조하는 '시장파(市場派)'다. 의료 개혁을 주도하는 정부 부서 간에도 분명한 대립이 표출되었다. 쟁점은 크게 세 가지였다.

첫째는 재원 마련과 의료 개혁의 접근법이다. 이에 대해 국무원 위생부는 공중 보건위생 관리와 공공의료 서비스의 공급을 관리하는 주관 부서로서 정부 주도의 의료 제도 수립을 주장했다. 이에 따르면, 정부가 국가 예산으로 병원에 직접 재원을 공급하고, 병원은 국민에게 무료 또는 저가로 질병 예방과 경증 치료 등 기본 의료 서비스를 제공한다. 사회보험(의료보험)은 중병에만 적용한다. 반면 국무원 인력자원사회보장부(인력자원부)—이전의 인사부와 노동사회안전부가 통합한 부서—는 시장 주도를 주장했다. 즉 정부는 보험 주체로서 병원 등의 의료 공급자로부터 의료 서비스를 구매해서 국민에게 제공한다. 또한 사회보험(의료보험)은 중증 환자뿐만 아니라 경증 환자에도 확대 적용한다. 국무원 재정부와 발개위는 인력자원부의 입장에 섰다. 즉 시장 원리에 따라 정부가 병원으로부터 의료 서비스를 구매하여 환자에게 공급해야 한다.

둘째는 공립병원 개혁 문제다. 국무원 위생부는 '수입 지출 분리(收支兩條綫)' 제도에 따라 정부가 공립병원을 운영하고 경비도 지원하며, 병원은 이익금을 정부로 귀속시켜야 한다고 주장했다. 반면 인력자원부, 재정부, 발개위는 사회보험(의료보험)으로 마련한 재원으로 '사전 예산 할당 제도(總額預付)'를 도입해야 한다고 주장했다.

이렇게 해야만 병원의 의료비 과다 청구를 통제할 수 있다는 것이다. 또한 '정부와 사업 단위 분리(政事分開)' 및 '관리와 운영 분리(管辦分開)'의 방침에 따라 정부로부터 독립된 별도의 조직이 공립병원을 관리하고, 위생부는 병원 운영에서 완전히 손을 떼야 한다고 주장했다. 위생부는 당연히 격렬히 반대했다.

셋째는 도시와 농촌 의료보험 제도의 통합 문제다. 국무원 인력자원부는 도농(都農) 의료보험을 하나로 통합하여 전국적으로 운영해야 하고, 이를 자신이 관리해야 한다고 주장했다. 반면 국무원 위생부는 지금까지 그랬던 것처럼 인력자원부가 아니라 자신이 이를 주도해야 한다고 주장했다.[10]

(3) 세계보건기구·국무원의 공동 연구 보고서와 사스의 충격

이런 상황에서 2005년 7월에 세계보건기구와 국무원 발전연구센터(發展研究中心)가 공동으로 「의료 개혁의 평가와 건의」라는 보고서를 출간했다. 결론은 "전체적으로 볼 때, 중국의 의료 개혁은 성공하지 못했다"라는 것이다. 그 결과 2000년 세계보건기구의 조사에서 중국 국민 간 의료 불평등은 191개 국가 중 188위였고, 건강 개선 효과 등은 144위였다. 개혁이 실패한 주요 원인은 "공중 보건위생 서비스는 공공재인데, 그것을 상업화 및 시장화된 방식에 맡기면서 제대로 공급되지 않았다"라는 것이다.

이 보고서는 의료 개혁이 뒤처진 이유도 지적했다. 첫째는 경제발전만 중시하는 경향이다. 즉 의료 서비스 등 공공재 공급에는 주의하지 않았다. 둘째는 의료위생 사업의 특수성에 대한 인식 부족이다. 즉 시장화 개혁만으로 의료위생 문제를 해결하려고 시도했는데, 이는 잘못된 방향이다. 셋째는 부유한 지역과 빈곤한 지역 간의 재정 차이, 즉 빈곤 지역의 재정 부족과 기득권 집단의 영향, 즉 개혁에 대한 이들의 저항이다.

정부가 당시에 구상 중인 의료 개혁 정책의 문제점도 지적했다. 첫째, 2002년 사스 위기 이후 정부 재정이 주로 응급 의료 체계에 집중되는데, 이는 문제다. 이런 방식으로는 국민의 '간병난'과 '간병귀' 문제를 해결할 수 없기 때문이다. 둘째, 의료 개혁 중 상업화 및 시장화 경향이 여전히 너무 심각하다. 이는 과거 잘못된 방침의 반복이다. 셋째, 도시 의료보험 제도와 신형 농촌 합작의료 제도의 개혁이 여전히 미흡하다.[11]

이 보고서가 《중국경제시보(中國經濟時報)》와 《중국청년보(中國靑年報)》에 실리면서 의료 개혁은 사회적으로 큰 관심을 불러일으켰다. 이를 이어 학계, 의료계, 언론계 등에서 광범위한 토론이 전개되었고, 그 결과 의료 개혁은 더 이상 미룰 수 없다는 사회적 공감대가 형성되었다. 정부도 이 문제를 더 이상 외면할 수만은 없었다.

2. 의료 개혁 추진과 개혁 방안의 작성

의료 개혁의 기본 방침과 일반 목표는 공산당 중앙이 제시했다. 그러나 그것들은 매우 추상적이고 일반적이어서 현장에서 집행할 수 있는 것이 아니었다. 예를 들어, 2002년 공산당 16차 당대회의 「정치 보고」 중 '경제건설과 경제체제 개혁' 항목에는, 도시 노동자의 기본 양로보험과 의료보험 제도, 농촌의 양로보험과 의료보험 제도의 건립 필요성이 언급되었다. 다만 그것을 언제 어떻게 건립할 것인지에 대해서는 아무런 언급이 없었다.[12]

비슷하게, 2007년 공산당 17차 당대회의 「정치 보고」 중 '민생 개선을 중점으로 하는 사회건설 추진' 항목에는, 기본 의료위생 제도의 건립이 언급되었다. 이때는 특히 "공공 의료위생의 공익성질을 견지한다"와 "정부 책임과 투입을 강화하고, 국민건강 정책을 개선한다"라는 방침을 강조했다.[13] 이는 이전 것보다는 조금 더 구체적인 방침이지만, 당장 현장에서 집행할 수 있는 정책은 아니었다.

(1) 조정 공작소조의 구성과 연구 용역 의뢰

결국 의료 개혁 정책은 국가 관료조직이 제정해야만 했다. 이를 위해 국무원은 2006년 6월에 '의약 위생 체제 개혁 심화 부서 조정 공작소조(深化醫藥衛生體制改革部際協調工作小組)'(조정 공작소조)를 설립했다. 앞에서 말했듯이, 조장은 국무원 위생부와 발개위가 맡았고, 나머지 14개 부서는 조원으로 참여했다. 조정 공작소조의 임무는 조사와 연구를 통해 의료 개혁에 대한 종합적인 방안과 정책 초안을 제시하는 것이다. 이는 결코 쉬운 임무가 아니었다. 앞에서 살펴본 것처럼, 국가 관료조직 간에 의료 개혁을 둘러싼 의견 대립이 매우 심각했기 때문이다.

이 문제를 해결하기 위해 조정 공작소조는 모두 9개의 학술기관, 국제기구, 민간 자문회사에 연구 용역을 의뢰했다. 〈표 2〉는 이를 정리한 것이다. 이처럼 외부 기관에 연구 용역을 의뢰한 이유는 세 가지다. 첫째는 관료조직과 이익집단 간의 의견 차이로 인해 정책 결정이 교착 상태에 빠진 상황을 타개하기 위해서다. 둘째는 정책에 필요한 여러 가지 정보를 수집하기 위해서다. 셋째는 정책의 정당성을 높이고, 대중의 지지를 얻기 위해서다. 관료조직만이 참

<표 2> 의료 개혁 방안의 연구 용역기관

기관 분류	용역 참여 기관
대학교(5개)	초기 참여: 베이징대학, 푸단대학
	추가 참여: 베이징사범대학, 런민대학, 중산대학
정부 연구기관(1개)	국무원 발전연구센터
국제조직(2개)	세계은행(World Bank), 세계보건기구(WHO)
민간 자문회사(1개)	맥킨지(McKinsey & Company)

자료: 王紹光·樊鵬, 『中國式共識型決策: '開門'與'磨合'』(北京: 中國人民大學出版社, 2013), p. 130.

여하여 만든 방안보다는 이렇게 해서 만든 방안이 정당성이 높고, 대중의 지지를 받기도 쉽다.[14]

(2) 의견 대립의 지속과 의료 개혁 초안의 작성

그런데 문제는 용역기관 간에도 이념적 및 정책적 차이가 그대로 드러나면서 이견(異見)이 해소되지 않았다는 점이다. 예를 들어, 베이징대학 연구팀은 국무원 위생부와 비슷하게 정부 주도의 의료 제도 수립을 주장했다. 즉 환자는 무료 혹은 저가로 정부 재원으로 제공하는 의료 서비스를 받아야 한다는 것이다. 반면 베이징사범대학(北京師範大學)과 런민대학(人民大學) 연구팀은 국무원 인력자원부, 재정부, 발개위와 비슷하게 시장 주도의 의료 제도 수립을 주장했다. 즉 국가에서 독립된 별도의 기관이 보편적인 의료 서비스를 제공해야 하고, 공립병원의 민영화와 민간투자도 필요하다는 것이다.[15]

세계보건기구의 개혁안은 상대적으로 이념 대립에서 벗어나 있었고, 실제로 중국의 의료 개혁에도 큰 영향을 미쳤다. 구체적인 내용을 보면, 먼저 시장 기제의 도입을 주장하지만 동시에 사회적 약자를 위한 의료 안전망 구축도 강조했다. 또한 전 국민에게 기본 의료 서비스를 보편적으로 제공해야 하고, 핵심 의약품의 안정적인 공급 체계도 수립해야 한다고 주장했다. 참고로 중산대학 연구팀은 의료 종사자의 처우 개선과 임금 인상을 강조했다.[16]

이런 상황에서 앞에서 보았듯이, 2007년 10월에 개최된 공산당 17차 당대회에서는 "공공 의료위생의 공익성질을 견지한다"와 "정부 책임과 투입을 강화하고, 국민건강 정책을 개선한다"라는 방침을 강조한 것이다. 이에 따라 국무원 위생부 부장(장관)은 2007년 12월 전국인민대표대회(전국인대) 상무위원회에 대한 업무 보고를 통해 정부 입장을 천명했다.

먼저, 의료 개혁의 전체 목표를 명확히 했다. 즉 "도시와 농촌의 주민을 포괄하는 기본 의료위생 제도를 수립하여, 군중에게 안전하고 효과적이며, 편리하고 저렴한 공중 보건위생과 기본 의료 서비스를 제공한다. 이를 통해 국민 모두가 기본 의료위생 서비스를 향유할 수 있도록 촉진한다." 또한, 기본 방침은 "정부 투입은 의료 서비스의 공급 측(供方)과 수요 측(需方)을 모두 고려한다"로서, '정부파'와 '시장파'의 입장을 절충한 것이다. 따라서 논쟁은 계속될 수밖에 없었다.[17]

우여곡절 끝에 국무원은 2008년 2월에 '의견 청취용 초안(徵求意見稿)'으로 「의약 위생 체제 개혁 심화 의견(關於深化醫藥衛生體制改革的意見)」(의료 개혁 초안)을 완성했다. 이는 정부 부서 간 타협의 산물이었다. 문제는 의료 개혁과 관련된 근본적인 쟁점이 제대로 해결되지 않았다는 점이다.

예를 들어, 지방의 기층 의료기관 확대와 관련하여 국가 재정으로 기반 시설을 확대해야 한다는 국무원 위생부의 입장과 사회보험(의료보험) 재정으로 충당해야 한다는 국무원 인력자원부의 입장이 섞여 있었다. 도시와 농촌의 의료보험 제도를 통합하는 방안도 위생부가 담당하는지, 인력자원부가 담당하는지 언급이 없었다. 공립병원 관리 방안도 마찬가지로 구체적인 내용이 빠져 있어서 실행이 쉽지 않았다.[18]

3. 의료 개혁 초안의 내부 심의와 공개 의견 청취

의료 개혁 초안이 완성된 이후, 국무원은 이견을 해소하고 최종 방안을 마련하기 위해 내부 심의와 공개 의견 청취 과정에 들어갔다. 또한 의료 개혁이 제대로 추진될 수 있는지를 점검하기 위해 일부 지역을 대상으로 실험(試點)을 시작했다.

(1) 내부 심의와 실험 시작
먼저 내부 심의를 살펴보면, 2008년 4월 원자바오(溫家寶) 총리는 의료 개혁 좌담회를 두 차례 개최해 22인의 전문가를 초청하여 의견을 직접 청취했다. 또한 국무원은 산하에 있는 72개 부서와 기관, 31개의 전국 성급 행정 단위, 8개의 민주당파(民主黨派: 공산당의 집권을 인정한 상태에서 정치적 조언 등의 활동을 전개하는 8개의 정치단체)의 의견도 청취했다.

그 밖에도 국무원은 2008년 10월과 11월 두 달 동안 10개의 전문 조사조(調査組)를 구성해 세 개의 성급 정부(성·직할시·자치구)에 파견하여 의견을 청취했다.[19] 마지막으로, 이 과정에서는 국무원 각 부서 산하의 국책 연구소, 국내외 다양한 기관과 전문가도 참여했다. 〈표 3〉과 〈표 4〉는 이를 정리한 것이다. 이를 보면 초안의 내부 심의에는 국내외의 많은 기관과 전문가가 참여했음을 알 수 있다.

〈표 3〉 의료 개혁 초안의 내부 심의에 참여한 국책 연구소

국무원 부서	소속 연구소
위생부(1개)	• 위생발전연구센터
재정부(1개)	• 재정과학연구소
국가발전개혁위원회(2개)	• 거시경제연구원 • 중국경제체제개혁연구회
인력자원사회보장부(3개)	• 중국인사과학연구원 • 노동임금연구소 • 중국의료보험연구회
재정부(2개)	• 정책연구센터 • 사회복리·사회진보연구소
국가식품약품감독관리국(1개)	• 남방(南方)의약연구소
국유자산감독관리위원회(1개)	• 국자위(國資委)연구센터
국가중의약관리국(1개)	• 중국중의연구원(중국중의과학원)
보험감독관리위원회(1개)	• 중국보감회(保監會) 정책연구실

자료: 王紹光·樊鵬, 『中國式共識型決策: '開門'與'磨合'』(北京: 中國人民大學出版社, 2013), p. 124.

〈표 4〉의료 개혁 초안의 내부 심의에 참여한 국내외 기관과 전문가

기관·전문가 분류	참여 기관·전문가
대학 연구소(8개)	• 베이징대학 • 베이징사범대학 • 칭화대학 • 중국과학원 생물의학부 • 푸단대학 • 중산대학 • 런민대학 • 중국사회과학원
정부 연구소(1개)	• 국무원 발전연구센터
국제조직(3개)	• 세계보건기구(WHO) • 영국 국제발전부 • 세계은행(World Bank)
민간 자문회사(2개)	• 맥킨지(McKinsey & Company) • 중국 국제금융공사

외국 전문가(5인)	• 그렉 블록(Greg Bloche)(오바마 대통령 의료정책 고문)
	• 윌리엄 샤오(William Hsiao)(하버드대학 교수)
	• 레오나르드 쉐퍼(Leonard D. Schaeffer)
	  (브루킹스연구소 연구원)
	• 앤 밀스(Anne Mills)(런던대학 교수)
	• 하나 브릭시(Hana Brixi)(세계보건기구·세계은행 의료
	  위생 고문)

자료: 王紹光·樊鵬, 『中國式共識型決策: '開門'與'磨合'』(北京: 中國人民大學出版社, 2013), p. 121.

　　국무원은 내부 심의와 함께 의료 개혁 초안이 실제로 어떻게 실행될 수 있는지를 점검하기 위해 실험도 시작했다. 앞에서 말했듯이, 1998년에는 전국적으로 '도시 직공 기본의료보험 제도'가 실행되었다. 2003년부터는 '신형 농촌 합작의료 제도'가, 2005년에는 '도시 의료구제(醫療救助) 제도'가 각각 일부 지역을 대상으로 실험을 시작했다. 이를 이어 2008년 8월부터 전국적으로 79개 지역에서 '도시 주민(居民) 기본의료보험 제도'가 실험을 시작한 것이다.[20]

(2) 공개 의견 청취: 사회 세력의 정책 참여

한편 원자바오 총리는 2008년 9월에 의료 개혁 초안을 사회에 공포하여 의견을 청취할 것을 지시했다. 이에 따라 같은 해 10월 14일부터 11월 14일까지 한 달 동안 모두 3만 5,260건의 의견이 접수되었다. 이 중에서 인터넷 의견은 2만 7,892건이었다. 이후 10일간 의견 청취 기간이 연장되면서, 최종적으로는 모두 3만 5,929건의 의견(이 중 인터넷 의견은 3만 1,320건)이 접수되었다.[21]

접수된 의견 규모는 다른 정책에 비해 적은 편이었다. 예를 들어, 2010년에 교육 개혁 정책이 발표되었을 때는 모두 21만 건의 의견이 접수되었다. 의료 개혁 정책에 대중의 참여율이 상대적으로 낮은 이유는 첫째, 대중이 접근하기 어려운 전문 영역으로, 내용과 용어가 모두 어려웠기 때문이다. 둘째, 대중의 적극적인 참여를 독려하는 정부의 노력이 부족했다. 예상하지 못한 결과가 초래될 것을 우려했기 때문이다. 셋째, 언론 매체도 조심스럽게 움직였다. 즉 정보 수집과 의견 반영에 국한하고, 논쟁이 확대되지 않도록 통제했다.[22]

의료 개혁 초안에 대한 인터넷 의견(comments)을 분석한 연구에 따르면, 첫째, 의견을 보낸 사람들은 대개 남성으로, 도시에 거주하고, 고학력자로 전문직(주로 의료계)에 종사한다. 이들은 의료 개혁에 대해 깊은 우려, 즉 이번에도 용두사미로 끝날 수 있다고 우려한다. 또한 이들은 정부가 시민의 의견에 따라 원래 개혁 방안을

대폭 수정할 것일지에 대해서도 회의적인 태도를 보인다.[23]

둘째, 인구학적 특징과 주관적 동기 중에서 이들의 의견 제시에 더 큰 영향을 미친 요소는 후자다. 즉 내적 효능감(internal efficacy: 정책을 이해할 수 있다는 믿음)이 높고, 민주적인 성향이 강한 시민일수록 의료 개혁에 긍정적인 자세를 보이고, 구체적인 정책을 제시한다.[24] 셋째, 의견 제안자 중 55%가 의료 관련 집단, 즉 의사와 병원 관리자, 공중 보건위생 관계자, 의료 장비와 의약품 제작 및 유통업자들이다. 반면 노동자와 농민은 20%, 기타는 25%였다.[25]

앞에서 말한 2만 7,899개의 인터넷 의견 중에서 2%인 558개를 표본 추출하여 그 의견 내용과 실제 개혁을 추적 분석한 연구도 있다. 이에 따르면, 의료 개혁의 세부 항목에 대한 의견 규모(숫자)와 실제 개혁 간에는 큰 상관관계가 있다. 즉 제안이 많은 세부 항목일수록 실제 개혁에 큰 영향을 미쳤다. 또한 의견집단과 실제 개혁 간의 관계를 보면, 6개 집단 중에서 현장 의료집단의 의견이 개혁에 가장 큰 영향을 미쳤다.

이런 분석을 통해 우리는 두 가지 사실을 알 수 있다. 첫째, 중국 정부는 다양한 사회집단의 의견을 반영하여 정책을 결정하려고 노력하고 있다. 즉 관료조직만으로 국민 생활에 커다란 영향을 미치는 정책을 결정하지는 않는다. 둘째, 여러 사회계층과 집단 중에서 일선 현장에서 실제로 정책을 집행하는 집단(예를 들어 의사, 교사, 경찰)의 불만과 요구를 해소하는 정책 기제가 작동하고 있다. 이

것이 궁극적으로는 공산당 정권의 안정적인 통치에 도움을 준다.[26]

그러나 의료 개혁 정책에서 사회 세력, 즉 시민, 사회단체, 이익 집단 등의 참여 정도와 실제 영향력을 과대평가해서는 안 된다. 이에는 분명한 한계가 있기 때문이다. 첫째, 관료조직이 의제, 참여 범위, 최종 정책을 통제하기 때문에 사회 세력은 단지 의견을 제시할 수 있을 뿐이지, 정책 결정에 큰 영향을 미칠 수는 없다. 둘째, 사회 세력의 의견은 기술적인 문제에만 국한되고, 보다 근본적이고 핵심적인 문제는 관료조직이 결정한다. 셋째, 정책 결정 과정에서 사회 세력과 정부 간의 소통만 허용하고, 사회 세력 간의 수평적인 소통은 금지한다.[27]

그러나 어쨌건 중요한 정책을 결정할 때, 사회 세력의 참여를 허용하고, 실제로 적잖은 사회 세력이 이에 참여한다는 점은, 중국의 정책 결정 과정이 전과는 다르게 다원화되고 있다는 사실을 보여준다.

4. 개혁 방안의 확정과 주요 기관(조직)의 역할 평가

이후 국무원은 2008년 12월에 '의약 위생 체제 개혁 심화 영도 소조(深化醫藥衛生體制改革領導小組)'(의료 개혁 영도소조)를 설립했다. 조장은 공산당 정치국 상무위원이면서 국무원 상임 부총리인 리커창(李克强)이 맡았고, 모두 20개의 국무원 부서 대표가 조원으로 참여했다.

2006년에 설립된 '조정 공작소조'는 국무원 부서 간의 의견 조정 임무를 맡은 낮은 지위의 조직이었다. 이에 비해 2008년에 설립된 '의료 개혁 영도소조'는 최종 개혁 방안(초안)을 결정하여 국무원에 제출할 뿐만 아니라, 국무원이 결정한 의료 개혁 정책을 관련 조직과 지방이 철저히 집행하도록 촉구하고 감독하는 임무까지 맡은 높은 지위의 조직이었다. 그래서 조장을 정치국 상무위원(리커창)으로 임명한 것이다.[28] 정책 집행 과정에서 혹시 있을지 모르는 중앙 관료조직과 성급 지방정부의 저항이나 반대를 통제해야 했기 때문이다.

(1) 의료 개혁의 내용: 의료 개혁 의견과 실시 방안

'의료 개혁 영도소조'는 원래 계획대로 내부 심의를 거쳐 의료 개혁 방안을 완성하여 국무원에 보고했다. 이후 국무원 상무회의와 전체회의는 2009년 1~2월에 그것을 심의하여 통과시킨 후, 같은 해 3월에 두 가지 정책 문건을 발표했다. 하나는 「공산당 중앙과 국무원의 의약 위생 체제 개혁 심화 의견(中共中央國務院關於深化醫藥衛生體制改革的意見)」(의료 개혁 의견)이다. 다른 하나는 「의약 위생 체제 개혁 단기 중점 실시 방안(醫藥衛生體制改革近期重點實施方案(2009~2011년)」(실시 방안)이다.

먼저, 의료 개혁 의견에는 "사람을 근본으로 여기고(以人爲本), 인민의 건강 권익 옹호를 제일의 위치에 놓는다"와 "공평과 효율의 통일을 견지하고, 정부 주도와 시장 기제를 서로 결합한다" 등 모두 네 개의 기본 원칙이 들어 있다. 또한 이에 따르면, 2011년까지는 "간병난과 간병귀의 문제를 해결"하고, 2020년까지는 "도시와 농촌의 주민을 모두 포괄하는 기본 의료위생 제도를 기본적으로 건립"한다. 그 밖에도 여기에는 4대 의료보장 제도, 즉 도시 직공 기본의료보험 제도, 도시 주민 기본의료보험 제도, 신형 농촌 합작의료 제도, 도농 의료구제 제도가 포함된다.[29]

또한, 실시 방안에는 향후 3년간(2009~2011년) 실시할 5대 중점 개혁 과제가 제시되었다. 첫째는 기본 의료보장 제도의 건설이다. 이를 위해 3년 이내에 도농(都農) 주민의 의료보험 가입률이 90%에 도달하도록 노력한다. 또한 2010년에는 신형 농촌 합작의료 제도의 보조금을 1인당 40위안(元)에서 120위안으로 상향 조정한다. 둘째, 국가 기본의약 제도를 초보적으로 건립한다. 셋째, 기층 의료위생 서비스 체계를 개선한다. 넷째, 기본 공중 보건위생 서비스를 점차로 균등화한다. 특히 도시와 농촌 간의 의료 격차를 해소한다. 다섯째, 공립병원 개혁을 실험한다.[30] 이로써 의료 개혁 정책이 확정되었고, 이후 3년 동안 전국적으로 집행되었다.

(2) 권력기관과 관료조직의 역할

그렇다면 의료 개혁 정책의 결정 과정에서 국가 권력기관과 관료조직은 구체적으로 어떤 역할을 담당했을까? 〈표 5〉는 이를 정리한 것이다. 먼저, 공산당 16차 및 17차 당대회는 의료 개혁의 기본 방침과 일반 목표를 제시했다. 또한 공산당 정치국은 이런 방침과 목표에 근거하여 의료 개혁의 전체 추진 과정을 파악하고, 좀 더 구체적인 개혁 방침과 목표를 제시했다.

그러나 의료 개혁의 실제 정책 방안(초안)을 준비하고 결정한 주체는 국무원이다. 앞에서 살펴본 '조정 공작소조'도 국무원 산하에 있었고, 참여 조직도 대부분 국무원 부서였다. 이들이 만든 정책

〈표 5〉 주요 당정기관의 의료 개혁 정책 결정 과정에서의 역할

당정기관		기간/횟수	역할
공산당 16·17차 당대회*		2002·2007년/2회	기본 방침과 일반 목표 제시
공산당 정치국		2003~2012년/7회	정책의 전체 추세 파악과 방침 제시
국무원	상무회의	2003~2012년/16회	의료 개혁 각 방면의 구체적인 정책 제정
	전체회의	2003~2012년/1회	의료 개혁 방안의 최종 결정
전국인대 상무위원회		2003~2012년/1회	국무원의 의료 개혁 보고 청취와 심의
조정 공작소조		2006~2008년/**	의료 개혁 정책의 초안 작성
의료 개혁 영도소조		2008~2012년/11회	의료 개혁 정책의 배치와 집행 감독

주: * 내용은 필자가 추가; ** 통계 자료 누락.
자료: 王紹光·樊鵬, 『中國式共識型決策: '開門'與'磨合'』(北京: 中國人民大學出版社, 2013), pp. 219~239.

방안은 국무원 상무회의와 전체회의가 심의하여 정책으로 확정했다. 전국인대 상무위원회는 국무원의 업무 보고를 청취 및 심의하면서 정책 결정 과정을 감독했다. 의료 개혁 영도소조는 의료 개혁 방안을 확정하여 국무원에 보고하고, 그 이후에는 개혁 정책의 집행을 감독했다.

5. 의료 개혁의 집행: 성과와 한계

마지막으로, 의료 개혁 정책의 실제 집행 결과, 즉 성과와 한계를 간략히 살펴보자. 이는 정책 결정 과정에 대한 이해와는 직접 관련이 없는 내용이다. 그러나 어렵게 결정된 정책이 실제로 어떻게 집행되었는지를 이해하기 위해서는 이를 살펴볼 필요가 있다.

(1) 성과: 의료보험 가입률의 급증과 통치 정통성의 제고

먼저, 의료 개혁은 많은 성과를 거두었다. 이를 체계적으로 분석한 왕샤오광(王紹光)과 판펑(樊鵬) 교수는 "실시 상황을 놓고 보면, 매우 성공적"이라고 평가했다. 의료보험 가입률이 이를 증명한다는 것이다. 즉 의료 개혁 전인 2003년에는 가입률이 29.7%였는데, 그것이 2008년에는 87.5%로 높아졌고, 2011년에는 95.7%가 되었다. 이는 중국이 양호한 개혁 정책을 제정한 것으로, '중국 체제

의 우월성'을 보여주는 사례다.[31]

　다른 학자들도 의료 개혁이 큰 성과를 거두었다는 점에 동의한다. 첫째, 2012년을 기준으로 의료보험 가입률이 약 95%에 도달했다. 환자 의료비 환급금도 외래환자는 50%, 입원환자는 75%로 증가했다. 둘째, 고소득층과 저소득층의 의료 격차가 축소되었다. 셋째, 2,200개의 현급(縣級) 병원과 33만 개의 기층 의료시설이 증설되거나 개선되었고, 의료인 양성 목표도 달성했다. 넷째, 필수 의약품의 공급 체계도 수립돼가고 있다. 이를 종합할 때, "개혁은 비록 초기이고, 집행에는 어려움이 있지만, 대체로 올바른 방향으로 가고 있다"라고 평가할 수 있다.[32]

　국제기구도 중국의 의료 개혁 성과를 인정했다. 예를 들어, 2013년에 발간된 세계은행(World Bank) 보고서는 중국의 의료 개혁 성과를 "인류 역사에서 전대미문의 업적"이라고 칭찬했다. 또한 2016년 11월에는 국제 사회안전망 협회(International Social Security Association: ISSA)가 중국 정부에 '사회안전망 우수업적상(Award for Outstanding Achievement in Social Security)'을 수여했다. 연금보험, 의료보험 그리고 다른 형태의 사회 보호망의 복개율(coverage)이 전례 없이 증가한 업적을 높이 평가한 결과였다.[33]

　의료 개혁의 '성공적인' 결과는 공산당 정권의 정통성(legitimacy)을 높이는 데도 도움을 주었다. 2012년 11월부터 2013년 1월까지 전국의 성인 남녀를 대상으로 진행된 설문조사 결과에 따르면, 의료보험 가입률의 증가는 중앙정부(국무원)에 대한 국민의 신뢰도를 높였고, 의료 서비스 만족은 지방정부에 대한 국민의 신뢰도를 높였다. 이것이 의미하는 정책적 함의는, 권위주의 정권도 의료보험과 같은 공공재의 공급을 확대함으로써 정권의 내구성(durability)을 높일 수 있다는 사실이다.[34]

(2) 한계: 의료 개혁은 현재도 '진행 중'

그렇다고 의료 개혁에 문제가 없다는 이야기는 아니다. 한마디로 말해, 의료보험 가입률이 높아지면서 병원에서 치료받기 어려운 문제, 즉 '간병난'은 어느 정도 해소되었다. 그러나 환자가 부담

〈표 6〉 중국 의료 비용과 재원

연도	의료비 비중 (% GDP)	정부(%)*	사회보험 (%)*	개인(%)*	총합(%)
1980	3.15	36.2	42.6	21.2	100
1985	3.09	38.6	33.0	28.5	100
1990	4.00	25.1	39.2	35.7	100
1995	3.54	18.0	35.6	46.4	100
2000	4.62	15.5	25.6	59.0	100
2005	4.68	17.9	29.9	52.2	100
2010	5.01	28.6	35.9	35.5	100

주: • 전체 의료비에서 차지하는 비중
자료: Arthur Dammrich, "The Political Economy of Health-care Reform in China: Negotiating Public and Private", *Springer Plus* 2013, Vol. 2, No. 448, p. 4.

하는 의료비가 급증하는 문제, 즉 '간병귀'는 여전히 해소되지 않았다. 〈표 6〉과 〈표 7〉은 이를 정리한 것이다.

먼저 〈표 6〉에 따르면, 전체 의료비 중에서 개인이 부담하는 비율(즉 의료비의 상대적 부담 정도)이 의료 개혁 이후 축소된 것은 분명한 사실이다. 즉 최고 59%(2000년)에서 35.5%(2010년)로 많이 낮아졌다. 그리고 이 표에는 없지만, 2013년에는 그 수치가 33.9%까지 떨어졌다. 그러나 이와 함께 개인이 부담하는 의료비의 총액(즉 의료비의 절대적 부담 정도)은 2008년부터 2013년까지 6년 동안 매년 12.8%씩 계속 증가했다.[35] 이런 면에서 의료 개혁은 '간병귀' 문제를 개선하지는 못했다고 평가할 수 있다.

약물의 과잉 처방과 오남용 문제도 여전히 남아 있다. 〈표 7〉에 따르면, 2010년 기준으로, 전체 의료 비용 중에서 조제약이 차지하는 비중은 41.48%로, OECD 국가의 평균인 14.36%보다 여전히

〈표 7〉 국제 의료 비용 비교(1인당/미국 달러/구매력지수)(2010년)

국가		전체	입원	외래	조제약	행정
중국	액수	352	85	82	146	4
	비율(%)	100	24.15	23.29	41.48	1.14
OECD 평균	액수	3,390	1,213	954	487	136
	비율(%)	100	35.78	28.14	14.36	4.01

자료: Arthur Dammrich, "The Political Economy of Health-care Reform in China: Negotiating Public and Private", *Springer Plus* 2013, Vol. 2, No. 448, p. 13.

약 세 배가 많다. 이는 병원이 이윤 추구를 위해 약물을 과대 처방하면서 발생한 결과다. 단적으로 2004년부터 2012년까지 기간에 병원의 총수입 중에서 조제약이 차지하는 비중이 40%에 달했다. 이 문제는 한국이나 일본에서 실행되고 있는 의약분업, 즉 병원 진료·처방과 약국 조제·판매 간의 업무 분리가 이루어져야 해결될 수 있다. 문제는 현재까지도 중국에서는 병원의 반대와 관료조직의 비호로 인해 의약분업이 제대로 이루어지지 않고 있다는 점이다.[36]

그 밖에도 정부가 병원을 관리하면서 발생하는 공립병원의 비효율성 문제, 의료 개혁을 집행해야 하는 지방정부의 미온적인 태도 등의 문제는 여전히 해결되지 않고 있다. 이런 면에서 중국의 의료 개혁은 현재도 '진행 중'이다.

6. 일상 시기의 관료적 정책 방식 평가

지금까지 우리는 2006년부터 2009년까지 4년 동안 진행된 의료 개혁 정책의 사례를 분석함으로써 중국이 일상 시기에 관료 방식을 사용하여 어떻게 중요한 정책을 결정하고 집행하는지를 자세히 살펴볼 수 있었다.

첫째, 관료 방식에서는 중앙의 관료조직, 구체적으로 국무원 부서가 정책 결정에서 중심적인 역할을 담당한다. 이때에는 분절된 권위주의 모델에서 말하는 '권위의 분절화(분권화)'와 '합의 형성을 위한 정책 결정 과정의 지연' 현상이 나타난다. 이 문제를 해결하기 위해 국무원 산하에 '조정 공작소조'를 설립했지만, 정치적 지위가 낮아서 부서 간 이견을 해소할 수 없었다. 이 문제는 결국 '의료 개혁 영도소조'가 설립되면서 해결될 수 있었다.

여기서는 자세히 분석하지 않았지만, 결정된 의료 개혁 정책이 지방에서 실제로 집행될 때도 지방정부의 미온적인 태도와 재정투입 부족 등으로 인한 '집행난(執行難: 정책이 제대로 집행되지 않음)' 문제가 발생했다. 지방정부의 입장에서는 의료 개혁보다는 세수 확대와 경제성장 같은 간부 인사고과에 직접적으로 영향을 미치는 정책이 더 중요하다. 그래서 의료 개혁은 이들의 정책 우선순위에서 밀릴 수밖에 없었다.[37]

둘째, 전체 정책 결정 과정에서 공산당 중앙(당대회와 정치국), 국무원, 전국인대로 대표되는 '중앙'도 매우 중요한 역할을 담당한다. 중앙의 권한과 능력은 1990년대 중반 이후 전보다 강화되었고, 그런 추세는 시진핑 시기(2012년~현재)에 들어 더욱 분명해졌다. 그 결과 중앙은 국가 관료조직이나 지방정부가 주도하는 정책 결정 과정도 통제할 수 있다.

구체적으로 공산당 중앙은 당대회나 중앙위원회 혹은 정치국 회의나 각종 공작회의를 통해 정책의 기본 방침과 일반 목표를 제시한다. 또한 공산당 중앙은 상설 혹은 임시 영도소조(의료 개혁의 경우는 '의료 개혁 영도소조')의 구성을 통해 국가 관료조직과 지방정부의 정책 결정 과정을 지도하고 감독한다. 이런 점에서 정책 결정 과정에서 공산당 중앙의 중심 역할은 분명하다고 말할 수 있다.

또한 국무원은 중앙정부의 자격으로 정책 방안을 준비하기 위한 임시 지도조직(의료 개혁의 경우는 '조정 공작소조')을 구성해서 관료조직 간의 의견 대립을 조정한다. 또한 그렇게 마련한 정책 방안을 국무원 상무회의와 전체회의를 개최하여 공식 정책으로 결정한다. 반면 전국인대 상무위원회는 국가 권력기관 및 중앙 의회의 자격으로 국무원의 정책 방안을 보고받고, 정부의 정책 집행도 감독한다.

셋째, 학술조직, 사회단체, 전문가, 일반 시민(대중) 등 다양한 종류의 사회 세력도 관료 방식의 정책 결정 과정에서는 일정한 역할을 담당한다. 국제기구와 자문기관, 저명한 외국 전문가도 마찬가지다. 먼저 정책의 초보적인 구상이나 방안을 준비하는 과정에서 학술조직과 국제기구는 정부의 요청을 받아 다양한 방안을 제시한다. 또한 이들은 정책 초안의 내부 심의 과정에 참여하여 각자의 의견을 발표한다. 관료조직과 기업 등의 이익을 대변하는 사회단체도 정책 방안의 작성과 심의 과정에 참여한다. 일반 대중(시민)의 참여도 정책 영역에 따라서는 광범위하게 이루어진다.

이상의 내용을 정리하면, 일상 시기에 관료 방식을 사용하여 정책을 결정할 때는 중앙의 역할, 국가 관료조직과 지방정부의 역할, 사회 세력(국제기구 포함)의 역할이 모두 중요하다. 이런 면에서 중국의 정책 결정 과정은 1990년대 중반을 기점으로 큰 변화를 겪었다고 말할 수 있다. 중앙의 권한과 능력이 강화되고, 사회 세력의 정책 과정 참여가 두드러지면서, 중앙과 사회 세력이 국가 관료조직과 함께 정책 결정의 중요한 주체가 되었기 때문이다.

이는 중요한 정치적 시사점을 제공한다. 첫째, 일상 시기에 주요 정책을 결정할 때, 중국은 관료 방식을 사용해 사회적 요구와 의견을 반영할 수 있고, 전문가 집단의 지식과 연구도 활용할 수 있다. 또한 이를 통해 국가 관료조직 간의 의견 대립도 해소할 수 있으며, 궁극적으로는 중앙의 통제하에 필요한 정책을 결정하고 집행할 수 있다. 이런 이유에서 중국은 그동안 수많은 어려운 정책을 결정하고 집행할 수 있었다. 개혁기에 중국이 개혁·개방에 필요한 정책을 성공적으로 결정하고 집행할 수 있었던 것은 결코 우연이 아니었다.

둘째, 이는 공산당 중앙이 정권을 안정적으로 유지하고, 통치 정통성을 높이는 데에도 도움을 준다. 국민의 관점에서 보면 반드시 실행해야만 하는 중요한 정책, 그러나 관료조직과 지방정부 간의 이해가 첨예하게 대립해서 이전 같으면 결정할 수 없거나, 결정은 하지만 시간이 지연되고 내용도 왜곡되는 정책도, 최근에는 중앙의 감독과 지도하에 결정 및 집행될 수 있게 바뀌었기 때문이다.

이런 추세가 지속되는 한 공산당 일당 체제는 국민의 지지를 받으면서 계속 유지될 가능성이 그렇지 않을 가능성보다 크다고 할 수 있다.

2부

중국의
코로나19 대응

People's War
against
the Coronavirus

'코로나와의 인민 전쟁': 시작과 끝

2019년 말에 후베이성 우한시에서 코로나19가 시작된 이래로, 중국은 몇 단계에 걸쳐 대응 정책을 조정하면서 감염병을 통제하기 위해 총력을 기울였다. 중국에서는 이를 코로나19와의 '인민 전쟁(人民戰爭), 전면전(總體戰), 저격전(阻擊戰)'이라고 불렀다. 그 결과 중국은 2020년과 2021년 2년 동안, 미국과 유럽의 주요 국가와는 달리 코로나19의 확산을 성공적으로 막았을 뿐만 아니라, 경제도 성장시킨 유일한 대국(大國)이라고 선전할 수 있었다. 2022년 2월에 '성공적으로' 개최된 베이징 동계올림픽은 이를 증명하는 상징처럼 보였다.

그러나 2022년 봄이 지나면서 이런 자랑은 한계에 직면했다. 여러 측면에서 다양한 문제가 발생하면서 지금까지 해왔던 제로 코로나(Zero-Covid) 정책, 중국식으로는 '동태적 제로 코로나(動態清零, Dynamic Zero-Covid)' 정책을 지속할 수 없다는 징후가 분명하게 나타났기 때문이다. 그러나 이런 상황에서도 최소한 겉으로는 제로 코로나 정책을 고수했고, 그것은 2022년 10월에 개최된 중국공산당 20차 전국대표대회(당대회)까지 이어졌다.

대신 중국은 단계적인 완화 및 폐기 정책을 추진했다. 구체적으로 공산당 20차 당대회 직후의 통제 완화를 시작으로, 2023년 3월에 개최되는 14기 전국인민대표대회(전국인대) 1차 회의 이후에는 부분적으로 폐기하고, 그해 9월로 예정된 항저우(杭州) 아시안게임 이전에는 완전히 폐기한다는 계획이 그것이다. 그러나 '백지 시위'로 상징되는 국민의 거센 저항이 표출하고, 지방정부가 중앙의 완화 정책을 집행하는 과정에서 '사실상' 제로 코로나 정책을 폐기하면서, 기존 계획은 갈림길에 섰다. 이런 상황에서 중앙은 2023년 1월 8일을 기해 제로 코로나 정책을 폐기한다고 선언했다. 2022년 12월 26일의 정부 발표였다. 이로써 3년 동안 진행된 '코로나와의 인민 전쟁'이 막을 내렸다.

4단계의 전개 과정

중국 학자들의 설명에 따르면, '코로나와의 인민 전쟁'은 모두 4단계 과정을 거쳐 진행되었다.[1] 첫째는 '긴급 봉쇄(應急圍堵)' 단계로, 2019년 12월부터 2020년 3월까지의 기간이다. 이 기간에는 후베이성 우한시에서 발생한 코로나19가 다른 지역으로 확산하지 않도록 차단하기 위해 총력 대응했다. 방법은 우한시를 포함한 후베이성 주요 도시를 완전히 봉쇄하고, 전국적으로 인원과 물자를 총동원하여 코로나19를 박멸하는 것이었다.

둘째는 '일상 방역(日常化防控)' 단계로, 2020년 4월부터 2021년 7월까지의 기간이다. 이 단계부터 각 지방은 중앙의 방침을 지역 상황에 맞추어 차별적으로 집행할 수 있는 재량권을 일부 행사할 수 있었다. 이 기간에는 코로나19의 해외 유입을 차단하고, 전국적으로 유전자 증폭(PCR) 검사를 중심으로 긴급 방역을 진행하여 발생 초기에 코로나19의 확산을 통제하는 정책이 실행되었다. 예를 들어, 주민에게는 휴대전화 앱(app)을 통해 건강 코드(health code)가 발급되었고, 정기적으로 유전자 증폭(PCR) 검사를 받고 음성(녹색)이 확인되어야만 대중교통이나 공공시설을 이용할 수 있었다. 감염자는 별도의 격리시설에 수용되었고, 밀접 접촉자도 일정 기간 격리해야만 했다.

셋째는 '동태적 제로 코로나' 단계로, 2021년 8월부터 2022년 12월까지의 기간이다. 이 단계에 접어들면서, 코로나19에 대한 명확한 방침이 확립되었다. 이는 두 가지로 구성된다. 하나는 '외부 유입 방지(外防輸入)와 국내 재발 방지(內防反彈)의 총전략(總策略)'이다. 다른 하나는 '동태적 제로 코로나의 총방침(總方針)'이다. 이 정책은 주로 델타 변이에 대한 대응으로 제기되었고, 전체적으로 보면 코로나19의 확산을 방지하는 데 효과가 있었다. 문제는 2022년에 들어 오미크론 변이가 코로나19의 우세종으로 확산하는 상황에서도 중국은 기존 정책을 고수했다는 점이다.

넷째는 '정상 방역(常態化防控)' 단계로, 2023년 1월 8일부터 현재까지의 시기다. 중국은 2022년 12월 26일에 방역 정책의 중대한 조정, 즉 제로 코로나 정책의 폐기를 예고했고, 그 예고에 따라 2023년 1월 8일부터 '코로나와의 동행(與新冠病毒共存, With Corona)' 정책을 본격적으로 실행했다. 이런 과정을 거쳐 3년 동안 이어진 제로 코로나 정책은 공식적으로 종말을 고했다.

세 가지의 핵심 질문

2부에서는 이와 같은 중국의 코로나19 대응 정책을 자세히 분석한다. 이때는 다음 세 가지의 질문에 초점을 맞춘다. 첫째는 중국이 왜 코로나19의 초기 대응에 실패했는지다. 4장의 내용이다. 이것은 '긴급 봉쇄' 단계(2019년 12월부터 2020년 3월까지의 기간) 중에서 초기 상황에 대한 분석이다.

둘째는 중국이 어떻게 코로나19의 신속한 통제에 성공했는지다. 이를 이해하려면 중앙의 정책 결정과 감독, 지방과 지역 사회의 정책 집행을 모두 분석해야 한다. 5장은 중앙, 6장은 지방과 지역 사회를 분석한다. 5장과 6장은 '긴급 봉쇄' 단계(2019년 12월부터 2020년 3월까지) 중에서 2020년 1월 20일부터 3월 말까지의 상황에 대한 분석이다.

셋째는 중국이 왜 갑자기 제로 코로나 정책을 폐기했는지다. 7장의 내용이다. 이것은 '동태적 제로 코로나' 단계(2021년 8월부터 2022년 12월까지) 중에서 2022년 10월에 개최된 공산당 20차 당대회부터 2023년 1월 8일에 제로 코로나 정책이 폐기되기까지의 시기에 초점이 맞추어져 있다.

4장

왜 초기 대응에
실패했는가?

2002년 11월에 광둥성에서 발생한 사스(SARS)는 정부의 잘못된 초기 대응으로 인해 중국만이 아니라 전 세계로 확산하여 커다란 재난을 초래했다. 세계보건기구에 따르면, 중국에서만 5,327명의 확진자(세계 확진자의 65.8%)가 발생했고, 그중에서 349명(세계 사망자의 45.1%)이 사망했다.[1] 다행히도 이때에는 전 세계의 사망자가 상대적으로 많지 않았고, 경제적 손실도 그렇게 심각하지 않았다. 한마디로 사스는 '약한 팬데믹(pandemic: 대유행 감염병)'이었다.

그런데 2019년 12월에 이런 일이 또 벌어졌다. 즉 후베이성 우한

---

* 이 장은 다음 논문에 기초하여 작성된 것이다. 조영남, 「중국은 왜 코로나19의 초기 대응에 실패했는가?」, 《한국과 국제정치》 36권 2호 (2020년 여름), pp. 105-135.

시에서 시작된 코로나19(Covid-19)가 중국의 잘못된 초기 대응으로 인해 전 세계에 빠르게 확산하면서 '강한 팬데믹'이 된 것이다. 2020년 4월 25일을 기준으로, 전 세계적으로 모두 283만 1,785명이 확진되었고, 그중에서 19만 7,306명이 사망했다. 같은 기간 중국에서는 8만 2,816명의 확진자(세계 확진자의 2.9%)와 4,632명의 사망자(세계 사망자의 23.5%)가 발생했다. 경제 손실도 제2차 세계대전 이후 어떤 경제위기보다 클 것으로 추산되었다. 특히 중국보다 외국에서 피해가 심각했다.

그렇다면 왜 '초기 대응 실패'라는 비극의 역사가 반복되는 것일까? 우리는 이를 체계적으로 분석할 필요가 있다. 먼저, 코로나19의 '초기 대응 실패'에 대한 다양한 논의를 살펴볼 것이다. 여기에는 중국 당국의 주장부터 해외 전문가 및 언론의 비판까지 포함된다. 다음으로, 2002년 사스 사태 이후 중국 정부가 돌발성 감염병에 대처하기 위해 어떤 정책을 추진했고, 코로나19가 발생하기 이전까지 그런 정책은 어떤 성과를 거두었는지를 살펴볼 것이다. 마지막으로, 코로나19가 발생한 시점부터 전면 통제 정책을 결정하기까지의 과정을 분석할 것이다. 이를 통해 우리는 '초기 대응 실패'의 원인이 무엇인지를 알 수 있다.

1. '초기 대응 실패'와 '신속한 통제 성공'의 역설

우리의 관심을 끄는 사실은 중국의 2019년 코로나19 대응 모습이 2002년 사스 때와 매우 유사하다는 점이다. '초기 대응 실패'와 '신속한 통제 성공'이 그것이다. 이는 일종의 역설(paradox)이다.

(1) 왜 역설이 반복되는가?

먼저, 2002년 사스 사태를 살펴보면, 광둥성 정부가 국무원 위생부(衛生部)에 사스의 발병 사례를 보고한 2003년 1월 20일부터 국무원이 전면 통제 정책을 결정한 그해 4월 20일까지 3개월 동안, 중국은 정보를 은폐하고 언론 보도를 통제함으로써 사스가 전 세계로 확산하는 데 일조했다. '초기 대응 실패'다.

그러나 2003년 4월 20일 중앙정부의 전면 통제 결정 이후, 중국은 불과 3개월 만에 사스 방역에 성공하여 세계보건기구로부터 높은 평가를 받았다(세계보건기구는 그해 7월 24일에 중국에 대한 여행 제한 조치를 해제했다). 한마디로 중국은 사스 확산을 초래한 '세계의 왕따(global pariah)'에서 사스 통제에 성공한 '세계의 영웅(global hero)'이 되었다.[2] '신속한 통제 성공'이다.

2019년 코로나19 사태에서도 유사한 모습이 나타났다. 2019년 12월 31일 우한시 정부 위생건강위원회(위건위)가 '원인 불명 폐렴'의 발병 사실을 국무원 국가위생건강위원회(국가위건위)에 보고한 때부터 2020년 1월 20일 국가위건위가 코로나19를 '2급(乙類: 을류)' 감염병으로 지정하되 대응은 최고 수준인 '1급(甲類: 갑류)'으로 한다는 방침을 결정할 때까지 20일 동안, 중국은 관련 정보를 축소하고 언론을 통제하면서 코로나19의 확산을 방치했다. '초기 대응 실패'다.

그러나 2020년 1월 20일 중앙정부의 전면 통제 결정과 1월 23일 우한시를 포함한 후베이성의 15개 도시에 대한 지역 봉쇄 정책 실행 이후, 코로나19의 확산은 그해 3월 19일에 '국내 발생 확진자 없음'(해외 유입 확진자는 계속)을 기록할 정도로 빠르게 통제되었다. 그러면서 중국은 과감하고 신속한 조치로 방역에 성공한 '모범국', 세계 각국에 대처할 시간을 벌어준 '희생국', 세계에 방역의 성공 경험만이 아니라 백신과 의료 물자도 제공한 '기여국'을 자임했다. '신속한 통제 성공'이다.

왜 이런 역설이 반복되는가? 2002년에 사스가 발생했을 때는 세계보건기구의 평가처럼 중국이 질병 예방과 통제의 경험이 부족하고, 그래서 정부 관료들이 질병의 위험성을 낮게 평가해서 초기 대응에 실패했다고 핑계를 댈 수 있었다.[3] 3장에서 자세히 살펴보았듯이, 실제로 당시에는 중국의 의료 체계만이 아니라 공중 보건위생 체계도 제대로 갖추어져 있지 않았다. 따라서 사스의 '초기 대응 실패'는 충분히 이해할 수 있다.

그러나 2019년에 코로나19가 발생했을 때는 이전과는 상황이 많이 달라졌다. 사스를 경험한 중국이 돌발성 감염병에 대한 대비를 나름대로 열심히 해왔고, 실제로 얼마 전까지 다른 질병의 예방과 통제에서 큰 성과를 거두었기 때문이다. 이 점에 대해서는 중국의 공중 보건위생 책임자들도 자랑스럽게 말했다. 그러나 이런 '자랑'은 중국이 코로나19의 초기 대응에 다시 실패함으로 인해 '허풍'임이 드러났다.

(2) 중국의 '자랑'과 '좌절'

먼저, 코로나19가 발생하기 1년 전 무렵인 2019년 2월 25일, 중국 질병예방통제센터(中國疾病豫防控制中心, CDC)(질병센터)의 주임인 가오푸(高福) 원사(院士)는 정례 언론 브리핑에서 중국의 감염병 통제 체계를 매우 높게 평가했다. 중국은 세계 최대 규모의 감염병 발생 온라인 경보 체계(warning system)를 구축해 39종의 법정 감염병에 대한 정보와 돌발성 공중 보건위생 사건을 실시간으로 모니터링하고 있다는 것이다.

구체적으로 그에 따르면, 전국의 어떤 의료기관(병원)이나 보건위생 기구(보건소)라도 감염병 유사 증상을 확인하면 반드시 경보 체계에 등록해야 한다. 그러면 중앙과 지방의 질병센터는 실시간으로 그 정보를 받을 수 있다. 또한 해당 지방의 질병센터는 보고받은 질병에 대해 즉각 역학조사를 진행하고, 그 결과를 경보 체계를 통해 상부에 보고해야 한다. 그러면 중앙과 지방의 관련 기관은 그 조사 결과를 경보 체계 내에서 확인할 수 있다. 따라서 중국에서 "사스와 같은 바이러스는 언제든지 발생할 수 있지만, 또 다른 사스 사건은 없을 것이다. 왜냐하면 우리나라의 감염병 감시 체계가 잘 작동하기 때문이다."[4]

이와 비슷하게 중국 질병센터의 전 주임인 양궁환(楊功煥)은 2020년 1월 하순에 한 언론과의 인터뷰에서 다음과 같이 말했다. 사스 발생 이후 질병센터의 경보 체계를 구축하기 위해 중국은 7억 3,000만 위안(한화 약 1,270억 원)을 투자했다. 이런 투자는 일정한 성과가 있었다. 즉 2009년 신종 인플루엔자(H1N1)와 2013년 조류 인플루엔자(avian influenza H7N9)가 발생했을 때, 경보 체계는 아주 잘 작동하여 조기에 퇴치할 수 있었다. 그런데 2019년 12월에 코로나19가 발생했을 때 이 경보 체계가 제대로 작동하지 않았다. 이에 그는 매우 놀랐다는 것이다. 사스나 코로나19와 같은 '원인 불명 폐렴'이 발생하면 즉시 경보 체계를 통해 알리도록 한 조치가 2004년부터 이미 실시되고 있었기 때문이다.[5]

이처럼 코로나19가 발생한 2019년의 중국 상황과 사스가 발생한 2002년의 상황은 분명히 다르다. 그렇다면 어디에 문제가 있었을까?

2. 코로나19의 '초기 대응 실패' 논의와 원인 분석

중국 정부와 언론은 중국이 코로나19의 초기 대응에 실패했다는 사실을 인정하지 않는다. 반면 국제사회와 해외 언론은 중국의 '초기 대응 실패'에 대해 신랄히 비판한다. 이런 논쟁은 현재도 계속되고 있고, 앞으로도 그럴 것이다.

(1) 중국 정부의 주장과 문제점

먼저 우한시 정부에 따르면, 2019년 12월 27일에 일선 병원으로부터 세 건의 신종 폐렴 사례를 보고받은 이후, 우한시 질병센터는 즉시 역학조사를 진행했다. 그리고 그 결과를 12월 30일에는 우한시의 전체 보건의료기관에, 다음 날에는 중국 질병센터와 국가위건위에 보고했다(국가위건위는 이날 이를 세계보건기구에 통보했다). 또한 같은 날 우한시 정부는 언론 브리핑을 통해 관내에 27건의 사례가 발생했고, "현재까지의 조사에 근거할 때, 사람 간 전염 현상, 의료인 감염은 발견하지 못했다"라고 발표했다.[6] 이어서 우한시 정부는 2020년 1월 11일부터 매일 정기적으로 감염자 정보를 발표했다(그 전에는 부정기적으로 발표했다).[7]

공산당 중앙 지도부와 국무원도 코로나19에 신속하고 과감하게 대응했다고 주장한다. 먼저, 2020년 1월 7일에 공산당 정치국 상무위원회 회의에서 시진핑 총서기는 코로나19의 확산 방지를 지

시행다.[8] 또한, 국무원 국가위건위는 모두 세 차례(2019년 12월 31일, 2020년 1월 8일, 1월 18일)에 걸쳐 산하기관인 중국 질병센터를 통해 조사팀을 우한시에 파견하여 역학조사를 진행했다. 이를 바탕으로 국가위건위는 1월 20일에 코로나19를 '2급(을류)' 감염병으로 지정하고, '1급(갑류)' 수준에서 대응한다는 방침을 결정했다. 1월 22일에는 우한시를 포함한 후베이성의 주요 15개 도시에 대한 전면 봉쇄를 결정하고, 이를 1월 23일부터 집행했다. 이처럼 중앙은 코로나19의 보고를 접수한 이후 신속하게 대응하여 코로나19의 통제에 성공했다고 주장한다.

그러나 이런 주장에는 몇 가지 문제가 있다. 먼저, 우한시 정부와 중앙정부가 이런 조치를 실행한 것은 맞지만, 코로나19의 정보를 국민과 국제사회에 신속하게 알리지는 않았다. 예를 들어, 2020년 1월 7일에 정치국 상무위원회 회의에서 시진핑 총서기가 내린 지시는 대외로 공개되지 않았다. 또한, 이 기간에 중국은 감염 정보를 축소하고 언론 보도를 강력히 통제함으로써 우한시의 실상이 제대로 알려지지 않았다. 코로나19처럼 전염력이 강한 감염병의 경우, 조기 경보와 통제가 중요한데, 중국은 이를 제대로 시행하지 않은 것이다.

전문가들에 따르면, 중국이 2020년 1월 20일보다 1주일만 일찍 대응했으면 확진자를 3분의 2 정도 줄일 수 있었고, 3주만 일찍 대응했으면 확진자를 95%까지 줄일 수 있었다. 사스 퇴치의 영웅이며 감염병 분야의 최고 전문가 중 한 사람인 중난산(鍾南山) 원사도 언론과의 인터뷰에서 2020년 1월 초에만 적극 대응했어도 재난을 크게 줄일 수 있었다고 아쉬워했다.[9]

(2) '초기 대응 실패'의 원인

그렇다면 중국이 코로나19의 초기 대응에 실패한 원인은 무엇인가? 나는 크게 두 가지 문제를 지적하고 싶다.

① 정보 통제와 언론 자유의 부재

첫째는 정보 통제와 언론 자유의 부재(不在)다. 중국의 「감염병 방치법(防治法)」에 따르면, 국무원 국가위건위와 그것의 위임을 받은 성급(省級) 지방정부(성·직할시·자치구)만이 감염병의 등급을 결정하고, 그것을 대외에 공포할 수 있는 권한이 있다. 따라서 중앙정부가 감염병 정보를 공개할 때까지는, 혹은 공개를 비준할 때까지는 지방정부가 공개할 수 없다. 이를 어길 때는 정치적 및 법률적 제재를 받게 된다. 이런 법률 규정 때문에 후베이성과 우한시 정부는 코로나19의 발병 사실을 신속하게 공개하지 않았다.

또한 정부의 정보 축소와 은폐는 언론 통제와도 연결된다. 중앙은 2020년 2월 10일에 코로나19와 관련된 허위 사실 유포와 유언비어 날조를 엄격히 처벌하는 '통지(通知)'를 네 개 부서, 즉 최고인민법원, 최고인민검찰원, 국무원 공안부와 사법부 합동으로 공식 하달했다. 실제로 2월 7일까지 코로나19와 관련된 각종 범죄로 22개 성과 직할시에서 363건이 적발되어 관련자들이 처벌되었다.[10]

그러나 이런 공식 지시 이전에도 중국은 코로나19와 관련된 언론 보도를 철저히 통제했다. 언론은 오로지 정부가 제공하는 자료에 근거하여 보도하거나, 아니면 정부가 하달한 지침에 따라 취재한 내용만 보도할 수 있었다.[11] 이 때문에 코로나19의 발병 사실이 늦게 알려진 것, 코로나19의 참상이 제대로 알려지지 않은 것은 말할 필요도 없다. 그 결과 국민과 국제사회는 정부가 제공하는 제한된 정보에 의존할 수밖에 없었다. 중국이 코로나19의 초기 대응에 실패한 것은 이 때문이다.

② 당정 간부의 무사안일한 태도

둘째는 당정 간부의 무사안일한 태도다. 2002년 사스 때에도 중앙과 지방 간의 소통 부족, 정부 부서 간의 비협조, 정부와 군(軍) 의료기관 간의 비협조, 국민의 생명과 안전을 도외시하는 관료들의 무사안일주의가 사스의 '초기 대응 실패'를 초래한 주요 요인이었다. 그런데 이번 코로나19의 발생 때에도 이런 문제가 다시 나타났다. 다시 말해, 만약 중앙과 지방의 관료들이 좀 더 적극적으로 대응했으면, 코로나19는 초기에 통제할 수 있었을지도 모른다.

예를 들어, 2020년 1월 27일 중국중앙TV(CCTV) 기자와의 인터뷰에서 우한시 시장 저우셴왕(周先旺)은 우한시 정부가 발병 초기에 코로나19를 대중에게 알리고 적극적으로 대응하지 못했던 이유에 대해 이렇게 해명했다. 「감염병 방치법」에 따르면, "지방정부 수장으로서 내가 얻은 정보는 (중앙의) 위임을 받은 이후에만 비로소 알릴 수 있다." 즉 중앙의 지시가 없었기 때문에 공포와 대응에 나설 수 없었다. 또한 그는 말했다. "2020년 1월 20일에 국무원이 상무회의를 열어 속지책임(屬地負責), 즉 해당 지역이 책임지고 대응할 것을 지시했는데, 이 결정으로 우리는 업무를 능동적으로 처리할 수 있었다."[12] 즉 그 이전까지는 코로나19에 '피동적으로' 대응했다.

이처럼 우한시 정부는 2019년 12월 31일에 국무원에 '원인 불명 폐렴'을 보고한 이후, 상부의 지침이 내려오기만을 기다리면서 20일 동안 손을 놓고 있었다. 그 기간에 우한시 인민대표대회(지방의회) 연례회의가 2020년 1월 7일부터 10일까지 4일 동안, 후베이성 인민대표대회 연례 회의가 1월 13일부터 18일까지 7일 동안 개최되었다. 그해 1월 18일에는 우한시가 설을 맞아 매년 개최하는 '만가연(萬家宴: 많은 시민이 참여하는 잔치)'이 성대히 열렸다. 즉 4만여 명의 시민이 한자리에 모여 함께 식사하면서 시(市)가 제공한 여흥을 즐겼다. 이런 정치 활동과 집단 행사가 코로나19의 확산을 더욱 촉진한 것은 말할 필요도 없다. 그 결과 코로나19의 초기 대응에 실패했다.

3. 중앙과 지방의 책임 떠넘기기: 중국식 언론 플레이?

한편 코로나19의 '초기 대응 실패'와 관련하여 중앙과 지방 중에서 어느 쪽에 더 큰 책임이 있는지를 놓고 중화권 언론을 통해 '논쟁 아닌 논쟁'이 벌어졌다. 한쪽에서는 중앙에 책임이 있다고 주장하고, 다른 한쪽에서는 후베이성 정부와 우한시 정부, 그리고 질병 관리의 실무를 총괄하는 국무원 국가위건위와 그 산하의 중국 질병센터에 책임이 있다고 주장했다. 재미있는 사실은 두 입장 모두 '베이징 소식통'을 인용하고 있다는 점이다. 코로나19 방역과 관련된 당사자들이 '초기 대응 실패'의 책임을 회피하기 위해 자신에게 유리한 정보를 언론에 흘려서 상대방을 비판하는 '언론 플레이'를 벌인 것이다.

(1) 공산당 중앙의 책임 주장

먼저, 홍콩의 《명보(明報)》는 2020년 2월 17일에 중스(鍾仕)라는 필명으로 「질병센터는 일찍 보고했지만, 중앙이 춘절(春節: 설) 분위기의 유지를 위해 좋은 기회를 놓쳤다」라는 제목의 기사를 실었다. 이에 따르면, 코로나19의 초기 대응에 실패한 것은 중앙 지도부의 안일하고 무책임한 태도 때문이었다.

구체적으로 2019년 12월 31일에 우한시에 파견된 중앙 역학조사팀은 2020년 1월 5일에 조사 결과를 국무원 국가위건위를 통해 공산당 지도부에 보고했다. 현재까지 59건의 감염 사례가 발견되었는데, 아직 사람 간 전염은 확인되지 않았다. 그러나 공공장소의 통제 등 즉각적인 행동을 취해야 한다는 것이 보고의 요지였다. 다음 날에는 중국 질병센터의 주임인 가오푸 원사가 중앙에 '2급(을류)' 경계를 발동할 것을 요구했다.

이에 대해 2020년 1월 7일에 개최된 공산당 정치국 상무위원회 회의에서 '중앙 지도자(시진핑을 지칭)'는 "방역에 주의하는 한편, 동시에 공포심을 조장하여 다가오는 춘절의 명절 분위기에 영향을 주지 않도록 하라"는 지시를 내렸다. 즉 '방역'보다 '춘절 분위기의 유지'가 우선이었다. 그 결과 후베이성 정부와 우한시 정부는 방역에 최선을 다하지 않았고, 예년처럼 지방인대의 연례회의를 개최하고, '만가연'도 열었다. 이처럼 초기 대응 실패의 책임은 중앙 지도부에 있다.[13]

이 주장에서 두 가지는 사실이다. 첫째, 2019년 12월 31일 우한시에 파견된 중국 질병센터의 역학조사팀이 코로나19는 아직 사람 간에 감염되지 않는다고 보고한 것은 사실이다. 이는 잘못된 판단이었지만, 2020년 1월 8일에 두 번째 역학조사팀이 우한시에 파견되었을 때도 계속되었다. 둘째, 2020년 1월 7일에 개최된 공산당 정치국 상무위원회 회의에서 시진핑 총서기가 '질병을 잘 통제 및 예방해야 한다는 요구를 제기'한 것도 사실이다.[14] 다만 명절 분위기의 유지에도 주의를 기울여야 한다고 말했는지는 분명하지 않다. 중국이 공개한 자료에는 그런 내용이 없기 때문이다. 아마 그 내용을 빼고 공개했기 때문일 것이다.

시진핑 총서기를 포함한 중앙 지도부가 코로나19에 주의하지 않았다는 점은 2020년 1월 16일에 개최된 공산당 정치국 회의를 통해서도 확인할 수 있다. 당시 회의 의제는 국무원 등 중앙기관 당조(黨組)의 업무 보고, 공산당 중앙서기처의 업무 보고, 2019년 중앙 순시조(中央巡視組) 및 순시 공작 영도소조의 업무 보고였다.[15] 즉 코로나19는 의제에 포함되지 않았다. 그래서 중국 정부가 발표한 '코로나19 백서'에도 1월 16일의 정치국 회의에 대해서는 언급하지 않았다.[16]

이런 점을 보면, 공산당 중앙이 초기에 안일한 자세를 보였다고 말할 수 있다. 다만 그것이 코로나19의 실상을 알면서도 그랬던 것인지, 아니면 우한시 정부와 국무원 국가위건위의 보고가 잘못되어서 그랬던 것인지는 따져보아야 한다. 현재 상황에서 판단하면, 후자일 가능성이 더 크다.

(2) 관료조직과 지방의 책임 주장

그런데 《둬웨이신원(多維新聞)》은 또 다른 '베이징 소식통'을 인용해 다른 내용을 주장했다. 중앙이 아니라 지방정부와 국무원 국가위건위에 책임이 있다는 것이다. 근거는 이렇다. 2019년 12월 15일에 우한시의 한 의사가 사스 유사 질병의 발병 사실을 시(市) 정부에 보고하고, 시 정부는 이를 국무원 국가위건위에 보고했는데, 국가위건위는 즉각 대응하지 않았다. 우한시 정부도 책임은 있다. 환자가 증가하고 의료인이 감염되었는데도, 상부의 지시만을 기다리면서 20일 동안 대응 조치를 제대로 취하지 않은 것이다. 공포심을 조장하지 않고, 사회 안정을 유지하기 위해서였다.

국무원 국가위건위가 우한시에 파견한 역학조사팀에도 문제가 있다. 조사팀은 우한시에서 일선 의사를 만나지도 않고 '예방 통제가 가능(可防可控)'하고, '단지 몇 주만 지나면 상황이 더욱 호전될 것'이라고 판단했다. 그리고 이런 판단을 중앙 지도부에 보고한 것이다. 우한시의 의사와 공중 보건기구의 관리들은 이런 잘못된 역학조사팀의 보고에 화를 냈다고 한다. 마지막으로, 중앙 지도부는 코로나19의 실상을 알고는 격노하면서 단호한 조치, 즉 우한시 봉쇄 등 전면 통제 방침을 결정했다.[17]

이 주장 중에서 2019년 12월 15일에 우한시의 한 의사가 경보 체계를 통해 코로나19를 국무원 국가위건위에 보고했는데, 국가위건위가 이를 무시했는지는 확인할 수 없다. 중국의 공식 자료에는 이런 내용이 없기 때문이다. 이를 제외한 나머지 주장은 모두 사실이다. 예를 들어, 모두 세 번 파견된 중국 질병센터의 역학조사팀 중에서 제1차와 제2차 조사팀은 코로나19가 사람 간에 전염되지 않는다는 판단을 유지했고, 이를 중앙 지도부에 보고했다. 그러나 제3차 조사팀은 사람 간 전파를 확인하고, 코로나19의 확산 방지를 위해 우한시를 봉쇄해야 한다고 건의했다. 공산당 지도부가 이를 수용하면서 1월 23일에 우한시는 전면 봉쇄되었다.

4. 2002년 사스의 교훈과 개선 노력

이제 2002년 사스(SARS) 사태 이후, 공중 보건위생 체계를 개선하기 위해 중국이 추진한 개혁 내용을 살펴보자. 사스 사태가 안정되면서 중국과 해외 전문가들은 중국의 감염병 대응 체계와 정부의 실제 대응에는 어떤 문제가 있었는지를 세밀히 분석했다. 이후 중국 정부는 이런 문제를 개선하려고 노력했다.

(1) 사스 초기 대응 실패의 원인

중국의 감염병 대응 체제의 문제는 크게 정치적 측면, 행정적 측면, 법률적 측면으로 나누어 살펴볼 수 있다. 이는 사스 대응 과정에서 분명하게 나타난 것들이다.

① 정치적 측면

먼저, 정치적 측면에서 보면 중앙과 지방 모두 사스 대응 과정에서 국민의 생명과 안전을 등한시하고, 정권 안정과 개인 출세를 중시하는 문제가 나타났다. 2003년 1월 21일 광둥성 위생국은 관내

일부 도시에서 '원인 불명 폐렴'이 퍼지고 있다는 보고를 받고, 병원과 공중 보건위생 기구에 주의하라는 '내부 통지'를 하달했다. 단, 이 사실을 2월 7일까지 대중에게 공개하지 않았다. 즉 2월 7일에 가서야 광둥성 지역에 모두 305명의 확진자와 5명의 사망자가 발생했다고 발표했다.

이런 사실을 공개하지 않은 이유는 간단하다. 광둥성 지역의 경제성장과 사회 안정을 유지하기 위해서였다. 외국직접투자(FDI)와 홍콩 및 마카오로부터 들어오는 관광객이 광둥성의 경제발전에서 매우 중요한 역할을 담당했다. 춘절을 맞아 사스 발병 사실을 발표할 경우는 이에 타격을 줄 것이 거의 확실했다. 이를 우려한 광둥성 지도부가 '내부 처리' 방침에 따라 이를 은폐 및 축소한 것이다.[18]

또한 사스가 광둥성의 권력 교체 시기와 맞물려 발생하면서 정부의 소극적인 대응을 불러왔다. 2002년 11월에 개최된 공산당 16차 당대회에서 정치국 상무위원에 선임된 전임 서기 리창춘(李長春)을 대신해 장더장(張德江: 장쩌민 세력)이 광둥성 당서기로 부임했다. 성장(省長)에는 후진타오의 신임을 받은 부성장 황화화(黃華華)가 승진 임명되었다. 신임 당서기와 성장에게는 광둥성의 지속적인 경제성장과 사회 안정 유지가 무엇보다 중요한 과제였다. 이런 이유로 이들은 사스를 '지역 내 위생 문제'로 간주하여 실상을 은폐 및 축소하면서 소극적으로 대응한 것이다.

이는 중앙도 마찬가지였다. 2002년 11월 공산당 16차 당대회에서 장쩌민에서 후진타오로의 권력 승계가 시작되었다. 그러나 그것은 미완의 권력 승계였다. 즉 장쩌민이 공산당 총서기직은 넘겼지만, 중앙군사위원회 주석직은 여전히 보유했다(이 직위는 2년 뒤인 2004년에 가서야 후진타오 총서기에게 넘긴다). 2003년 3월에는 10기 전국인민대표대회(전국인대) 1차 회의가 개최되어 후진타오가 국가 주석, 원자바오가 국무원 총리에 선임되었다.[19]

그런데 중국에서는 권력 교체와 같은 중대한 사건이 벌어지는 민감한 시기에는 '기쁜 소식은 전하고, 나쁜 소식은 전하지 않는다(報喜不報憂)'라는 불문율이 있다. 공산당 당대회와 전국인대 연례 회의가 개최되는 시기는 대표적인 '민감한 시기'다. 2003년 2월 초에 국무원 국가위건위의 부주임인 마샤오웨이(馬曉偉)가 사스를 광둥성 지역 내의 위생 문제로 간주하면서 위험성을 낮게 평가한 것, 2월 중순에 중국 질병센터의 주임인 리리밍(李立明)이 "폐렴은 흔한 것으로, 겨울과 봄 사이에 반복적으로 발생한다. 이것은 통제할 수 있는 질병이다"라고 말한 것은 이 때문이었다.[20]

② 행정적 측면

행정적 측면에서는 '분절된 권위주의(fragmented authoritarianism)'의 문제가 그대로 표출되었다. 먼저, 광둥성 성내에서도 지방정부 간의 소통에 문제가 있었다. 광저우시(廣州市), 중산시(中山市), 포산시(佛山市) 등 여러 도시에서 사스가 발생했지만, 질병 정보가 제대로 공유되지 못하면서 광둥성 정부와 지방정부들도 이를 정확히 파악하지 못한 것이다. 광둥성과 홍콩 간에도 소통이 부족했다. 즉 광둥성의 사스 정보가 홍콩에 제대로 전달되지 않음으로써 홍콩에 큰 재앙을 초래했다(양 지역 간에는 2003년 4월 11일이 되어서야 공식 소통 통로가 개설되었다). 광둥성의 사스 정보가 국무원 위생부와 공산당 중앙 지도부에 제대로 전달되었는지도 의심스럽다.

중앙을 보면 문제가 더욱 심각했다. 먼저, 국무원 위생부와 공산당 중앙 선전부 간에 갈등이 발생했다. 위생부는 질병의 위험성에 주목하여 신속한 정보 공개를 주장했지만, 선전부는 정치적 고려에서 사스 정보의 통제를 강조했다. 위생부와 선전부는 행정적으로는 동급의 '장관급(省部級) 지위'지만, 실제 정치적 지위는 선전부가 훨씬 높다. 결국 위생부는 선전부의 지시에 복종해야만 했다. 위생부가 사스 관련 정보를 축소 및 은폐할 수밖에 없었던 것은 이 때문이었다.

이뿐만이 아니었다. 정치적 지위가 낮은 국무원 위생부는 국무원 내의 다른 동급(同級) 부서와 성급(省級) 지방정부(성·직할시·자치구)에 협조를 요청하는 데도 한계를 보였다. 이들은 모두 '장관급 지위'였기 때문에, 중앙 부서와 성급 지방정부는 위생부의 지시와 요구에 순순히 따르지 않았다. 이런 이유로 2018년 3월 13기 전국인대 1차 회의에서 국무원 조직을 개편할 때, 위생'부'는 국가위생

건강'위원회'로 '반(半) 단계' 등급이 높아졌다.

정부와 군(軍) 간의 이원화된 질병 관리 체계도 심각한 문제를 낳았다. 2003년 3월 초부터 베이징시에 사스가 확산하기 시작했고, 많은 환자가 군 병원에 격리되어 치료받았다. 그런데 군 병원은 국무원 위생부의 통제를 받지 않기 때문에 사스 관련 상황을 보고할 의무가 없었고, 실제로 보고하지도 않았다. 그래서 2003년 4월 3일에 국무원 위생부의 장원캉(張文康) 부장(장관)이 언론에 브리핑할 때, 베이징시에는 단지 12건의 감염 사례와 3건의 사망 사례가 있을 뿐이라고 발표했다. 군 병원 내의 환자와 사망자는 통계에서 제외한 것이다.

이에 분노한 군의관 장옌융(蔣彦永)은 2003년 4월 8일에《타임 (Time)》과《월스트리트 저널(Wall Street Journal)》에 실상을 폭로했다. 자신이 직접 확인한 바로는, 4월 3일까지 군 병원인 '301병원'에만 60인의 사스 환자가 입원했고, 그중 최소한 6인이 사망했다는 것이다. 이 폭로가 계기가 되어 2003년 4월 20일에 장원캉 부장과 베이징시 멍쉐눙(孟學農) 시장이 해임되었다. 그들을 대신해 4월 23일에는 우이(吳儀) 정치국원이 위생부 부장 겸 국무원 사스 방역 지휘부(防治非典型肺炎指揮部)의 총지휘(總指揮), 왕치산(王岐山)이 베이징시의 대리 시장, 가오창(高强)이 위생부 부부장 겸 당조 서기에 임명되었다.

또한 2003년 4월 20일에 베이징시 정부는 언론 브리핑에서 사스 사례를 339건이라고 발표했다. 이는 전날에 발표한 37건보다 열 배나 많은 것이다. 사스의 축소 및 은폐를 용납하지 않겠다는 중앙의 방침이 실행되면서 베이징시가 실상을 공개한 결과였다.[21] 이때부터 베이징시는 사스에 대한 전면 통제에 돌입했고, 그 과정에서 공개적이고 투명한 정보 공개는 유지되었다.

③ 법률적 측면

마지막으로, 법률적 측면에도 문제가 있었다. 당시의 법률에 따르면, 지방정부가 중앙에 즉시 보고해야 하는 법정 감염병(질병)은 페스트, 콜레라, 에이즈, 탄저병 등 네 가지 종류에 불과했다. 사스와 같은 새로운 감염병은 보고 대상이 아니었다. 따라서 사스가 발생했을 때, 광둥성 정부가 이를 국무원 위생부에 신속하게 보고하지 않은 것은 법률적으로 아무런 문제가 없었다.

또한 당시의 감염병 및 공중 보건위생 관련 법률 규정에 따르면, 감염병의 분류와 대외 공포 여부는 오직 중앙정부인 국무원(구체적으로 위생부)만이 결정할 수 있었다. 따라서 광둥성 정부는 국무원의 위임을 받기 전에 이를 대중에게 공포할 권한이 없었고, 실제로 공포하지도 않았다.[22] 이도 역시 법률 규정에 따르면 전혀 문제가 될 것이 없었다.

그 밖에도 언론 통제와 표현의 자유 억압은 사스의 초기 확산과 통제의 실패를 초래한 주요 원인으로 지목되었다. 정부의 언론 통제로 인해 사스의 실상이 일반 국민과 국제사회에 제대로 전달되지 않았고, 그 결과 초기에 적절한 대응 조치를 취할 수 없었다는 것이다.[23] 이 문제는 지금까지도 해결되지 않은 채로 남아 있다.

(2) 사스 이후의 개선 노력

중국 정부는 이런 문제점을 개선하기 위해 몇 가지 개선 조치를 실행했다. 이를 법률적·조직적·기술적 측면으로 나누어 살펴볼 수 있다. 이런 개선 조치 이후, 중국은 새로운 감염병의 예방과 통제에서 효과를 거둘 수 있었다.

먼저, 법률적 측면을 살펴보자. 중국은 기존 법률의 개정과 새로운 법률의 제정을 통해 감염병을 다시 분류하고, 질병 예방과 모니터링, 통제와 방역에 필요한 세부 사항을 구체화했다. 예를 들어, 2004년 8월에 개정된 「감염병 방치법」에 따르면, 감염병은 갑(甲: 1급)·을(乙: 2급)·병(丙: 3급) 등 3등급으로 나뉜다. 페스트와 콜레라만이 갑(甲: 1급)이고, 을(乙: 2급)에는 바이러스성 간염·에이즈·사스 등이, 병(丙: 3급)에는 폐결핵 등이 포함된다.

감염병 보고 체계도 명확히 규정했다. 일선 의료기관(병원)의 의사나 공중 보건위생 기구(보건소)의 직원이 감염병 유사 증상을 발견하면, 즉시 지역 질병센터에 보고해야 한다. 보고받은 지역 질병센터는 이를 동급 정부 위생국, 상급 정부 위생국, 국무원 위생부에 즉시 보고해야 한다. 질병의 대외 공포 주체도 명시했다. 국무원 위생부와 권한을 위임받는 성급(省級) 지방정부의 위생국이 그것이다. 이런 규정을 위반할 경우는 처벌된다.[24]

2003년 5월에 제정된 「돌발(突發) 공중위생 사건 응급 조례」와 「전염성 사스 방치(防治) 관리 방법」은 좀 더 세밀하게 규정하고 있다. 보고 체계와 관련하여 지역 질병센터가 감염병 유사 질병을 보고받으면 2시간 이내에 현급 정부 위생국에, 현급 정부 위생국은 이를 2시간 이내에 동급 정부, 상급(즉 시와 성) 정부 위생국, 국무원 위생부에 보고해야 한다. 이와 별도로, 성급 정부도 보고 접수 후 1시간 이내에 국무원 위생부에 보고해야 한다.

질병의 공포 주체는 「감염병 방치법」과 같이 국무원 위생부와 그것으로부터 권한을 위임받은 성급 지방정부 위생국이다. 마지막으로, 감염병 방역을 위한 지휘 체계도 규정했다. 돌발성 질병이 발생하면, 국무원은 '전국 돌발 사건 응급 처리 지휘부'를 설치하고, 위생부 부장(장관)이 총지휘(總指揮)를 맡아 통일적으로 지휘 통제한다. 각급 지방정부에도 이에 상응하는 지휘 체계를 구축해야 한다.[25]

조직 측면에서도 감염병이 발생했을 때, 각 조직이 어떤 임무를 맡아야 하는지를 명시했다. 위에서 살펴본 규정에 따르면, 최상층에는 '전국 돌발 사건 응급 처리 지휘부'가 설치되고, 이를 실무적으로 보좌하는 '지휘 센터(指揮中心)' 혹은 '지휘 판공실'이 설치된다. 또한 이들의 부족한 전문 지식을 보완하기 위해 전문가로 구성된 '자문위원회'가 설치된다. 다음으로, 국무원 위생부와 지방정부 위생국이 감염병 위기관리에 필요한 조사·관리·감독의 실무 업무를 담당한다. 중앙과 지방의 질병센터는 질병 검사(test)와 모니터링을 담당한다.[26] 물론 이들 규정에는 나와 있지 않지만, 중앙과 지방에서 모두 공산당 지도부가 중요한 정책에 대한 최종 결정과 지도를 담당한다.

마지막으로, 감염병 위기를 예방하기 위한 기술적 측면에서의 개선도 이루어졌다. 먼저, 중앙 및 지방의 질병센터를 정비하기 위해 2004년에만 68억 위안(한화 약 1조 1,832억 원)이 투입되었다. 이 중에서 질병센터의 경보 체계를 구축하기 위해 7억 3,000만 위안(한화 약 1,314억 원)이 투입되었다. 또한 국무원은 전국적으로 돌발성 감염병에 대응할 수 있는 응급의료 센터를 건립하기 위해 2003년부터 2006년까지 4년 동안 모두 114억 위안(한화 약 2조 원)을 투입했다.[27]

(3) 실제 효과: 신종 인플루엔자의 성공적 방역

이와 같은 중국의 노력은 성과를 거두었다. 대표적인 사례가 바로 2009년의 신종 인플루엔자(독감)와 2013년의 조류 인플루엔자를 성공적으로 통제한 것이다. 이 중에서 2009년의 신종 인플루엔자의 방역 사례를 살펴보자.

신종 인플루엔자는 2009년 4월에 멕시코에서 발병해서 25일에는 세계보건기구가 전 세계에 감염병 경보를 발령했다. 중국은 이에 신속히 대응했다. 먼저 후진타오 총서기는 그해 4월 28일과 5월 11일 두 번에 걸쳐서 국무원과 지방정부에 철저한 방역을 지시했다. 또한 공산당 정치국 상무위원회도 4월 30일에 별도로 회의를 개최하여 방역 문제를 집중적으로 논의했다.

같은 날 국무원은 공산당 중앙의 결정에 따라 방역 지침을 하달했다. 여기에는 국제사회와의 적극적인 협력, 국무원 위생부와 농업부 등의 감염병 예방 협력, 공항 등 국경 지역에서의 엄격한 건강 상태 측정, 여행 건강 주의보의 발령, 폐렴 및 독감 사례의 관찰 및 보고, 진단·격리·치료의 즉시 시행, 방역 장비·약품·물품의 비축, 독감 예방 지식의 확산, 백신 개발에 10억 위안(한화 약 1,740억 원) 등 모두 50억 위안(한화 약 8,700억 원)의 재정 지원이 포함되었다 (이는 사스에 투입된 25억 위안보다 두 배나 많은 금액이다).

이런 조치는 각 지방정부에 의해 신속하고 철저하게 집행되었다. 예를 들어, 2009년 5월 11일에 쓰촨성에서 첫 발병 사례가 보고된 이후, 7월 초에 수만 명을 격리하는 등 중국은 전 세계에서 가장 강력한 통제와 예방 조치를 실행한 것이다. 이런 노력의 결과, 신종 인플루엔자는 성공적으로 통제되었고, 세계보건기구는 중국의 이런 조치와 결과를 매우 높게 평가했다.

예를 들어, 2009년 7월 6일을 기준으로 전 세계 9만 4,512명의 감염자 중에서 중국은 2,040명으로, 세계 감염자의 단지 2.2%

를 차지할 뿐이었다. 인구 100만 명당 감염자 수를 보면, 중국은 1.6명, 싱가포르는 391.7명, 태국은 31.5명, 한국은 18.3명, 일본은 14.1명꼴이다. 반면 미국은 2010년 1월 기준으로 약 6,000만 명(인구의 15%)이 감염되어 중국보다 480배나 많았다. 중국의 주요 감염 지역도 광둥성, 푸젠성, 저장성, 장쑤성(江蘇省) 등 연해 지역에 국한되었다. 이는 질병 발생 지역에 대한 신속하고 과감한 봉쇄로 확산 방지에 성공한 결과였다.[28]

이후 다른 질병의 예방과 통제에서도 비슷한 성과가 나타났다. 2019년 2월에 중국 질병센터의 주임인 가오푸 원사가 중국에서는 '제2의 사스 사건'이 없을 것이라고 단호하게 말한 것, 2020년 1월에 전 주임인 양공환이 질병 경보 체계가 제대로 작동하지 않은 것을 알고 매우 놀란 것도 모두 이런 노력과 실제 성과가 있었기 때문이었다.

(4) 인플루엔자와 코로나19의 초기 대응 차이: 성공과 실패

그렇다면 중국이 2009년과 2013년의 신종 및 조류 인플루엔자는 조기 통제에 성공한 데 비해 2002년 사스와 2019년 코로나19의 조기 발견과 대응에 실패한 원인은 무엇일까? 우리는 감염병 발생지가 달랐다는 점을 고려할 필요가 있다.

우선, 두 번의 인플루엔자는 중국 외부에서 발생했고, 따라서 감염병의 성격과 위험성 판단도 중국 밖에서, 즉 세계보건기구가 결정했다. 단적으로 세계보건기구는 인플루엔자의 발생국으로부터 감염병을 통보받고 그것을 즉시 전 세계에 알렸다. 중국은 다른 국가와 마찬가지로 세계보건기구의 통보를 받고 방역에 착수했다. 따라서 인플루엔자의 성격이나 위험성 등에 대해 자체적으로 판단할 필요 없이, 전국적으로 방역 준비 태세에 바로 돌입할 수 있었다. 위기 상황에 대응하는 중국 정부의 능력은 몇 차례의 경험을 통해 이미 강화되었고, 따라서 신속한 초기 대응을 통해 성공적으로 인플루엔자를 통제할 수 있었다.

반면 2002년 사스와 2019년 코로나19는 모두 중국 내에서 발생한 것으로, 질병의 성격과 위험성을 규명하고 외부에 공포하는 일은 전적으로 중국의 책임이었다. 바로 여기에 문제가 있었다. 즉 지방은 감염병이 발생했을 때, 이를 규정대로 상부에 보고하지 않았고, 외부에 즉각적으로 알리지도 않았다. 초기 대응 과정에서 여러 가지 정치적·행정적·법률적 요인으로 인해 감염병의 성격과 위험성 규명, 그리고 이에 기초한 중앙의 보고와 대외 공포에 문제가 발생한 것이다. 그 결과 중앙의 정책 결정이 늦어지고, 그로 인해 코로나19는 국내는 물론 전 세계에 급속히 확산하면서 커다란 재앙을 불러왔다.

이처럼 중국은 외부에서 발생한 감염병에 대해서는 초기에 신속하고 효과적으로 대응했지만, 내부에서 발생한 감염병에 대해서는 복잡한 내부 요인으로 인해 그렇게 하지 못했다. 이것이 인플루엔자에는 초기 대응에 성공했는데, 사스와 코로나19에는 초기 대응에 실패한 주된 원인 중 하나다.

5. 코로나19의 초기 대응 분석: 감염병 발생에서 대응 방침 결정까지

이제 중국 정부가 코로나19의 발생에 대해 초기에 어떻게 대응했는지를 살펴보자. 이를 위해서는 중국이 어떤 과정을 거쳐 코로나19의 성격을 명확히 파악하여 방역 정책을 결정했는지를 분석해야 한다.

(1) 우한시에서의 코로나19 발생과 보고

2019년 11월 중순부터 12월 중순까지 한 달 동안에 우한시 화난(華南) 수산시장의 상인을 중심으로 '원인 불명 폐렴'이 발생했다. 이 무렵 근처 병원의 의사들이 이들을 치료하면서 사스와 비슷한 폐렴이 발생했다는 소문이 돌기 시작했다. 참고로 최초의 환자 발생에 대해서는 다양한 주장이 있다. 우한시 정부는 2019년 12월 8일이라고 주장하고, 한 중국 연구자는 12월 1일이라고 주장한다. 반면 중국의 내부 자료를 입수하여 분석한 《사우스 차이나 모닝 포스트(South China Morning Post)》는 11월 17일이라고 주장한다.[29]

이후 2002년 12월 27일에 한 호흡기 전문의가 세 건의 감염 사례를 지역 질병센터에 보고했고, 우한시 질병센터는 보고 접수 이후 즉각 역학조사를 진행했다. 12월 29일에 다시 네 건의 감염 사례가 보고되자 우한시 질병센터는 다시 역학조사팀을 파견했다. 동시에 감염병의 확산을 막기 위해 의심 환자를 우한시 진인탄병원(金銀潭醫院)에 이송하여 격리 치료했다.

또한 우한시 질병센터는 2019년 12월 30일에 각 병원과 공중 보건위생 기구에 두 개의 '통지', 즉 「원인 불명 폐렴 구제 치료 상황의 긴급 통지」와 「원인 불명 폐렴 구제 치료 업무의 긴급 통지」를 대외비(對外秘)로 하달했다. 각 의료기관은 폐렴 치료에 전력을 다하고, 화난 수산시장과 관련된 폐렴의 역학조사를 전면적으로 실시하라는 지시였다.[30] 동시에 2020년 1월 1일을 기해 화난 수산시장을 폐쇄했다.

그런데 2019년 12월 30일에 우한시 중심병원(中心醫院)의 응급실 주임인 아이펀(艾芬) 의사가 인터넷을 통해 관련 자료를 병원 내 다른 의사들에게 전달하고, 이를 받은 안과의사인 리원량(李文亮)이 다시 100여 명의 '우한대학 임상 04학번' 동기들에게 위챗(WeChat, 微信)(중국의 소셜미디어)을 이용하여 자료를 발송했다. 그 결과 감염병 발병 사실이 최초로 사회적으로 알려지게 되었다. 정보가 대외로 공개됨으로 인해 우한시 정부도 이를 더 이상 은폐할 수는 없었다.

그래서 우한시 정부는 2019년 12월 31일에 국무원 국가위건위에 관련 사실을 보고했고, 국가위건위는 이를 당일 세계보건기구 베이징사무소에 통보했다.[31] 또한 우한시 정부는 같은 날 「현재 우리 시(市) 폐렴 역학 상황의 통보」를 발표했다. 이에 따르면, 우한시에 "이미 27건의 감염 사례가 있고", "상술한 사례는 바이러스성 폐렴"이며, "현재까지의 역학조사에 근거할 때, 사람 간 전염 현상이나 의료인 감염은 발견하지 못했다."[32] 이는 완전히 잘못된 판단이었지만, 우한시 정부는 철저한 조사와 검토 없이 이렇게 발표했다.

(2) 중앙 역학조사팀의 파견과 전면적인 통제의 결정

반면 국무원 국가위건위는 2019년 12월 31일에 보고를 접수한 즉시 산하의 중국 질병센터를 통해 역학조사팀을 우한시에 파견했다(제1차 파견). 이들은 조사 결과를 2020년 1월 5일에 국가위건위에 보고했고, 이것이 공산당 지도부에도 전달되었다. 이를 기초로 1월 7일에 개최된 정치국 상무위원회 회의에서 시진핑 총서기는 방역에 대해 지시한 것이다. 다만 그 내용은 방역보다 '춘절 분위기의 유지'에 강조점이 두어졌다. 이 때문에 후베이성과 우한시도 원래 계획대로 지방인대 회의의 개최 등 정치 일정과 행사를 소화했다.

이후 국무원 국가위건위는 2020년 1월 8일에 다시 조사팀을 우한시에 파견하여 역학조사를 진행했다(제2차 파견).[33] 당시 조사팀원 중 한 명이었던 베이징 의대 교수 왕광파(王廣發)는 1월 10일 언론과의 인터뷰에서 질병은 "예방 통제가 가능(可防可控)하다"라고 말했다. 첫째, 이번 폐렴은 신종 코로나 바이러스가 일으킨 것으로, 현재 환자들의 상황을 보면 통제가 가능한 상태다. 둘째, 대부분 환자의 증상은 경중에서 중간 정도로, 심각한 상황은 아니다. 이는 잘못된 판단이었지만, 당시 조사팀은 이렇게 결론을 내렸다. 실제로 왕광파 교수 본인도 코로나19에 감염되어 입원 치료를 받고 1월 30일에야 퇴원할 수 있었다.[34]

조사 결과를 믿을 수 없었던 국무원 국가위건위는 2020년 1월 18일에 고위급 전문가로만 구성된 역학조사팀을 우한시에 다시 파견했다(제3차 파견). 여기에는 당대 최고의 감염병 전문가들과 한 명의 홍콩 전문가(대학 교수)가 포함되었다. 조장은 중난산 원사였고, 가오푸 원사, 리란쥐안(李蘭娟) 원사, 쩡광(曾光) 원사, 홍콩대학 위엔쾅융(袁國勇) 교수가 조원이었다.

쩡광 원사의 인터뷰에 따르면, 우한시에 도착했을 때 이들은 후베이성 당서기와 성장, 우한시 당서기와 시장 등 핵심 책임자를 만나서 이야기를 듣고 정책을 건의하려고 했다. 그런데 실제로는 그렇게 할 수 없어서 유감이었다고 한다. 지방 지도자들을 만날 수 없었기 때문이다. 우한시의 실상을 알리고 싶지 않은 지도자들이 고의로 조사팀을 회피한 것으로 볼 수 있다.

제3차 역학조사팀은 제2차 조사팀과 달리 자체적으로 현장 조사를 진행했고, 방역 관계자를 만나 집요하게 질문하고 추궁했다.

그 결과 이번 질병이 사람 간에 감염된다는 사실을 확인할 수 있었다. 그때가 2020년 1월 19일 밤이었다. 그날 밤 이들은 즉시 베이징시로 돌아가 조사 내용을 국무원 국가위건위와 부총리 순춘란(孫春蘭)에게 보고했다. 또한 중난산과 리란쥐안 원사는 1월 20일 오전에 리커창 총리 주재로 열린 국무원 상무회의에 참석하여 조사 내용을 직접 보고했다. 동시에 이들은 그날 오후에 기자회견을 개최하여 조사 결과를 발표했다. 핵심 내용은, 사람 간 감염이 확인되었기 때문에 기존 방역 정책은 근본적으로 바뀌어야 한다는 것이다.[35]

이런 제3차 역학조사팀의 조사 보고에 따라, 2020년 1월 20일에 리커창 총리는 국무원 상무회의를 개최하여 코로나19에 대한 방침을 의결했다. 그리고 그 내용을 같은 날에 국무원 국가위건위가 '1호 공고'를 통해 발표하도록 지시했다. 즉 "코로나19를 「감염병 방치법」에 근거하여 2급(을류) 감염병으로 지정하되, 1급(갑류) 감염병으로 예방 통제한다"라는 것이다. 이로써 코로나19에 대한 공식 방침이 결정되었고, 이에 따라 세부 방역 정책도 확정될 수 있었다.

또한 제3차 역학조사팀은 토론을 통해 방역을 위해서는 우한시의 전면 봉쇄가 필요하다는 결론에 도달하고, 이를 중앙에 건의했다. 이들의 건의를 전달받은 시진핑 총서기는 즉각 수용하여 1월 22일에 우한시 등 후베이성 15개 도시의 봉쇄를 결정했다. 이 결정은 1월 23일부터 4월 8일까지 76일 동안 시행되었다. 동시에 3월

3일에 예정되었던 13기 전국인대 3차 연례회의 등 모든 정치 행사와 집단 활동이 취소되었다. 5월 1일 노동절 연휴도 취소되었다.

코로나19를 통제하기 위한 길고 험난한 '인민 전쟁'은 이렇게 시작되었다.

6. 코로나19 초기 대응의 문제점

이상에서 우리는 코로나19의 발병에서 보고, 역학조사, 방침 결정에 이르는 초기 대응 과정을 비교적 상세히 살펴보았다. 그렇다면 어디에 문제가 있었을까?

(1) 규정대로 움직이지 않은 일선 조직들

첫째, 병원, 공중 보건위생 기구(보건소), 지역 질병센터, 정부 위건위가 법률의 규정대로 움직이지 않았다. 앞에서 보았듯이, 「돌발 공중위생 사건 응급 조례」에 따르면, 일선 병원과 보건소는 감염병 의심 질병이 발견되면 2시간 이내에 지역 질병센터에 보고하고, 지역 질병센터는 이것을 즉시 동급 정부, 상급 질병센터, 중국 질병센터에 보고해야만 한다. 그런데 우한시의 일선 조직들은 실제로 이렇게 보고하지 않았다. 그래서 양공환이 이런 상황을 보고 당혹스러워 한 것이다.

왜 그랬을까? 현행 중국의 의료 행정 체계에서는 병원이 새로운 질병이 출현했을 때, 이를 즉시 지역 질병센터에 보고할 동기가 별로 없다. 의료 분야에도 시장제도가 도입된 이후 의사와 병원 당국자는 이윤 극대화를 추구한다. 그런데 새로운 질병을 보고할 경우, 역학조사와 병원 폐쇄 등 이윤 극대화에 불리한 조치가 취해질 가능성이 매우 크다. 그래서 주저하는 것이다. 실제로 우한시 병원의 의사들은 코로나19가 사람 간에 감염된다는 사실을 이미 알고 있었지만, 이를 언론이나 중앙에서 파견된 역학조사팀에게 말하지 않았다.[36]

설사 의사와 병원 관계자가 감염병 발병 사실을 지역 질병센터에 보고한다고 해서 질병센터가 그것을 그대로 상급 정부 및 상급 질병센터에 보고한다는 보장도 없다. 보고 여부의 결정은 질병센터의 전문가가 아니라, 지역 당정 간부의 몫이기 때문이다. 지역의 당정 간부들은 질병의 위험성보다는 다양한 정치적 요소를 종합적으로 고려해서 보고 여부를 결정한다.

실제로 우한시 정부는 질병센터의 상부 보고를 격려하지 않았다. 예를 들어, 2019년 12월 30일에 우한시 정부가 하달한 두 개의 '통지'에 따르면, 각급 질병센터가 감염병을 보고할 때는 상급자의 동의를 받아 '확실한 경우'에만 보고해야 한다.[37] 다시 말해, 확실하지 않은 경우는 보고해서는 안 된다. 이런 방침 때문에 지역 질병센터는 감염병 발병 사실을 신속하게 상부에 보고할 수 없었다. 보고 전에 사실 확인 작업, 즉 역학조사와 분석 작업을 거쳐야만 하기 때문이다. 이에는 당연히 많은 시간이 소요된다.

(2) 중앙 파견 역학조사팀의 문제

둘째, 국무원 국가위건위가 파견한 조사팀의 역학조사가 잘못되었다. 앞에서 보았듯이, 제2차 조사팀은 제1차 조사팀과 마찬가지로 코로나19는 사람 간에 감염되지 않는다고 결론 내렸다. 이는 이해할 수 없는 판단이다. 제2차 조사팀이 활동한 2020년 1월 8일부터 1월 15일 사이에는 이미 의료인의 감염만이 아니라, 지역 사회의 감염이 나타나고 있었기 때문이다. 원인은 처음부터 정해진 결론에 맞추어 조사를 진행했거나, 아니면 당국이 제공한 자료만을 검토해서 결론을 내렸거나, 둘 중의 하나다.

왕광파 교수의 인터뷰 내용을 보면, 후자에 가깝다. 제2차 조사팀은 우한시 당국이 제시한 41건의 사례를 주로 검토했고, 그래서 사람 간 감염을 제대로 파악하지 못한 오류를 범했다고 인정했다. 물론 문제가 심각할 수 있다는 생각은 들었다고 한다. 병원 응급실에 환자들이 많았고, 한 병원의 경우 2019년 12월의 폐렴 환자가 작년 동기 대비 17%나 증가했기 때문이다.[38] 그렇다면 현장 조사를 좀 더 철저하게 진행했어야 했는데, 그렇게 하지 않았다. 이런 잘못된 조사 결과가 중앙 지도부에 전달되었기 때문에, 그들도 역시 잘못된 판단을 내린 것이다.

이런 제2차 조사팀의 역학조사 결과에 대해 우한 시민들은 신랄하게 비판했다. 특히 왕광파 교수가 코로나19의 예방 활동에 큰 성과를 거둔 모범 인사로 선정되어 정부로부터 표창을 받았다는 사실이 언론에 보도되자, 우한 시민들의 분노는 더욱 커졌다. 『우한일기(武漢日記)』—원래 제목은 『갇힌 도시의 일기(封城日記)』—를 쓴 팡팡(方方) 작가에 따르면,

"'사람 간에 전염되지 않는다(人不傳人). 막을 수 있고 통제할 수 있다(可防可控)'라는 여덟 글자가 도시를 피와 눈물로 적셨다. 끝없는 비통함과 슬픔으로 바꿔놓았다. [이런 결론을 내렸을 때] 그들은 이미 천벌을 받을 만큼 큰 죄를 범했다. …
왕 선생(왕광파-인용자)은 이번에 정부 표창을 받음으로써 한발 앞서 갔지만, 우한 사람들에게 큰 빚을 졌다. 전문가 두 팀(제1차와 제2차의 역학조사팀-인용자)의 구성원 모두가 빚을 졌다. 이 빚은 갚아야 한다. 갚지 않는다면, 억울하게 죽은 3,000명에 가까운 망자(亡者)의 영혼이 편히 쉴 수 없을 것이다."[39]

여기서 우리는 중국 질병센터의 독립성 문제를 제기하지 않을 수 없다. 중난산 원사는 몇 차례에 걸쳐 질병센터의 위상을 높이고, 예산을 대폭 확대해야 한다고 주장했다. 현재 중국 질병센터는 국무원 국가위건위 산하의 '기술 부서'에 불과해서 어떤 결정도 독

자적으로 내릴 수 없다. 또한 중요한 조사 결과나 상황 판단을 공산당 중앙 지도부에 직접 보고하거나 대중에게 공포할 수도 없다. 단지 국가위건위가 필요로 하는 정보를 제공할 수 있을 뿐이다.[40] 결국 질병의 성격 규정과 대외 공포 여부는 관료조직인 국가위건위가 결정하고, 그 과정에서 정치적 고려가 개입될 가능성이 높다.

질병센터의 능력과 직결되는 예산도 매우 부족하다. 예를 들어, 2017년 질병센터는 공중 보건위생과 관련된 전체 예산 중 단지 2.3%인 342억 위안(약 49억 달러)을 사용했다. 그런데 중국 인구의 4분의 1도 안 되는 미국은 이보다 두 배나 많은 110억 달러(전체 공중 보건위생 예산의 4.5%)를 사용했다. 또한 지난 10년 동안 중앙 및 지방의 질병센터 예산 비중은 전체 예산의 0.1127%에서 0.105%로 계속 낮아졌다.[41]

따라서 거액을 투자하여 구축한 감염병 경보 체계가 제대로 작동하려면 먼저 질병센터의 자율성과 정치적 지위를 높여주고, 예산도 대폭 증액시켜 능력을 키우는 일이 필요하다. 이것 없이 단순한 법률적·기술적 개선만으로는 문제를 해결할 수 없다.

(3) 정부의 무책임한 태도

셋째, 우한시와 후베이성 정부의 무사안일한 태도를 지적하지 않을 수 없다. 먼저, 우한시 정부는 법률 규정대로 코로나19의 발생 사실을 상부에 보고하지 않았다. 만약 《사우스 차이나 모닝 포스트》가 정부의 내부 문건을 입수하여 분석한 내용이 사실이라면, 이번에도 우한시 정부가 코로나19에 대한 정보를 은폐 및 축소했다는 혐의를 지울 수 없다.

이 보도에 따르면, 2019년 11월 7일에 첫 번째 환자가 발생한 이후 환자 규모는 계속 증가했다. 즉 12월 15일에는 7인, 20일에는 60인, 27일에는 180인, 31일에는 266인, 2020년 1월 1일에는 381인이 되었다.[42] 반면 2019년 12월 31일에 우한시 정부가 언론에 발표한 환자 수는 27명이었다. 이는 위 신문이 정부의 내부 자료를 인용하여 보도한 266명의 10분의 1에 불과하다. 우한시 정부가 관련 정보를 은폐 및 축소했을 가능성이 높다고 의심하는 이유는 바로 이 때문이다.

중국의 당정 간부들은 과거나 지금이나 여전히 정권의 안정과 개인의 출세를 위해 경제성장과 사회 안정을 최우선 과제로 여긴다. 이들에게 국민의 생명과 안전은 최우선 고려 대상이 아니다. 따라서 이들은 정권의 안정과 개인의 출세에 불리한 사건이 발생하면 본능적으로 그것을 은폐하거나 축소하려고 시도한다. 이번에도 그랬을 가능성이 높다는 것이다.

또한, 우한시 정부 관료들은 코로나19의 발생 사실을 뒤늦게 중앙정부에 보고한 이후에도 20일 동안이나 중앙의 지시만 기다리면서 방역에 적극적으로 나서지 않았다. 현행 법률 규정상 이것이 문제가 되는 것은 아니지만, 국민의 생명과 안전을 최우선으로 여기는 정부라면 결코 있을 수 없는 일이다.

이에 대해 우한 시민들은 실망과 분노를 넘어 절망감을 느꼈다. 팡팡(方方)의 『우한일기(武漢日記)』는 이를 잘 보여준다.

"우한의 전염병이 초기 단계에서 도시 봉쇄로 이어지기까지, 중간에 20여 일을 허비했다는 건 논쟁의 여지가 없는 사실이다. 무엇이 시간을 허비하게 만들었을까? 도대체 누가 어째서 바이러스가 퍼질 수 있는 시간과 공간을 제공하고, 그로 인해 우한이 역사상 유례없는 도시 봉쇄에 처하게 되었느냐는 말이다. 900만 명에 달하는 사람을 집안에 가둔다는 건 정말 기이한 일이다. 절대 자랑이라 할 수 없다. 이 사건의 뿌리를 반드시 파헤쳐야 한다."[43]

(4) 언론 자유와 시민사회의 부재

우리가 언론의 자유와 시민사회의 발전을 강조하는 이유도 바로 여기에 있다. 기존 연구에 따르면, 어느 국가에서나 사회 위기에 대한 대응은 사회단체(NGO)와 지역공동체 네트워크가 정부보다 훨씬 뛰어나다. 이들에게는 관료적 방해물도 없고, 고려해야 할 정치적 요소도 없기 때문이다. 게다가 이들은 지역 사회의 필요성과 절박함에 대해 더 잘 이해하고 있다. 이 때문에 제때 올바른 방식으로 위기에 대응할 수 있다.[44]

또한 감염병 확산을 막는 데는 언론을 통한 정확한 정보 전달이 매우 중요하다. 그래서 세계보건기구 관계자는 2002년 사스의 교훈을 정리하면서, 언론 매체를 통한 적절하고 정확한 정보의 확산이 공중 보건위생의 예방과 통제에서 '관건의 요소'라고 강조한 것이다.[45] 유감스럽게도 중국에 없거나 부족한 것이 바로 이것이다.

특히 기자들은 감염병 발병 초기에 조사와 보도 대신에 '침묵'을 선택했다. 이에 대해 팡팡 작가는 비판한다.

"기자들은 바이러스 앞에서 용감하게 싸울 수도 있었지만, 전염병 상황 초기에 이미 침묵을 선택했다. 비통한 일이다. 물론 언론인들도 불쌍하다. 양쪽에서 괴롭힘을 당하고 있으니 말이다. 위에서는 진실을 말하지 못하게 하고, 밑에서는 진실을 말해달라고 한다. 어느 한쪽도 선택하기 쉽지 않지만, 대부분 경우 그들은 위에서 하는 말을 들을 수밖에 없다. 그렇다면 아래에서 하는 욕도 감당해야 옳다."[46]

2000년대 초까지 중국에서 꾸준히 발전하던 민간 사회단체는 그 이후로 쇠퇴의 길을 걸었다. 2003~2005년 중앙아시아 일부 국가에서 발생한 '색깔 혁명(color revolution: 정치 민주화를 요구하는 사회운동)'의 배후에 외부 세계(즉 미국)의 지원을 받은 시민사회가 있었다고 판단한 중국 정부가 탄압했기 때문이다. 이런 추세는 2012년에 등장한 시진핑 정부에 들어서 더욱 강화되었다. 그 결과 현재 개인적으로 활동하는 인권 운동가나 인권 변호사는 일부 있지만,

정부에 문제를 제기하고 압박할 수 있는 시민단체는 사실상 없다.

표현의 자유와 언론의 자유 부재는 말할 필요도 없다. 시진핑 총서기가 집권한 이후 정부의 언론 및 인터넷 통제는 해가 가면서 더욱 심해졌고, 이런 정책은 지금까지 유지되고 있다.[47] 이런 상황에서 코로나19의 실상을 알리는 것은 일부 용기 있는 사람들의 몫이었다. 전문가로서 양심을 지키려고 노력했던 아이펀이나 리원량과 같은 일부 의사, 코로나19의 실상에 접근하기 위해 위험을 무릅쓴 천치우스(陳秋實)와 팡빈(方斌)과 같은 일부 용감한 시민 기자, 사회적 비극을 기록하는 것이 작가의 사명이라는 생각에서 『우한일기』를 쓴 팡팡 작가가 대표적이다.[48]

그러나 이들은 정부의 탄압에 직면하여 활동을 중단하거나, 절망감에 몸부림쳐야만 했다. 그 결과 국민의 생명과 안전은 뒷전에 두고, 상부의 눈치를 보면서 자리보전에만 급급한 당정 간부와 정부 관료만이 넘쳐나게 되었다.

7. 왜 '비극의 역사'는 반복되는가?

중국이 2002년의 사스와 2019년의 코로나19에 대응하는 과정을 살펴보면, 유사한 특징을 발견할 수 있다. '초기 대응 실패'와 '신속한 통제 성공'이 바로 그것이다.

먼저, 두 경우 모두 초기 대응에 실패했다. 사스의 경우, 광둥성 정부가 국무원에 보고한 시점부터 전면적인 통제를 결정하기까지 약 3개월 동안, 적극적인 방역과 통제에 나서지 않음으로써 사스 확산에 일조했다. 코로나19도 마찬가지다. 우한시 정부의 최초 보고부터 국무원의 전면 통제 선포까지 약 20일 동안, 중국은 코로나19의 확산을 방치했다. '초기 대응 실패'다. 그러나 사스와 코로나19의 위험성을 알고 전면적인 대응에 나선 이후에는 신속한 통제에 성공했다. 즉 사스는 3개월, 코로나19는 2개월밖에 걸리지 않았다. '신속한 통제 성공'이다.

사실 중국은 2002년 사스의 초기 대응 실패 이후, 여러 가지 측면에서 문제점을 고치기 위해 노력했다. 먼저, 관련 법규를 제정 및 수정하여 법정 감염병의 종류를 좀 더 세밀하게 구분했다. 또한, 방역 관리 체계도 전과 다르게 개선해 '일선 병원과 보건위생 기구 → 지역 질병센터 → 지방 정부/상급 질병센터/중국 질병센터'로 이어지는 보고 체계를 마련했다. 동시에 각 단계에서 관련 기관과 기구가 어떤 역할을 담당해야 하는지도 명확히 규정했다. 여기에 더해 많은 재정을 투입하여 중앙 및 지방의 질병센터를 확충하고, 실시간 경보 체계도 구축했다. 응급의료 센터도 확충했다.

이런 노력은 실제 성과로 이어졌다. 2009년과 2013년에 신종 및 조류 인플루엔자가 전 세계를 휩쓸었을 때, 중국은 새로 구축한 방역 체계를 통해 이를 통제하는 데 성공한 것이다. 중국 정부와 질병센터의 관계자들이 중국에서는 사스의 초기 대응 실패와 같은 일이 다시는 발생하지 않을 것이라고 호언장담한 이유는 이 때문이었다.

그러나 코로나19 사태가 보여주었듯이, 이런 믿음과 자신감은 이번에도 여지없이 깨졌다. 우한시의 질병센터와 정부는 법률 규정대로 코로나19의 발병 사실을 경보 체계를 통해 신속하게 상부에 보고하지 않았다. 또한 뒤늦게 보고받은 국무원 국가위건위와 중국 질병센터는 즉각 역학조사팀을 현지에 파견했지만, 제1차와 제2차 조사팀은 실제 상황을 정확히 파악하는 데 실패했다. 이는 곧 중앙정부의 늦장 대응으로 이어졌다. 이것이 코로나19가 전 세계로 확산하는 데 결정적인 계기가 되었다.

중앙의 잘못된 판단과 늦장 대응이 벌어지는 동안, 우한시와 후베이성 정부는 중앙의 지시만을 기다리면서 20일이라는 귀중한 시간을 허비했다. 관료 편의주의의 전형을 보여준 것이다. 여기에다 언론 자유의 부재와 독립된 시민사회의 미발달은 정부의 잘못된 대응을 시정하게 만드는 최후의 보루마저 앗아갔다. 이런 이유로 '비극의 역사'는 반복되었다.

5장

어떻게 신속한 통제에 성공했는가? : 중앙의 대응

코로나19에 대한 중국의 대응을 어떻게 평가할 것인지는 보는 관점에 따라 크게 달라진다. 먼저, 중국은 '신속한 통제 성공'만을 강조하면서, '초기 대응 실패'는 없었다고 주장한다. 예를 들어, 시진핑 총서기는 2020년 2월 23일의 한 회의에서 성공적인 방역만을 강조했다. "공산당 중앙의 형세 판단은 정확했고, 각 항목의 업무 배치는 때에 맞았으며, 취한 조치는 효과적이었다. (중국이) 통제 업무에서 거둔 성과는, 공산당 영도와 중국 특색 사회주의 제도의 현저한 우세를 다시 한번 보여주었다."[1] 한마디로 말해, 중국은 공

---

* 이 장은 다음 논문에 기초하여 작성된 것이다. 조영남, 「중국의 코로나19 대응 분석: 중앙의 지도체계와 선전 활동을 중심으로」, 《중소연구》 44권 2호 (2020년 여름), pp. 7-44.

산당 일당제라는 '정치적 이점'을 이용하여 코로나19의 방역에 성공했다는 것이다.

세계보건기구의 테드로스(Tedros) 사무총장은 중국의 이런 주장에 동의했다. 예를 들어, 그는 2020년 1월 28일에 시진핑 총서기를 만난 자리에서 중국의 방역 정책과 성과를 높이 평가했다. 중국과 같이 신속하고 대규모로 감염병에 대응한 사례는 전 세계에 없었던 일이고, 이는 중국 제도의 우세로서, 타국이 참고할 만한 가치가 있다는 것이다.[2] 이 무렵 국내외 언론은 테드로스가 중국의 지원에 힘입어 세계보건기구의 사무총장에 선출될 수 있었다는 사실을 보도했다. 그가 '은혜'를 갚기 위해 중국을 감싸고 있다는 뉘앙스를 풍기면서 말이다.

일부 학자들도 중국의 코로나19 방역 정책과 성과를 높게 평가했다. 중국이 초기 대응에서는 정보 통제와 관료주의의 문제점을 일부 보여주었지만, 감염병 통제 과정에서는 자원을 총동원하고, 최첨단 정보통신(IT) 기술을 적극 활용하여 성공적으로 대응했다는 것이다. 이것이 가능했던 것은, 중국이 갖고 있는 고도로 중앙 집중화된 위계적 정치체제, 즉 공산당 일당제의 장점이 발휘되었기 때문이다.[3]

참고로 이를 주장한 벨(D.A. Bell) 교수는 중국의 명문대학인 칭화대학(淸華大學)에서 교수로 있다가, 몇 년 전에는 산둥대학(山東大學) 동북아대학원의 원장으로 취임하는 등 중국에서 활동하는 대표적인 서양학자다. 그는 한편에서는 서구 자유민주주의의 한계를 비판하고, 다른 한편에서는 중국 정치체제의 우수성, 즉 능력주의(meritocracy, 賢能主義)에 입각한 '중국 모델(China model)'을 주장한 학자로 유명하다.[4]

반면 국제사회와 세계 언론은 중국의 '신속한 통제 성공'에 대해서는 어느 정도 인정하지만, '초기 대응 실패'로 인해 그 의미가 크게 줄었다고 주장한다. 또한 중국의 코로나19의 대응을 평가할 때는 주로 '초기 대응 실패'의 원인을 집중적으로 부각한다. 표현의 자유 부재와 언론 통제, 정보 은폐, 관료주의, 시민사회 미약 등이 그것이다. 동시에 중국은 '초기 대응 실패'에 대해 마땅히 도덕적 및 실제적 책임을 져야 한다고 주장한다.

이처럼 코로나19의 대응과 관련하여 중국이 보여준 '초기 대응 실패'와 '신속한 통제 성공'이라는 두 가지 모습 중에서 이 장은 후자에 초점을 맞추어 분석하려고 한다. '초기 대응 실패'뿐만 아니라 '신속한 통제 성공'도 동시에 분석해야만 중국의 코로나19 대응을 제대로 평가할 수 있다. 따라서 후자에 대한 분석은 꼭 필요하다. 참고로 '초기 대응 실패'에 대해서는 이미 앞 장에서 자세히 살펴보았다.

먼저, 중국이 코로나19를 성공적으로 통제할 수 있었던 배경을 살펴본다. 다음으로, 코로나19 통제 과정에서 '중앙', 즉 공산당 중앙과 국무원의 지휘기구 구성과 활동에 대해 분석한다. 이어서 정부의 방역 정책을 선전하고 비판 여론을 잠재우기 위해 중앙이 어떤 정책을 어떻게 추진했는지를 분석한다. 마지막으로, 결론에서는 이를 정리하고 평가한다. 중국의 코로나19 통제를 제대로 이해하려면 '지방', 즉 후베이성이나 우한시의 대응을 함께 살펴보아야 하는데, 이는 다음 장에서 할 일이다.

여기서 분석하려는 시기는, 중국이 코로나19에 대한 전면 통제를 결정한 2020년 1월 20일부터 3월 말까지 약 2개월이다. 이때가 중국의 코로나19 대응이 집중된 시기다.

1. '신속한 통제 성공'의 이유

중국이 코로나19의 '신속한 통제'에 성공할 수 있었던 이유로는 크게 두 가지를 들 수 있다. 첫째는 정책을 신속하게 결정하고 집행할 수 있는 체계, 즉 '운동식 정책 방식'의 제도화다. 둘째는 위기 상황에 대응할 수 있는 국가통치 능력의 향상, 특히 사스 등 이전 대응 경험의 활용이다.

(1) '권위주의 이점' 혹은 '운동식 정책 방식'?

중국의 2002년 사스 대응을 분석한 일부 학자들은 권위주의 체제가 방역 과정에서 큰 역할을 담당했다고 평가한다. 예를 들어,

중국과 대만의 사스 대응을 비교 분석한 쉬와츠(J. Schwartz) 교수는 중국이 '권위주의 이점(authoritarian advantage)'을 발휘하여 사스를 통제할 수 있었다고 주장한다. 여기서 이점(利點)은 중앙 집중화된 정책 결정, 정부 주도에 대한 대중의 지지와 호응, 대중매체의 위기 대응 기조를 결정할 수 있는 정부의 통제 능력 등 세 가지를 말한다.

반면 민주화 직후의 대만은 사스 통제에서 완전히 실패했다. 1999년 총통 선거에서 국민당(國民黨) 후보를 이기고 대만 역사상 최초로 정권 교체에 성공한 민진당(民進黨)의 천수이볜(陳水扁) 정부(2000년 출범)는 중국과 달리 사스라는 국가적 위기에 직면하여 우왕좌왕하는 모습을 보여준 것이다. 방역 지휘기구(control tower)의 부재(특히 다양한 위원회의 난립), 정부 부서 간의 비협조, 병원의 표준적인 처리 방법(manual) 부재와 이로 인한 병원 내 감염자의 확산, 의료진의 정부 지시 불복종, 감염 환자의 저항 등이 바로 그것이다.[5]

다른 학자들도 비록 권위주의 이점이라는 표현은 사용하지 않았지만, 비슷한 내용을 주장한다. 예를 들어, 정융녠(Y.N. Zheng)과 리에량푹(L.F. Lye) 교수는 신속한 정책 결정과 지도부 구성, 자원 동원과 집중, 법률 제정을 제때 처리할 수 있는 권위주의 체제가 장점을 발휘하여 사스 통제에 성공했다고 주장한다. 홍이라이(H.Y. Lai) 교수도 인사권 등 중앙의 권한을 동원하여 각 지역 및 부문의 활동을 효과적으로 통제하고 동원해서 사스 방역에 성공했다고 주장한다. 사이치(T. Saich) 교수도 정보 관리 체계의 부실, 지방정부의 투명성 부족 등의 문제가 있었지만, 하향식 명령 체계로 신속하게 사스를 통제할 수 있었다고 주장한다.[6] 이런 내용은 코로나19 대응에도 그대로 적용될 수 있다.

이런 주장은 일면 타당하다. 단적으로 인구 960만 명의 우한시, 5,700만의 후베이성을 순전히 방역을 위해 한 달 이상 봉쇄할 수 있는 나라는 전 세계에서 중국밖에 없을 것이다. 불과 10일 만에 1,000병상 이상의 대형 병원을 두 곳이나 건설할 수 있는 동원력을 가진 국가도 중국밖에 없을 것이다. 전국에서 4만 2,000여 명의 의료진과 엄청난 양의 의료 물자를 우한시에 집중적으로 투입할 수 있는 국가도 중국이 유일할 것이다. 이와 대비되는 미국, 이탈리아, 스페인, 프랑스, 영국, 일본 등 '민주주의' 선진국의 코로나19 대응은 비효율적이고 비효과적으로 보인다.

그러나 권위주의를 너무 강조하여 코로나19의 '신속한 통제 성공'을 분석하는 것은 타당하지 않다. 중국과 비슷한 권위주의 국가들은 중국처럼 하려고 해도 할 수 없기 때문이다. 이는 단순히 권위주의 때문이 아니라, 위기 상황에 직면하여 신속하게 지휘 체계를 구성하고, 과감하게 정책을 결정하여 집행할 수 있는 대응 체계를 갖추었기 때문에 가능한 일이다. 위기 시기의 '운동식 정책 방식(운동 방식)'이 바로 그것이다.

(2) 사스의 통제 경험

이와 관련하여 2002년 사스의 통제 경험은 매우 중요하다. 앞
장에서 이미 자세히 살펴보았듯이, 중국은 사스 사태를 해결한 이
후 문제점을 개선하기 위해 많이 노력했다. 먼저, 2003년 5월에「돌
발 공중위생 사건 응급 조례」와「전염성 사스 방치 관리 방법」을 제
정하고, 2004년 8월에는「감염병 방치법」을 개정했다.[7] 이에 따르
면, 감염병이 발생하면 국무원은 '전국 돌발 사건 응급 처리 지휘
부'를 구성하고, 국무원 위생부 부장이 총지휘(總指揮)를 맡아 전국
의 방역 활동을 통일적으로 지휘한다.[8]

또한, 중국은 중앙과 지방의 질병센터(CDC)를 정비하고, 전국적
인 감염병 조기 경보 체계(warning system)를 수립하기 위해 2004년
에만 68억 위안(한화 약 1조 1,832억 원)을 투입했다. 게다가 중앙과 지
방의 응급의료 센터를 건립하기 위해 2003년부터 2006년까지 4년
동안 모두 114억 위안(한화 약 2조 원)을 투입했다.[9]

사실 코로나19에 대응하기 위해 중국이 취한 조치들은 대부분
사스를 경험하면서 익힌 것이다. 예를 들어, 2003년 4월 24일에 공
산당 중앙은 정치국원으로 국무원 위생부장에 새로 임명된 우이
(吳儀)를 책임자(총지휘)로 하는 '전국 사스 방역 지휘부(全國防治非典
肺炎指揮部)'를 설치하고, 산하에 10개의 공작조(工作組)와 1개의 판
공실(辦公室)을 두었다. 여기에는 국무원 위생부를 비롯해 30여 개
부서에서 모두 160여 명의 국장급 이상의 고위 관료가 참여했다.

이런 경험에 근거하여 공산당 중앙은 코로나19의 위험성을 확인한 직후인 2020년 1월 20일에 '국무원 코로나19 연합 통제기제(肺炎疫情聯防聯控機制)'(국무원 연합 통제기제)를 설립했다. 책임자(총지휘)는 공산당 정치국원이면서 국무원 부총리인 순춘란(孫春蘭)이 맡았다. 또한 여기에는 국무원 국가위건위를 포함하여 32개의 부서가 참여했고, 산하에 9개의 공작조를 설치했다.

코로나19에 대응하기 위해 취한 방역 및 통제 정책도 사스 때의 정책을 답습한 것이 많다. 2002년 사스 대응 정책은 몇 가지로 구성된다. 먼저, 사스를 법정 전염병으로 지정한 후에 방역 지휘부를 조직하고, 질병 상황에 대한 일일 보고 및 대외 공개 제도를 실행했다. 전 국민을 대상으로 유사 증상자에 대한 무료 검사와 감염 환자에 대한 무료 치료도 실행했다. 베이징시에 샤오탕산 병원(小湯山醫院) 등 전문 병원을 건립 및 지정했고, 예방 및 치료 지침(예를 들어, 의심 환자의 12일 격리)도 하달했다. 공항 등 대중교통 시설에 발열 검사 체계를 구축하고, 대규모 방역 작업도 실시했다. 사스의 전염을 막기 위해 학교에 휴교령을 내렸고, 각종 행사와 모임도 금지했다. 그 밖에도 적극적인 정책 홍보와 언론 통제, 세계보건기구를 포함한 국제기구 및 국제사회와의 협력도 추진했다.[10]

중국의 코로나19에 대한 정책도 이와 유사하다. 2020년 2월 23일에 열린 방역 공작회의에서 시진핑은 지난 한 달 동안 추진한 코로나19 대응 정책을 총괄했다. 첫째, 전략과 정책을 결정했다. 사스처럼 코로나19를 '2급(을류)' 감염병으로 지정하고, '1급(갑류)' 수준으로 대응했다. 또한 중앙과 지방에 지휘기구를 조직하여 전국을 하나의 바둑판처럼 통일적으로 지도 및 지휘하고, 전국이 함께 대응하는 '인민 전쟁, 전면전(總體戰), 저격전(阻擊戰)'을 실행했다. 그 밖에도 '조기 발견, 조기 보고, 조기 격리, 조기 치료'라는 '네 가지 조기(四個早)'와 '환자 집중, 인원 집중, 자원 집중, 치료 집중'이라는 '네 가지 집중(四個集中)'의 정책을 통해 완치율을 높이고 사망률을 낮췄다.

둘째, 우한시와 후베이성에 물자와 인력을 집중하고, 방역을 통일 지휘했다. 2020년 1월 22일에 우한시 봉쇄를 결정했고, 중앙 지도조를 파견했으며, 4만 2,000명의 의료진을 지원했다. 셋째, 우한시와 후베이성을 '주전장'으로 삼고, 다른 지역은 상황에 맞게 차별화된 통제 정책을 실행했다. 넷째, 국민에게 의료 물자와 생활 물자를 공급했다. 다섯째, 사회 안정을 유지했다. 여섯째, 선전을 강화하고, 여론을 선도했다. 마지막으로, 국제사회의 지지를 얻기 위해 노력했다.[11]

아래에서는 이런 대응 정책 중에서 중앙의 지휘기구 구성과 활동, 정책 선전과 여론 선도를 자세히 살펴볼 것이다. 이를 통해 국가적 위기 상황에 직면하면 중국은 어떤 정책을 어떻게 결정하여 집행했는지, 다시 말해 위기 시기의 운동식 정책 방식이 실제로 어떻게 작동하는지를 이해할 수 있다.

2. 중앙 지휘기구의 구성과 활동

국가적 위기 상황이 발생하면, 무엇보다 먼저 지휘기구가 구성
된다. 코로나19도 예외는 아니었다. 중앙에 설치된 코로나19의 방
역 지휘기구는 모두 세 종류다. 첫째는 '중앙 코로나 질병 대응 업
무 영도소조(中央應對新型冠狀病毒疫情工作領導小組)'(중앙 코로나19 영
도소조)다. 둘째는 후베이성에서 방역 활동을 지도 감독하는 '중앙
지도조(中央指導組)'다. 셋째는 중앙 코로나19 영도소조의 실무조직
으로, 방역 실무를 총괄 지휘하는 국무원 '코로나19 연합 통제기제
(肺炎疫情聯防聯控機制)'(연합 통제기제)다.

지방에도 이에 대응하여 성급(省級) 정부(성·직할시·자치구)에서
기층인 도시 지역의 사구(社區: 지역 공동체)와 농촌 지역의 촌(村)까
지 '코로나19 질병 대응 통제 지휘부(應對新型冠狀病毒疫情防控指揮
部)'(통제 지휘부)가 설치되었다. 어떤 곳은 명칭을 '코로나19 방역 영
도소조'나 '연합 통제기제'로 불렀다.

이렇게 하여 중앙에서 지방과 기층까지 '정치국 상무위원회(시진
핑 주도) → 중앙 코로나19 영도소조(리커창 조장)/중앙 지도조(순춘란
조장) → 국무원 연합 통제기제(순춘란 총지휘) → 지방 통제 지휘부
→ 기층 통제 지휘부'로 이어지는 지휘 체계가 확립되었다. 〈그림 1〉
은 후베이성 우한시를 사례로 이를 정리한 것이다.

〈그림 1〉 코로나19 방역 통제 지휘 체계: 후베이성 우한시 사례

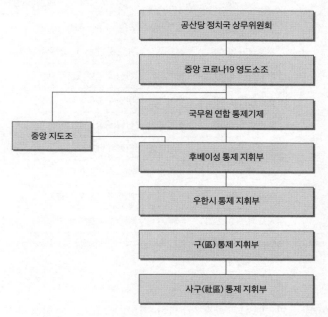

자료: 필자 작성

(1) 중앙 코로나19 영도소조

중앙 코로나19 영도소조는 2020년 1월 25일 공산당 정치국 상무위원회 회의에서 설립이 결정되어 당일 구성되었다. 조장은 행정 업무를 총괄하는 국무원 총리 리커창이 맡았다. 영도소조의 역할은 전국의 질병 예방 통제 업무에 대해 '통일적으로 지도(領導)하고, 통일적으로 지휘(指揮)'하는 것이다. 영도소조는 정치국 상무위원회에 보고하고 지도받는다. 이와 관련하여 시진핑 총서기는 코로

〈표 8〉 중앙 코로나19 영도소조 구성

	성명	소속
조장	리커창(李克强)	정치국 상무위원, 국무원 총리
부조장	왕후닝(王滬寧)	정치국 상무위원, 중앙 서기처 상무서기
성원	딩쉐샹(丁薛祥)	정치국원, 공산당 중앙판공청 주임
	순춘란(孫春蘭)	정치국원, 국무원 부총리
	황쿤밍(黃坤明)	정치국원, 공산당 중앙 선전부장
	차이치(蔡奇)	정치국원, 베이징시 당서기
	왕이(王毅)	국무원 국무위원 겸 외교부장
	샤오제(肖捷)	국무원 국무위원 겸 비서장(秘書長)
	자오커즈(趙克志)	국무원 국무위원 겸 공안부장

자료: 「貫徹習近平總書記重要講話和中央政治局常委會會議精神, 進一步部署疫情防控工作」, 《人民網》 2020년 1월 27일, www.people.com.cn (검색일: 2020.1.28.).

나19 방역과 관련된 일은 '자신이 친히 배치하고 지휘한다'고 말했다.[12]

중앙 코로나19 영도소조의 구성(〈표 8〉)을 보면, 리커창 총리가 조장을 맡은 것 이외에, 왕후닝 공산당 중앙서기처 상무 서기가 부조장을 맡았다. 하나의 영도소조에 정치국 상무위원을 두 명이나 배치했다는 사실은, 중앙 코로나19 영도소조가 매우 중요한 기구임을 보여준다. 구성원도 정치국원이 4인, 국무위원이 3인으로 역시 격이 높다. 구성 기관을 보면, 공산당 중앙이 3인(왕후닝, 딩쉐샹, 황쿤밍), 국무원이 5인(리커창, 순춘란, 왕이, 샤오제, 자오커즈), 지방이

1인(차이치)으로 골고루 할당했다.

중앙 영도소조의 실제 활동을 보면, 회의를 개최하여 방역 관련 사항을 보고받고, 정치국 상무위원회가 내린 지시나 자체 회의를 통해 결정한 사항을 국무원 연합 통제기제에 하달하여 전국적으로 집행하도록 조치하는 일이 대부분이다. 예를 들어, 2020년 1월 27일에 개최된 회의는 이를 잘 보여준다. 첫째, 1월 27일에 시진핑 총서기가 지시한 공산당 조직 및 당원의 '총동원령'을 논의했다. 둘째, 국무원 연합 통제기제에 업무를 지시했다. 일일 회의제도의 개선, 질병 발전 추세의 논의와 연구, 지방 방역 업무의 지도 감독, 방역 물자의 전국적인 통일 조달 제도의 설립, 방역 과정에서 직면하는 긴급 문제의 조정과 해결 등이 그것이다.[13]

(2) 국무원 연합 통제기제

중앙에 영도소조가 설립되기 5일 전인 2020년 1월 20일, 국무원은 「감염병 방치법」의 규정에 따라 방역 실무를 총괄하는 연합 통제기제를 설립했다. 조직 책임자(총지휘)로는 정치국원이면서 국무원 부총리인 순춘란을 임명했다. 그녀는 교육·위생·과학 등의 업무를 전문적으로 담당하는 부총리였다. 국무원 연합 통제기제에는 국무원 국가위건위를 필두로 모두 32개의 부서가 참여했고, 산하에는 국장급 이상의 고위 관료를 조장으로 하는 9개의 공작조가 설치되었다. 이를 정리한 것이 〈표 9〉이다.

〈표 9〉국무원 코로나19 연합 통제기제의 9개 공작조

공작조 명칭	국무원 주도 부서
종합조(綜合組)	국무원 국가위생건강위원회(국가위건위)
질병예방통제조(疫情防控組)	국가위건위 질병통제국(疾控局)
의료치료조(醫療救治組)	국가위건위 의정의관국(醫政醫管局)
과학연구조(科研攻關組)	국가과학기술부(國家科技部)
선전조(宣傳組)	국가위원회와 국무원 신문판공청(新聞辦公廳)
외사조(外事組)	
의료물자보장조(醫療物資保障組)	공업정보화부(工業和信息化部)
생활물자보장조(生活物資保障組)	국가발전개혁위원회(國家發改委)
사회안정조(社會穩定組)	공안부(公安部), 민정부(民政部), 사법부(司法部), 교통운수부(交通運輸部)

자료:「國務院應對新型冠狀病毒肺炎疫情聯防聯控機制」,《維基百科》, zh.wikipedia.org (검색일: 2020.4.1.).

　　국무원 연합 통제기제의 실제 활동을 보면, 거의 매일 지시를 하달하고, 전국의 방역 활동을 조정 및 관리했다. 예를 들어, 2020년 2월 27일에는 전국 각 지역이 후베이성의 방역을 지원하라는 '통지'를 하달하고, 어떻게 지원할지에 대한 지침도 전달했다. 3월 1일에는 코로나19의 확산 정도에 맞추어 지역별로 차별화된 방역 전략을 추진하라는 '통지', 3월 21일에는 지역별로 병원들이 코로나19 치료 외에도 정상적인 의료 서비스를 제공하라는 '통지', 4월 9일에는 코로나19의 무증상 감염자도 온라인 경보 체계를 통해 국무원 국가위건위에 보고하라는 '통지'를 하달했다. 이처럼 전국의 코로나19 방역은 국무원 연합 통제기제를 통해 관리되면서 진행되었다.

(3) 중앙 지도조

중앙 지도조는 2020년 1월 25일 정치국 상무위원회 회의에서 설립이 결정되었다. 코로나19와의 '인민 전쟁'에서 후베이성이 '주전장'이 되었기 때문에 현장에서 '총력전'을 지휘할 '야전 사령부'가 필요했다. 이처럼 중앙 지도조를 특별히 후베이성에 파견한 것은, 지역 간부들이 코로나19의 실제 상황을 중앙에 정확히 보고하지 않을 뿐만 아니라, 중앙의 결정을 제대로 집행하지 않을 수도 있다는 우려 때문이었다.

중앙 지도조의 임무는 후베이성 방역 활동의 감독·지도·간부 처리 등 세 가지였다. 첫째, 우한시와 후베이성 내 각 지역이 중앙의 방역 지시를 철저히 집행하고 있는지를 감독했다. 둘째, 해당 지역의 방역을 지도하고, 방역 역량을 강화하여 직면한 중대 문제를 해결했다. 셋째, 방역 업무를 제대로 수행하지 않거나 혼란스럽게 수행하는 간부, 방역 업무를 제대로 감당하지 못하는 간부를 발견하여 면직 등 인사 조치했다.[14]

중앙 지도조는 이런 직책을 수행하는 데 필요한 인원으로 구성되었다. 〈표 10〉은 이를 정리한 것이다. 조장은 순춘란, 부조장은 천이신 중앙 정법위원회 비서장이 맡았다. 참고로 천이신 비서장

<표 10> 중앙 지도조 구성

직책	이름	소속 기관
조장	순춘란(孫春蘭)	정치국원, 국무원 부총리
부조장	천이신(陳一新)	공산당 중앙 정법위원회(中央政法委) 비서장
성원	딩샹양(丁向陽)	국무원 부비서장(副秘書長)
	가오위(高雨)	국무원 부비서장 겸 국무원 판공청 감찰실(督察室) 주임
	마샤오웨이(馬曉偉)	국무원 국가위생건위원회 주임
	왕허성(王賀勝)	국가위건위 부주임(副主任), 후베이성 위건위 주임
	위쉐쥔(于學軍)	국가위원회 부주임
	위옌훙(余艶紅)	국가위건위 중의약국(中醫藥局) 부국장(副局長)
	왕장핑(王江平)	국무원 공업정보부(工業信息部) 부부장(副部長)
	롄웨이량(連維良)	국무원 국가 발전개혁위원회(國家發改委) 부주임(副主任)
	순리쥔(孫立軍)	국무원 공안부 부부장

자료: 「中央指導組首次披露！11位部級幹部在湖北一線協調指揮」,《上觀新聞》2020년 3월 6일, www.jfdaily.
com (검색일: 2020.4.9.).

은 시진핑 총서기의 핵심 측근으로, 실질적으로 강력한 권한을 행사할 수 있었다. 동시에 그는 우한시 당서기로 2년 동안 근무한 경험도 있어서 지역 상황을 누구보다 잘 알고 있었다. 구성원으로는 국무원 국가위건위 외에 공안부, 국가 발전개혁위원회, 공업정보부의 부주임·부부장도 참여했다. 중앙 지도조는 2020년 1월 27일에 우한시에 파견되어 4월 27일에 철수할 때까지 약 3개월 동안 활동했다. 이들이 철수한 뒤에는 국무원 연합 통제기제 '연락조(聯絡組)'

가 파견되어 업무를 계승했다.

중앙 지도조가 후베이성에서 수행한 활동을 보면, 첫째, 병원을 방문하여 의료인과 환자를 격려했다. 또한 아파트 단지 등 사구(社區)를 방문하여 지역 주민의 방역 업무를 격려했고, 후베이성과 우한시의 방역 지휘부, 질병 연구소, 교도소, 슈퍼마켓 등을 방문했다. 둘째, 회의를 개최하여 중앙의 지시를 전달하고, 정책의 집행 여부를 감독했다. 이를 위해 관련 부서의 보고를 청취했다. 셋째, 2020년 3월 초부터는 기업 등 현장을 방문하여 생산 정상화를 점검하며 경제 회복을 독려했다.[15]

필요한 경우 중앙 지도조는 현지 당정 간부를 비판하면서 문제의 시정을 요구했고, 해임 등 인사 조치도 단행했다. 업무 태만을 이유로 후베이성 정부 위생건강위원회(위건위)의 주임을 해임하고, 왕허성(王賀勝) 중앙 조사조 성원을 후임에 임명한 것이 대표적인 사례다. 또한 가오위(高雨) 중앙 조사조 성원이 2020년 2월 10일에 우한시 우창구(武昌區) 구청장, 홍산구(洪山區) 구청장, 우한시 부시장을 소환하여 방역 과정에서 나타난 문제점을 지적하고 비판한 것은 또 다른 사례다. 우창구와 홍산구는 코로나19 환자 이송과 관련하여 업무 태만과 관료주의의 문제가 발생하여 주민과 언론으로부터 비판받았다. 2월 14일에는 같은 지역의 기층 간부를 업무 소홀을 이유로 징계했다.[16]

3. 공산당 중앙과 국무원의 활동

코로나19 방역 기간 공산당 중앙과 국무원의 활동에 대해서도 살펴보자. 이를 통해 우리는 위기 상황에 직면하여 주요 권력기관이 어떻게 움직였는지를 엿볼 수 있다. 먼저, 중앙 상설기구, 즉 공산당 정치국, 정치국 상무위원회, 국무원 상무회의의 회의 개최 상황이다. 여기에 비교를 위해 상설기구는 아니지만 중앙 코로나19 영도소조의 회의 개최 상황을 추가했다. 〈표 11〉은 이를 정리한 것이다.

〈표 11〉 코로나19 방역과 관련된 주요 회의 개최 횟수 정리(2020년 1~4월)

	정치국	정치국 상무위원회	국무원 상무회의	중앙 코로나19 영도소조	기타
1월	1(16)*	2(7, 25)	3(3, 8, 20)	3(26, 29, 31)	• 전면대응 결정(20) • 전당 동원령(27) • 리커창 우한시(27)
2월	1(21)	4(3, 12, 19, 26)	4(5, 11, 18, 25)	8(2, 4, 6, 10, 17, 20, 24, 27)	• 방역 업무회의(23)
3월	1(27)	3(4, 18, 25)	5(3, 10, 17, 24, 31)	8(5, 9, 12, 16, 19, 23, 26, 30)	• 시진핑 베이징(2) • 시진핑 우한시(10) • 시진핑 저장성(29)
4월	1(17)	3(8, 15, 29)	4(7, 14, 21, 28)	5(6, 9, 13, 22, 30)	• 시진핑·산시성(20)
평균	1/월	3/월	4/월	6/월	

주: • 횟수(일자)(다른 표기도 동일)
자료: 中華人民共和國 國務院 新聞辦公室, 『抗擊新冠肺炎疫情的中國經驗』(2020年 6月)(코로나19 백서)와 다른 자료에 근거하여 필자 정리

공산당 중앙 정치국은 규정대로 월 1회 정기적으로 개최되었다. 반면 공산당 정치국 상무위원회는 주 1회(매월 4회 정도) 개최된다는 규정과는 달리 2월을 제외하고는 그렇게 개최되지 않았다(즉 매월 2~3회 정도 개최되었다). 정치국 상무위원회가 이렇게 매주 개최되지 않은 것은 다른 중요한 회의들과 중복되었기 때문일 것이다. 정치국과 정치국 상무위원회는 총서기인 시진핑이 주도하는 기구로서, 코로나19 방역의 최고 지휘기구라고 할 수 있다.

흥미로운 사실은, 공산당 정치국 상무위원회 회의는 일상 시기에는 공개하지 않는데 코로나19 방역 과정에서는 공개했다는 점이다. 두 가지 이유 때문이다. 첫째는 시진핑 총서기의 역할을 부각하기 위해서다. 시진핑 총서기는 기회가 있을 때마다 자신이 코로나19 방역을 진두지휘한다는 점을 강조했는데, 이를 보여주기 위해서는 회의를 공개해야만 했다. 둘째는 공산당의 역할을 부각하기 위해서다. 만약 정치국 상무위원회 회의를 공개하지 않으면, 국가 비상사태에서 국무원과 중앙 코로나19 영도소조만 활동하고, 공산당은 뒤에 숨은 것처럼 보일 수 있다. 이처럼 회의 공개는 시진핑 총서기와 공산당을 '구하기' 위한 조치였다.

또한 〈표 11〉을 통해 코로나19 방역과 관련된 활동은 국무원과 중앙 코로나19 영도소조, 이를 책임진 리커창 총리가 주도했다는 사실을 알 수 있다. 국무원 상무회의는 규정대로 매주 1회씩(매월 평균 4회) 개최되었다. 중앙 코로나19 영도소조는 매월 6회가 개최되어 빈도수가 가장 높았다. 이 두 회의는 리커창 총리가 주재하는 것으로, 그는 매월 10회 정도 중요한 회의를 주재하면서 방역 활동을 진두지휘했다. 여기에 후베이성에서 활동하는 중앙 지도조도 중앙 코로나19 영도소조의 지도하에 있다. 결국 중앙과 지방에서 코로나19 방역의 핵심 인물은 시진핑 총서기가 아니라 리커창 총리였다. 2023년 10월 17일 리커창 총리가 심장마비로 갑자기 사망했을 때, 수많은 국민이 애도의 눈물을 흘린 데는 다 그럴 만한 이유가 있었다.

한편 공산당 중앙과 국무원이 개최한 정규 회의를 제외하고, 코로나19 방역과 관련된 가장 중요한 '전문(專項) 공작회의'로는 2020년 2월 23일에 개최된 '코로나19 통제와 경제 사회 발전 업무 종합 추진 배치회의(部署會議)'를 들 수 있다. 이 회의에는 공산당 중앙 및 국무원 각 부서 책임자뿐만 아니라, 전국의 현처급(縣處級) 이상의 지방 당정 간부, 공산당과 정부 및 산하기관의 책임자 등 모두 17만 명의 영도 간부(領導幹部)가 직접 혹은 화상(online)으로 참석했다. 시진핑 총서기는 이 회의에서 지난 한 달간의 방역 업무를 총괄하고, 향후의 임무에 대해 직접 지시했다. 그의 연설문 전문도 곧 공개되었다.[17]

그런데 17만 명이 참석하는 대규모 공작회의는 전례가 없는 것이었다(마오쩌둥 시대인 1962년에 7,000명의 영도 간부가 모인 회의, 일명 '7천인 회의(七千人會議)'가 개최된 적은 있었다). 두 가지 이유에서 이런 대규모 공작회의가 개최된 것으로 보인다. 첫째, 전국적인 총동원의 의미다. 공산당 중앙이 코로나19의 엄중함을 일깨우기 위해 각지역 및 기관의 책임자 모두가 참석하는 회의를 개최했다. 둘째, 시진핑 총서기의 지시를 직접 지방과 기관에 전달하려는 의도다. 일부 고위급 당정 간부만 참여하는 회의를 통해 지시할 경우, 중앙의 지시가 자의적으로 전달될 가능성이 있기 때문이다.[18]

4. 중앙의 정책 선전과 여론 선도

위기 대응 정책에는 선전과 여론 선도가 반드시 포함된다. 특히 2019년 코로나19 때는 2002년 사스 때와 비교할 수 없을 정도로 많은 감염자와 사망자가 발생하면서, 정부와 공산당에 대한 국민의 불만과 비판이 어느 때보다 높았다. 이 때문에 선전과 여론 선도가 더욱 필요했다.

이런 상황에서 선전은 무엇보다 공산당과 시진핑 총서기의 '무오류(無誤謬)'를 증명하는 데 집중했다. 또한 선전 매체를 동원하여 코로나19의 방역 정책을 적극적으로 홍보하고, 이에 이의를 제기하는 인사들을 비판했다. 그러나 일부 정책 선전과 여론 선도가 실상과 괴리되면서 네티즌과 지식인들로부터 강한 역풍을 맞았다.

(1) 시진핑 총서기 구하기

시진핑 총서기의 지도력(領導力, leadership)을 강조하기 위한 선전은 몇 가지로 나눌 수 있다. 첫째, 시진핑 총서기의 지도하에 공산당 중앙이 코로나19 방역을 위해 얼마나 노력했고, 그런 노력이 얼마나 적절하고 효과적이었는지를 적극 선전했다. 이를 위해 먼저, 정치국 회의에 이어 공산당 정치국 상무위원회의 회의 내용을 공개했다. 특히 회의 내용을 공개할 때는 시진핑 총서기가 각 회의에서 구체적으로 어떤 지시를 내렸는지를 명확히 밝혔다. 더 나아가 시진핑 본인도 자신이 직접 코로나19를 진두지휘하고 있다는 점을 기회가 있을 때마다 강조했고, 언론이 이를 보도했다.

또한, 공산당 중앙은 시진핑 총서기가 코로나19 방역과 관련하여 각종 회의에서 한 연설의 전문(全文)을 신속하게 공개했다. 여기에는 정치국과 정치국 상무위원회 회의뿐만 아니라, 2020년 2월 5일에 개최된 중앙 의법치국위원회(依法治國委員會) 3차 회의, 2월 14일에 개최된 중앙 개혁위원회(改革委員會) 12차 회의도 포함된다.[19] 이를 공개한 이유는 분명하다. 시진핑 총서기가 방역을 직접 지휘하고 있다는 모습을 국민에게 알리기 위해서다. 그리고 이를 통해 국민이 시진핑 총서기의 지시를 직접 확인하고, 이를 근거로 중앙과 지방의 당정 간부를 감시할 수 있는 근거를 제공하기 위해서이기도 하다.

더 나아가, 언론 매체들은 코로나19 방역 과정에서 시진핑 총서기가 날짜별로 어떤 장소에서 어떤 지시를 내렸는지를 일지(日誌) 형식으로 정리하여 발표했다. 일지는 수시로 갱신되었다. 예를 들어, 2020년 1월 7일 정치국 상무위원회 회의에서는 코로나19의 통제 업무에 대한 요구를 제시했고, 1월 20일에는 코로나19의 전면 통제를 비준하면서 "인민 군중의 생명·안전·건강을 제일의 위치에 놓고, 질병 확산의 흐름을 굳건히 억제하라"고 지시했다. 또한 1월 22일에는 "코로나19가 신속히 확산하고 통제 업무가 엄중한 도전에 직면한 상황에서, 후베이성 주민의 외부 유출을 막기 위해 전면적이고 엄격한 관리 통제를 실행하라"고 지시했다.[20]

둘째, 코로나19의 '초기 대응 실패'라는 오명과 국민의 분노로부터 시진핑 총서기의 이미지를 보호하기 위해 언론 매체가 총동원되었다. 이를 위해 시진핑 총서기를 코로나19 방역이라는 '인민 전쟁을 승리로 이끈 영웅', 세계 각국의 정상과 국제사회로부터 인정받고 칭찬받는 '대국(大國)의 영수(領袖)'로 묘사하기 위해 노력했다. 중국중앙TV와 《인민일보(人民日報)》 등이 시진핑 총서기가 외국 정상들과 통화한 내용을 지루할 정도로 상세하게 보도하고, 외국 정상과 세계보건기구가 중국의 방역 성공을 칭찬하고, 여러 지역과 국가가 방역 물자와 의료 인력을 지원한 중국에 감사하는 내용을 집중적으로 보도하는 것이 대표적인 사례다.[21]

마지막으로, 코로나19와 시진핑 총서기가 연상되는 것을 방지하기 위해 코로나19와 관련된 뉴스를 보도할 때는 시진핑 총서기의 사진이나 동영상을 최대한 노출하지 않으려고 노력했다.[22] 예를 들어, 중국중앙TV의 간판 뉴스 프로그램인 7시 〈종합뉴스(新聞聯播)〉와 10시 〈한밤뉴스(晚間新聞)〉의 보도를 한 달 반 동안 분석한 홍콩의 《명보》에 따르면, 공산당 정치국 상무위원회 회의는 모두 6회가 보도되었다. 그런데 오직 첫 번째 회의에서만 시진핑 총서기가 회의를 주재하는 자료 화면을 내보냈고, 나머지는 모두 자료 화면 없이 아나운서가 회의 결과를 읽는 방식으로 보도했다. 비슷하게 리커창 총리가 주도하는 중앙 코로나19 영도소조도 제1차 회의 외에는 모두 아나운서의 구두 보도만 있었다. 반면 후베이성에서 활동하는 중앙 지도조 보도에서는 매번 순춘란 부총리가 나오는 자료 화면과 함께 회의 내용을 보도했다.[23] 나도 코로나19 대응 기간에 매일 종합뉴스를 시청했는데, 이런 보도 흐름은 4월과 5월에도 이어졌다.

(2) 언론 통제와 비판 세력의 탄압

중국의 「감염병 방치법」에 따르면, 국무원 국가위건위와 이것의 위임을 받은 성급 지방정부만이 감염병을 공포할 수 있다. 이를 어길 때는 정치적 및 법률적 제재를 받는다. 2019년 12월 30일에 '원인 불명 폐렴'을 확인하고, 그것을 병원 동료 의사들에게 알렸다가 병원 당국자로부터 규율 위반 혐의로 심한 문책을 당한 우한시 중심병원 응급실 주임인 아이펀 의사의 사례는 이를 잘 보여준다.[24]

① '리원량 사건'과 표현의 자유 주장

또한 아이펀 주임 의사가 전달한 코로나19 관련 정보를 받아, 같은 날 위챗(WeChat, 微信)을 통해 100여 명의 우한시 의과대학 동기생들에게 알리고, 그것이 인터넷에 확산하면서 코로나19가 전 사회적으로 알려지게 된 계기가 된 안과의사 리원량의 사례도 있다. 이후 리원량은 허위 사실 유포 혐의로 병원 당국의 호된 비판을 받았다.[25]

더 나아가 리원량 의사는 경찰에 소환되어 정식으로 조사를 받고 '훈계서(訓戒書)'를 작성해야만 했다. 훈계서에는 "2019년 12월 30일 위챗 단체 채팅방에서 사스 확진자 7인이 화난 수산물 도매시장에서 나왔다고 말한 가짜 여론"을 처벌하는 내용이 담겨 있다. 또한 "당신의 행위가 사회질서를 엄중히 훼손했는데, 이는 「중국 치안 관리 처벌법」을 위반한 불행위이다"라는 내용도 들어 있다. 경찰은 이와 같은 불법행위를 중단하고, 유사한 내용을 더 이상 유포하지 말 것을 리원량 의사에게 강력히 경고했다.[26]

불행히도 리원량 의사는 2020년 1월 10일에 코로나19 증상이 나타나 치료를 받다가, 2월 6일에 끝내 사망했다. 그의 사망 소식은 온라인상에서 많은 네티즌의 추모와 정부 비판의 물결을 불러일으켰다.[27] 이를 계기로 일부 비판적 지식인과 사회 활동가들은 중국 정부의 정보 통제와 표현의 자유 억압을 비판했다.

예를 들어, 수백 명의 지식인이 전국인민대표대회(전국인대)에

5개 요구 사항을 담은 '온라인 청원서'를 제출했다. 첫째, 국민 권리 인 표현의 자유 보호, 둘째, 리원량 문제를 전국인대 회의에서 논 의할 것, 셋째, 2월 6일 리원량 사망일을 언론 자유 기념일로 지정 할 것, 넷째, 누구도 연설·집회·편지 혹은 통신으로 인해 처벌·위 협·심문·검열 또는 감금되지 않을 것, 다섯째, 후베이성과 우한시 주민을 공정하게 대우할 것이 요구 사항이다.[28]

또한 리원량 의사의 죽음 이후, 일부 지식인들은 언론의 자유를 요구하는 글을 개별적으로 인터넷과 소셜미디어(SNS)에 발표했다. 베이징대학 법학대학원(法學院)의 장첸판(張千帆)과 허웨이팡(賀衛 方) 교수, 칭화대학 법학대학원의 쉬장룬(許章潤) 교수, 우한대학(武 漢大學) 법학대학원의 친첸훙(秦前紅) 교수, 화중사범대학(華中師範 大學) 국학대학원(國學院)의 탕이밍(唐翼明) 교수, 런민대학 충양(重 陽) 금융연구소의 자푸징(賈普京) 연구원 등이 대표적이다.[29]

② 언론 통제의 강화와 탄압

공산당이 이와 같은 요구와 비판을 허용할 리가 없다. 리원량 의사의 사망 직후인 2020년 2월 10일에 코로나19와 관련된 허위 사실 유포와 유언비어 날조 등과 같은 범죄를 엄격히 처벌하는 '통 지'를 네 개의 부서, 즉 최고인민법원, 최고인민검찰원, 국무원 공 안부와 사법부 합동으로 발표했다. 실제로 2월 7일까지 코로나 19와 관련된 각종 범죄로 363건이 적발되어 관련자들이 처벌되었다.[30] 언론은 오로지 정부가 제공한 자료에 근거하여 보도하거나, 아니면 정부가 하달한 지침에 따라 취재한 내용만 보도할 수 있다.[31]

이를 어긴 사람은 심하게 탄압받았다. 예를 들어, 화위안 그룹(華遠集團)의 회장을 지낸 런즈창(任志强)은 공산당과 시진핑 총서기의 코로나19 대응을 비판한 죄로 체포되었다. 언론과 표현의 자유가 없다 보니 코로나19를 조기에 통제하지 못하고, 상황은 더욱 나빠졌다고 비판한 것이다.[32] 결국 그에게는 2020년 9월 21일에 개최된 재판에서 '뇌물수수, 공금유용, 직권남용' 등의 죄로 징역 18년과 추징금 420만 위안(한화 약 7억 5,000만 원)이 선고되었다. 진짜 죄목인 국가원수 모독이나 공산당 비판은 언급조차 없었다.

시민운동가 쉬즈융(許志永)도 구속되었다. 2020년 2월 4일에 시진핑 총서기의 퇴진을 요구하는 '권퇴서(勸退書: 퇴진 권고의 글)'를 발표했기 때문이다. 이 글에서 그는 몇 가지 이유를 들면서 시진핑 총서기의 퇴진을 요구했다.

"시진핑 주석은 집권 후 민주·법치·인권을 포기하는 대신, 독재를 강화하고, 탄압을 통해 안정을 유지했다. 신장 위구르 자치구에서는 재교육센터를 세워 위구르족 등 소수민족을 박해했다. 언론과 사상을 억압하면서 '거짓 태평성대'를 조작하고, 사회 갈등과 위기를 가중시켰다."[33]

그 밖에도 우한시의 실상에 접근하기 위해 위험을 무릅쓰고 취재해서 소셜미디어를 통해 널리 알린 천치우스(陳秋實)와 팡빈(方斌)과 같은 시민 기자도 체포되었다. 특히 사회적 비극을 기록하고 알리는 것이 작가의 사명이라는 생각에서 『우한일기』를 쓴 팡팡은 정부와 언론으로부터 심하게 비판받았다.[34] 그러나 팡팡 작가는 자신의 임무를 포기하지 않겠다고 다짐했다.

"두 달 넘게 집안에 갇혀 있었던 우한 시민으로서, 우한의 비극적인 날들을 직접 목격한 사람으로서, 우리에게는 억울하게 세상을 떠난 이들을 위해 정의를 세워야 할 책임과 의무가 있다. 잘못과 책임이 있는 사람은 스스로 감당해야 할 것이다. … 나는 한 자(字) 한 자 그들을 역사 속 치욕의 기둥에 새겨 넣을 것이다."[35]

(3) 여론 선도와 역풍

코로나19 방역 과정에서 중국은 여론 선도를 위해서도 많이 노력했다. 그러나 일부는 여론의 역풍(逆風)을 받아 원래 계획을 포기해야만 했다.

① 홍보용 책자의 출간과 폐기

먼저, 중국의 '성공적인' 방역 경험을 책으로 출간하여 홍보하려고 시도했다가 중단했다. 『대국전역(大國戰'疫): 2020 중국의 코로나19 저격전은 진행 중(2020中國阻擊戰新冠肺炎疫情進行中)』이 바로 그것이다. 이는 코로나19 방역과 관련하여 중국의 언론 매체가 보도한 내용을 엄선하여 편집한 책이다. 이를 먼저 국내에서 출간한 이후에 영어·독어·불어·러시아어·스페인어·아랍어로 연속하여 출간할 예정이었다.

이 책의 주요 내용은 충분히 예측할 수 있다. 첫째는 시진핑 총서기가 '대국의 영수(領袖)'로서 국민을 위해 신경 쓰고, 사명을 감당하며, 전략적인 긴 안목과 '탁월한 지도력(領導力)'을 발휘한 것이다. 둘째는 중국 인민이 시진핑을 핵심(核心)으로 하는 공산당 중앙의 지도하에 신속히 동원되고, 전심으로 힘을 합하여 질병을 통제하는 '인민 전쟁, 전면전, 저격전에서 달성한 단계적 진전과 호전된 상황'을 전면적으로 소개하는 것이다. 셋째는 '공산당 영도와 중국 특색 사회주의 제도의 현저한 우세'를 제시하는 것이다. 넷째는 적극적으로 국제사회와 협력하고, 공동으로 세계 및 지역의 위생 안전을 수호하기 위해 수행한 '중국의 거대한 노력'을 소개하는 것이다.[36]

그런데 책이 판매되기 직전에 갑자기 서점 가판대에서 사라졌다. 중국 당국에 의해 판매가 보류된 것이다. 책의 내용이 '저급 홍색선전(低級紅)'과 '고급 흑색선전(高級黑)'에 해당한다고 판단했던 것 같다. 여기서 '저급 홍색선전'은 공산당 고위 지도자를 옹호하려고 선전했지만, 방식이 단조롭고 거칠어서 역효과를 내는 선전을 말한다. '고급 흑색선전'은 특정한 지도자나 정책을 과도하게 칭찬하여 대중의 반감을 초래해 결과적으로 '먹칠(抹黑)하는' 선전을 가리킨다.[37] 코로나19로 인해 생사의 갈림길에서 친지를 잃고 생활이 파탄 난 국민에게 공산당의 자화자찬은 여론 선도는커녕 국민의 반감만 증폭시키는 역풍을 초래할 것이 뻔했다. 그래서 최종 단계에서 책 판매를 중단한 것이다.

② '영웅 만들기'와 '영웅 발굴하기'

또한 정부 당국은 국민에게 코로나19를 충분히 통제할 수 있다는 신념을 불어넣기 위해, 동시에 공산당 조직과 당원이 국민을 위해 얼마나 열성적으로 방역 활동을 전개하고 있는지를 부각하려고 많이 노력했다. 인민 전쟁의 '영웅 만들기'와 '영웅 발굴하기'가 대표적이다. 예를 들어, 2020년 4월 2일에 리원량 의사를 포함해 방역 과정에서 사망한 14명의 의료인에게 '열사(烈士)' 칭호를 수여했다. '영웅 만들기'다.

더 나아가 언론 매체들은 '영웅 발굴하기'에 매진했다. 코로나19의 방역을 위해 출산일을 앞두고 업무 복귀를 결심한 임신 9개월의 간호사, 유산 후 10일 만에 출근한 간호사, 우한시 파견 직전에 삭발하는 간쑤성(甘肅省) 란저우시(蘭州市) 여자 간호사들, 거액의 돈을 익명으로 기부한 사업가 등 주요 언론사는 이런 내용을 경쟁적으로 보도했다. 당연히 거기에는 허위 보도와 과장 보도가 섞여 있었다.

그러나 이런 '영웅 만들기'와 '영웅 발굴하기'는 코로나19로 인해 고통받는 수많은 사람의 실상을 외면하고 공산당의 주장만 일방적으로 선전하는 것으로, 국민의 외면과 불신을 사기에 충분했다. 일부 네티즌들은 반감과 비판을 숨기지 않았다.

"왜 남자 의사나 간호사는 삭발하지 않고, 여자 간호사만 삭발하느냐?"
"삭발식에 참여한 일부 간호사가 우는 모습을 보였는데, 이것이 자발적인 행위가 아니라 강제로 하는 행위가 아니냐?"
"출산을 앞둔 간호사는 출산을 준비하는 것이 타당하고, 유산한 간호사는 쉬면서 몸조리하는 것이 타당한데, 그들이 방역 업무에 복귀한 것이 과연 칭찬할 일이냐?"[38]

③ '애국 아바타'의 해프닝

청소년의 애국심을 고취하기 위해 공산주의청년단(共青團) 중앙이 추진한 '애국 아바타' 만들기도 네티즌의 호된 비판을 받아 취소해야만 했다. 2019년 12월 26일에 공청단 중앙은 중국제조일(中國製造日)이라는 국가 기념일을 축하하기 위해 '강산 누나(江山嬌)'와 '홍기 맨(紅旗漫)'이라는 홍보용 아바타를 만들었다. 강산 누나는 마오쩌둥의 시 「심원춘(沁園春)」에서, 홍기 맨은 마오쩌둥의 시 「청평락(淸平樂)」에서 따온 것이다. 강산 누나는 홍기 맨의 누나다.

그런데 코로나19라는 국가적 위기를 맞아 청소년의 애국심을 고취하기 위해 약 3개월이 지난 2020년 2월 17일에 이 아바타를 다시 활용하기로 결정한 것이다. 이런 공청단 중앙의 결정에 대해 네티즌은 신랄히 비판했다. '중대한 국가적 위기 앞에서 이런 물건이나 만들어 장난한다', '코로나19 사태를 희화화하고 오락화한다' 등의 비판이 이어졌다. 결국 공청단 중앙은 다섯 시간 만에 원래의 계획을 접어야만 했다.[39]

5. 중앙의 코로나19 대응 평가

중국은 2020년 1월 20일 코로나19에 대한 전면적인 통제를 결정한 이후, 불과 2개월 만인 3월 19일에 '국내 확진자 없음(zero)'을 기록하면서 감염병을 안정적으로 통제하는 데 성공했다. 이것이 가능했던 것은, 첫째, 정책을 신속하게 결정하고 집행할 수 있는 위기 시기의 운동식 정책 방식, 둘째, 여러 차례의 위기를 겪으면서 점차로 형성돼온 위기 대응 능력과 체계, 특히 2002년 사스 통제의 경험이 있었기 때문이다. 이 중에서 특히 중요한 요소는 첫째다. 이는 몇 가지 중앙의 대응 정책으로 설명할 수 있다.

먼저, 중앙은 제3차 조사팀의 역학 조사 결과에 근거하여 2020년 1월 20일에 코로나19를 '2급(을류)' 감염병으로 지정하되 대응은 '1급(갑류)'으로 한다는 방침을 결정했다. 이는 2002년 사스와 같은 등급의 대응 방침이다. 이후 코로나19에 전면적으로 대응하기 위한 지휘기구를 신속하게 구성했다. '중앙 코로나19 영도소조,' '중앙 지도조,' '국무원 연합 통제기제'가 바로 그것이다. 이런 지휘기구는 이후 전국의 각 지방과 기층에도 모두 신속하게 설치되었다.

다음으로, 2020년 1월 23일에는 우한시를 포함한 후베이성 내 15개 도시를 전면 봉쇄하고, 전국의 인적·물적 자원을 총동원하여 봉쇄 지역의 방역과 생활을 지원했다. '코로나와의 인민 전쟁'에서 우한시는 '주전장(主戰場)'으로, 만약 여기서 코로나19를 통제하지 못하면 이 전쟁에서 이길 수 없다는 판단에서였다. 한편 전면 봉쇄를 피한 다른 지역에서도 중앙의 방침에 따라 각자 상황에 맞는 구체적인 대응 방안을 마련하여 집행했다.

마지막으로, 중앙은 방역 정책을 적극 선전하고 여론을 선도하기 위해 언론 매체를 총동원했다. 핵심은 공산당과 시진핑 총서기의 올바른 지도력을 강조하고, 정부의 코로나19 방역 정책의 타당성을 널리 알리는 것이었다. 이와 동시에 중앙은 정부 정책을 비판하거나 반대하는 지식인과 네티즌은 탄압했다. 특히 '초기 대응 실패'에 대해 문제를 제기하는 개인이나 집단에 대해서는 단호하게 대응했다. 이와 같은 중앙의 대응 정책을 통해 중국은 약 두 달이라는 짧은 시간에 코로나19를 통제하는 데 성공할 수 있었다.

6장

어떻게 신속한 통제에 성공했는가?: 지방의 대응

우리는 앞 장에서 공산당 중앙과 국무원 등 '중앙'에 초점을 맞추어, 중국이 코로나19라는 국가적 위기에 직면하여 어떤 정책을 어떻게 결정했는지에 대해 자세히 살펴보았다. 이를 이어 이 장에서는 지방과 지역 사회, 특히 우한시와 후베이성이 코로나19의 방역과 통제를 위해 중앙이 결정한 정책을 어떻게 집행했는지를 살펴보려고 한다. 이처럼 중앙과 지방 및 지역 사회의 코로나19 대응을 모두 살펴보아야 위기 시기에 중국이 운동식 정책 방식을 사용

---

* 이 장은 다음 논문을 기초로 작성된 것이다. 조영남, 「중국은 어떻게 코로나19의 통제에 성공했나?: 후베이성과 우한시의 활동을 중심으로」, 《국제·지역연구》 29권 3호 (2020년 가을), pp. 107-138.

하여 어떻게 대응하는지를 제대로 이해할 수 있다.

코로나19는 우한시에서 시작되어 전국의 다른 지역으로 급속히 확산했다. 이와 같은 국가적 위기 상황에 직면하면, 각 지방은 중앙이 결정한 대응 정책을 일사불란하게 집행한다. 후베이성과 우한시도 마찬가지였다. 중앙은 후베이성과 우한시를 코로나19와의 '인민 전쟁'에서 반드시 승리해야 하는 '주전장(主戰場)'으로 지정하고, 동원할 수 있는 인적 및 물적 자원을 총동원해서 지원했다. 동시에 후베이성과 우한시는 코로나19의 방역을 위해 중앙의 대응 정책을 효과적으로 집행했다. 그 결과 2020년 3월 19일에는 국내에서 코로나19의 신규 확진자가 발생하지 않는 등 중국은 신속한 통제에 성공할 수 있었다. 이 장에서는 이를 자세히 분석하려고 한다.

먼저, 공산당 중앙이 코로나19에 대응하기 위해 인적 및 물적 자원을 어떻게 동원하여 우한시와 후베이성을 지원했는지를 살펴볼 것이다. 여기에는 공산당, 인민해방군, 인민단체, 공식 종교단체와 자선단체가 포함된다. 코로나19 감염병은 국가적 대재앙으로 지방에만 맡겨놓아서는 제대로 대응할 수 없다. 결국 중앙이 나서서 모든 자원을 총동원해서 지원해야만 한다. 이를 살펴보려는 것이다.

다음으로, 후베이성과 우한시에 초점을 맞추어, 지역 봉쇄 이후 코로나19의 방역을 위해 지방과 지역 사회가 어떤 세부 정책을 추진했고, 주민 생활을 유지하기 위해 어떤 노력을 기울였는지를 분석할 것이다. 이때에는 후베이성과 우한시의 정책 선전과 여론 선도, 그리고 이에 대한 지역 주민들의 반응도 함께 살펴볼 것이다. 결론에서는 이를 정리하고 평가할 것이다.

앞 장과 마찬가지로 이 장에서 분석하려는 시기는 2020년 1월 20일 중국이 코로나19에 대한 전면 통제를 결정한 시점부터 3월 말까지 약 2개월이다. 이때가 중국의 코로나19 대응이 집중된 시기다.

1. 공산당 중앙의 '총동원령'과 신속한 집행

코로나19의 방역을 위해 공산당 중앙은 자신이 가진 모든 인적 및 물적 자원을 총동원했다. 공산당 조직과 당원, 인민해방군, 총공회·부녀연합회·공산주의청년단 등 인민단체가 바로 그것이다. 반면 민간 사회단체와 비인가 종교조직의 방역 참여는 제한적으로만 허용하거나 금지했다.

(1) 공산당과 인민해방군의 동원

코로나19의 방역 지휘 체계가 수립된 직후인 2020년 1월 27일, 시진핑은 공산당 중앙 총서기의 자격으로 전당에 '총동원령'을 하달했다. 즉 전국의 공산당 조직과 당원은 코로나19 방역에서 승리할 수 있도록 '최전선'에 조직적으로 참여하라는 것이다. 먼저, 각급 공산당 위원회는 영도 간부를 포함한 당원이 '방역 투쟁'에서 영웅적으로 투쟁하고 착실히 업무를 수행하도록 격려하고 인도한다. 공산당 지도부는 방역 투쟁 중에 당원 간부들이 보여준 정치 소질 등을 잘 살펴서, 출중한 간부는 표창하고 대담하게 기용하지만, 반대로 업무를 감당하지 못하고, 거짓 보고나 하는 실직(失職) 및 독직(瀆職) 간부는 엄중히 문책한다.

또한, 전국에 거미줄처럼 퍼져 있는 공산당 기층조직은 '전투 보루' 역할을 담당하고, 공산당원은 '선봉 모범'의 역할을 맡는다. 그래서 구(區)·현(縣) → 가도(街道) → 사구(社區)로 이어지는 방역망(防護網絡)을 구축하여 '인민 전쟁'에서 승리한다. 각 공산당 위원회는 방역 투쟁 중에 자신들이 수행한 역할을 제때 공산당 중앙에 보고한다.[1] 마지막으로, 각급 공산당 기율검사위원회(紀律檢查委員會: 감독 기구)는 당정 간부를 감독하기 위해 감독조(監督組)를 파견한다.[2]

시진핑 총서기의 총동원령을 담은 '통지'가 하달된 직후, 전국 각지에서 당원들은 '모범적으로' 후베이성과 우한시를 돕기 위해 나섰다. 예를 들어, 우한시 셰허병원(協和醫院)의 의사 30여 명은 '당원 돌격대'를 구성하여 코로나19 전문 병원인 우한시 적십자병원에 지원했다. 저장대학(浙江大學) 제1병원의 당원이면서 의사인 400여 명

도 '당원돌격대'를 구성하여 코로나19 방역 업무에 지원했다. 우한
시에서 코로나19 전문 병원인 훠선산(火神山) 병원을 건립하는 건설
회사 직원들도 '당원돌격대'를 구성하여 병원 건설에 24시간 매진
했다.[3]

공산당원의 기부 운동도 전개되었다. 2020년 2월 26일에 개최된
공산당 정치국 상무위원회 회의에서 시진핑 총서기 등 상무위원들
은 코로나19의 방역에 필요한 재원을 마련하기 위해 성금 기부를
결의했다. 후베이성 공산당 위원회도 그 뒤를 따랐다.[4] 이후 공산
당 중앙 조직부는 전 당원이 '자발적으로' 재난 기부금을 낼 것을
촉구하는 '통지'를 하달했다. 기부금의 사용처도 밝혔다. 방역 최전
선의 의료진, 기층 간부, 경찰, 생활 곤란자, 희생자 가족 등이 그
들이다.[5]

이렇게 하여 전 당원의 성금 기부 운동이 시작되었다. 실제로
모금된 상황을 보면, 2020년 2월 26일부터 29일까지 4일 동안에
만 약 9,000만 명의 당원 중 1,037만 명이 11억 8,000만 위안(한화 약
2,077억 원)을 모금했다. 이후 당원 성금 기부 운동은 계속되었는데,
최종적으로는 당원의 대다수인 8,971만 6,000명이 116억 3,000만
위안(한화 2조 300억 원)을 모금했다.[6]

시진핑은 중앙군사위원회(중앙군위) 주석의 신분으로 군에도 '총
동원령'을 하달했다. 2002년 사스 방역 때에도 베이징시의 샤오탕
산 병원에 군 의료진 1,200여 명이 파견되어 업무를 지원한 적이

있다. 이번에도 시진핑 주석은 군이 코로나19 방역의 최전선에 적극적으로 참여할 것을 지시한 것이다.[7] 이런 명령에 따라 군은 우한시에 '군대 전방 지휘 협조조(前方指揮協調組)'를 설치하고, 중앙군위 후근보장부(後勤保障部) 부부장(副部長)인 리칭제(李淸傑)를 조장에 임명했다.

이를 기반으로 군은 2020년 1월 24일부터 1만 명 이상의 인원을 우한시에 파견했다. 먼저, 2월 4일에는 코로나19 전문 병원으로 설립된 훠선산 병원에 군 의료진 1,400명을 파견하고, 2월 12일에는 다른 병원에 2,600명을 추가로 파견하는 등 3회에 걸쳐 모두 4,000여 명의 군 의료진을 파견했다. 또한, 3월 1일까지 중부전구(中部戰區)가 트럭 130대와 운전병 260여 명을 우한시에 파견했다. 그 밖에도, 전국적으로 군은 매일 민병(民兵) 20만 명을 동원하여 방역 활동, 물자 수송 등을 지원했다.[8]

(2) 인민단체와 공식 종교조직의 동원

공산당 중앙은 총공회·부녀연합회·공청단 등 인민단체, 국가가 승인한 공식 종교단체와 자선단체도 동원했다. 시진핑 총서기는 기회가 있을 때마다 코로나19의 방역을 위해서는 도시의 기층 단위인 사구만이 아니라 인민단체와 종교단체도 적극적으로 참여해야 한다고 주장했다. 사구와 인민단체가 나서야 이들과 연계된 지역 주민과 노동자·여성·청년을 동원할 수 있기 때문이다. 또한 개신교, 천주교, 불교, 도교, 이슬람교 등 국가가 인정한 종교단체의 참여는 그들과 연계된 신도들의 방역 활동 참여를 유도할 수 있기 때문에 중요했다.

공산당 중앙의 부름에 호응하여 총공회·부녀연합회·공청단은 즉각 움직였다. 먼저, 각 지역의 노동조합은 코로나19의 방역에 참여할 것을 촉구하는 '직공창의서(職工倡義書: 노동자 제안서)'를 발의하고, 방역 활동에 적극적으로 참여했다. 후베이성을 예로 들면, 후베이성 총공회는 4만여 명의 노동조합 간부를 조직하여 도시 지역의 사구와 농촌 지역의 촌에 내려가서 질병 통제원(防控員), 물자 보급원(保供員), 심리 인도원(疏導員) 등의 임무를 수행했다. 각 지역의 부녀연합회도 마찬가지로 여성을 조직하여 구호 물품을 전달하고, 성금 모금 활동도 전개했다.

각 지역의 공청단도 '청년돌격대'를 조직하여 방역 활동에 들어갔다. 그 결과 전국적으로 모두 5만 2,000여 개의 청년돌격대가 조직되어 모두 112만여 명의 공청단원이 참여했다. 구체적인 활동 내용은 환자 진료, 의료용품 생산, 물자 배송, 건설 시공, 응급의료 등이었다. 또한 공청단은 전국적으로 모두 137만 1,000명이 다양한 방식의 자원봉사 활동(예를 들어 봉쇄 지역 주민에게 생필품 공급)에 참여했다.[9]

공식 종교단체도 코로나19 방역 활동에 동참했다. 그중에서 기부금 납부가 가장 중요한 방식이었다. 예를 들어, 개신교 단체는

7,000만 위안(한화 123억 원), 이슬람교 단체는 3,200만 위안(한화 56억 원), 도교 단체는 1,300만 위안(한화 23억 원), 천주교 단체는 1,000만 위안(한화 18억 원)을 기부했다. 이들 종교단체가 거액을 기부한 것은 공산당의 요구도 있었지만, 자체 판단에 따른 것이기도 했다. 국가가 위기 상황에 직면했을 때 위기 해결을 위해 적극 나서는 일은 애국심을 증명하는 것으로, 이는 이후 국가의 지원과 지지를 받는 데 유리하다고 판단한 것이다.

공식 자선단체도 성금 모집 활동에 참여했다. 중국 적십자사(紅十字會)와 중국 자선연합회(慈善総聯) 등이 개인과 기업 등으로부터 재난지원금을 모집한 것이다. 그리고 이렇게 모금한 135억 위안(한화 2조 4,000억 원)을 관계 기관에 전달했다. 그러나 이들 단체는 국민이 기부한 성금 중에서 일부를 필요한 곳에 전달하지 않고 자체로 유용하는 등의 문제를 일으키면서 관계 당국의 조사를 받았고, 일부 책임자는 형사 처벌되기도 했다.[10]

(3) 민간 사회단체의 제한과 배제

그런데 공산당과 국가의 통제하에 있지 않은 민간 사회단체나 비인가 종교조직의 참여는 통제했다. 물론 일부 팬클럽이나 동호인 모임은 온라인 모금 운동을 벌여 성금을 모으고, 그것을 공식 자선단체에 기부하는 방식으로 활동을 전개하기도 했다. 또한 봉쇄 지역의 반려견과 반려묘를 구하기 위해 일부 동물 단체가 나서기도 했다(이들이 실제로 구조 활동을 전개했는지는 알 수 없지만, 그렇게 하지는 못했을 것이다). 여성 권익단체도 방역 현장에서 활동하는 여성 의료인을 위해 다양한 여성용품을 구매해서 전달했다. 이런 면에서 민간 사회단체의 참여가 없었던 것은 아니다.[11]

그러나 이전과 비교할 때, 코로나19의 방역 활동에서 민간 사회단체의 참여는 대폭 줄었다. 이들의 참여를 제한하는 정부의 통제 방침 때문이다. 예를 들어, 비슷한 감염병이 돌았던 2002년 사스 때에는 정부가 사회단체의 참여를 적극적으로 통제하지 않았다.[12] 또한 2008년 쓰촨성 원촨 대지진 때에는 정부의 요청에 따라 많은 사회단체가 재난 극복 활동에 적극적으로 참여했다. 그 결과 일부 학자는 2008년을 '중국 시민사회의 원년(元年)'으로 부르기도 했다.[13]

그러나 이번에는 달랐다. 즉 이번 코로나19 사태에서는 인민단체를 제외한 다른 민간 사회단체의 방역 참여는 대부분 제한했다. 그래서 지방정부와 지역 적십자사 등 공식 자선단체는 방역 활동 과정에서 어려움을 겪어야만 했다. 기금 모집이 제대로 되지 않았고, 방역 물품을 전달하는 데에도 일손이 부족했기 때문이다. 이를 자원봉사자 모집을 통해 해결하려고 했지만, 그것만으로는 역부족이었다.

정부는 또한 '비인가 교회'(일명 지하교회)의 성금 모금도 금지했다. 실제로 베이징시에 있는 여러 곳의 비인가 교회는 7만 위안(한화 약 1,400만 원)의 성금을 모아 마스크와 소독제를 사서 우한시에 전달하려고 시도했는데, 우한시 정부가 수령을 거부했다. 동시에 경찰이 나서서 이런 비인가 교회의 모금 활동을 중지시켰다.[14] 이처럼 공산당이 수행하는 코로나19에 대항하는 '인민 전쟁'에는 공산당이 인정한 '인민'만이 있을 뿐이다.

2. 공산당 중앙의 감독: 징계와 포상

시진핑 총서기가 공산당에 총동원령을 내린 일주일 후, 2020년 2월 3일에 개최된 정치국 상무위원회 회의에서 그는 전국의 당정 간부에게 강력히 경고했다. "할 일을 하지 않거나 혼란스럽게 하는 간부, 업무에 전력을 다하지 않거나 깊게 하지 않는 간부, 일을 할 줄도 모르고 능력도 없는 간부는 즉시 문책하고, 문제가 엄중하면 면직한다."[15] 이후 공산당은 회의를 개최할 때마다 당정 간부의 '형식주의와 관료주의의 엄단'을 강조하고, 이를 위한 조치에 들어갔다.

이런 지시를 실행하기 위해, 국무원 연합 통제기제는 2020년 2월 3일에 전국적으로 30개의 '공작 지도조(工作指導組)'를 파견했다. 한 개의 지도조가 한 개의 성·직할시·자치구를 감독한 셈이다. 앞에서 살펴보았듯이, 후베이성에는 특별히 중앙 지도조가 이미 파견되어 활동하고 있었다. 약 20일이 지난 2월 27일과 28일에 공작 지도조는 각 지방의 코로나19 방역 통제 지휘부에 시정 요구 사항을 담은 '지도 의견'을 전달했다.

(1) 징계

중앙 지도조 및 공작 감독조의 감독 결과는 인사 초지 등 구체적인 징계로 나타났다. 먼저, 후베이성 황강시(黃岡市) 정부의 위생건강위원회(위건위) 주임인 탕즈훙(唐志紅)이 2020년 1월 30일에 해임되었다. 그녀는 전날인 1월 29일에 있었던 중앙 감독조의 감독 과정에서 황강시의 환자 수용 능력, 의심 환자 수, 핵산 검사 능력 등 세 가지 질문에 하나도 제대로 답변하지 못했다. 이런 모습이 중국중앙TV에 반영되면서 국민의 분노를 샀다.[16] 2월 10일에는 후베이성 정부 위건위의 책임자 2인이 면직되었다. 위건위 당조 서기 장진(張晉)과 위건위 주임 류잉즈(劉英姿)가 그들이다. 이들을 대신해서 중앙 지도조 성원으로 활동하던 왕허성(王賀勝)이 주임으로 임명되었다.

최대의 인사 징계는 2020년 2월 13일에 이루어졌다. 코로나19 방역 실패의 책임을 물어 후베이성 당서기 장차오량(蔣超良)이 면직되고, 그 자리에 상하이 시장 잉융(應勇)이 임명되었다. 또한 우한시 당서기 마궈창(馬國强)이 해임되고, 대신에 왕중린(王忠林)이 임명되었다.[17] 해외 언론은 공산당 중앙이 코로나19의 '초기 대응 실패' 책임을 지방에 떠넘기기 위해 이들을 희생양으로 삼았다고 비판했다. 2002년 사스 때 국민의 분노를 무마하기 위해 국무원 위생부 부장 장원캉(張文康)과 베이징시 시장 멍쉐농(孟學農)을 해임한 것처럼 말이다.

하급 당정 간부도 징계했다. 그런데 징계 내용(수위)을 보면 그렇게 엄중한 징계는 아니었다. 코로나19를 성공적으로 통제하기 위해서는 일선 간부의 헌신적인 노력이 필요한데, 이들을 심하게 징계하면 사기가 저하되기 때문이다. 예를 들어, 2020년 2월 1일까지 후베이성 황강시의 당원 중에서 337인이 당기(黨紀) 처분을 받았다. 그중 중징계에 해당하는 면직은 현급(縣級) 간부 3인, 향급(鄕級) 간부 3인 등 6인에 불과했다.[18]

(2) 포상

한편 공산당 중앙은 징계 못지않게 우수한 당 조직과 당원에 대한 포상과 표창에도 적극적으로 나섰다. 우선, 방역에 큰 공이 있는 의료기관의 당 조직과 당원을 표창했다. 예를 들어, 2020년 2월 6일에 후베이성 공산당 조직부는 모두 214개의 병원에 있는 당 기층조직과 223명의 당원(주로 의사와 간호사)을 표창했다. 표창 이유는 이들 당 조직과 당원들이 코로나19의 방역 활동에서 모범을 보였다는 것이다.[19]

우한시 지역 전체의 방역 과정에서 큰 공을 세운 공산당원이면서 병원 지도부인 두 사람도 표창했다. 우한시 진인탄(金銀潭) 병원 원장이면서 공산당 위원회 부서기인 장딩위(張定宇), 중시이제허(中西醫結合) 병원 호흡기과 주임이면서 내과 공산당 지부 서기인 장지셴(張繼先)이 그들이다.[20]

공산당은 입당을 준비하는 '적극분자(積極分子: 예비당원이 되기 전의 신분)'와 '예비당원(豫備黨員: 정식당원이 되기 전의 신분)'에도 특혜를 베풀었다. 공산당 중앙 조직부는 코로나19 방역 일선에서 크게 공헌한 이들에게 특별 입당, 즉 '정식당원'으로의 전환을 허용하라는 지시를 내린 것이다. 보통 적극분자에서 예비당원으로 가는데 1~2년, 다시 예비당원에서 정식당원으로 가는데 1~2년이 걸린다. 이를 뛰어넘어 정식당원으로 특별히 입당시키라는 지시였다. 실제로 전국적으로 특별 입당식이 열렸고, 이는 언론을 통해 대대적으로 보도되었다.[21]

3. 후베이성과 우한시의 대응과 전국적인 지원

이제 후베이성과 우한시, 그리고 기층의 지역 사회가 중앙의 방침과 전국적인 지원 속에서 어떻게 코로나19에 대응했는지를 자세하게 살펴보자.

2020년 4월 23일 국무원 연합 통제기제의 발표에 따르면, 전국

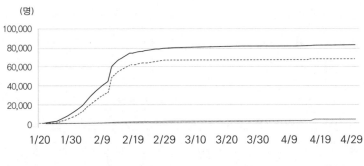

〈그래프 1〉중국의 코로나19 확진자와 사망자 추이(2020년 1월 20일~4월 29일)

— 전국 확진자 수 --- 후베이성 확진자 수 — 전국 사망자 수 ⋯⋯ 후베이성 사망자 수

자료: 「24時新型冠狀病毒肺炎疫情最新情況」. www.nhc.gov.cn (검색일: 2020.5.1.); 「湖北省新冠肺炎疫情情況」, www.hubei.gov.cn (검색일: 2020.5.1.).

의 8만 4,302건의 확진 사례 중에서 후베이성이 6만 8,128건으로 전체의 80.8%, 그중에서 우한시가 5만 333건으로 전체의 59.7%를 차지했다. 사망자는 전국 4,642명 중에서 후베이성이 4,512명으로 전체의 97.2%, 우한시가 3,869명으로 전체의 83.3%를 차지했다.[22] 〈그래프 1〉은 이를 잘 보여준다.

이런 통계를 통해 '코로나와의 인민 전쟁'에서 왜 후베이성, 특히 우한시를 '주전장'으로 불렀는지를 알 수 있다. 이런 이유로 중앙의 재정·인원·물자 지원은 우한시와 후베이성에 집중되었다.

(1) 우한시의 지역 봉쇄와 통제

우한시의 상황 변화를 살펴보면, 2020년 1월 23일 우한시 통제 지휘부는 10시를 기해 「감염병 방치법」에 따라 우한시를 '1급(갑류) 감염병 구역'으로 지정했다. 앞에서 살펴보았듯이, 다른 지역은 1월 20일을 기해 '2급(을류) 감염병 구역'으로 지정되었다. 그런데 우한시는 코로나19 발원지였기 때문에 위험 등급을 최고 수준인 '1급(갑류)'으로 높인 것이다. 이에 따라 우한시로 통하는 모든 도로는 차단되었고, 시내 도로도 특별한 경우가 아니면 차량 통행이 금지되었다. 전면적인 지역 봉쇄가 시작된 것이다.

2020년 1월 25일에는 코로나19 전담 병원으로 휘선산(火神山) 병원과 레이선산(雷神山) 병원을 건립하기 시작했다. 또한 1월 26일의 기자회견에서 저우셴왕(周先旺) 우한시 시장은, 춘제(春節: 설)를 맞아 이미 500만 명이 우한시를 떠났고, 현재 우한시에는 약 1,000만 명 정도가 남았다고 말했다(우한시 거주 인구는 약 960만 명이다). 우한시는 교통의 요지로 명절이나 휴일에는 유동 인구가 매우 많다. 시장이 말한 500만 명은 춘제를 맞아 고향을 방문하기 위해 우한시를 거쳐 간 유동 인구를 가리킨다. 이들을 통해 코로나19가 우한시에서 다른 지역으로 퍼져나갔을 가능성이 매우 크다.

2020년 2월 11일에는 봉쇄 수위를 한 단계 높여 주택단지(小區: 예를 들어 아파트 단지)를 폐쇄식으로 관리하는 조치를 실행하기 시작했다. 이에 따라 한 주택단지에는 하나의 출입문만 두고, 주민의 출입을 사실상 금지했다. 부득이하게 출입해야 하는 경우도 발열 검사 등을 통해 감염되지 않은 사실이 확인된 이후에만 통행이 허용되었다. 우한시 등 일부 도시가 주택단지를 단위로 완전히 봉쇄된 것이다. 이런 봉쇄는 3월 19일까지 한 달 이상 지속되었다.

이런 과감한 조치를 실행한 덕분에 한 달 뒤에는 코로나19의 확진자가 급감하여, 2020년 3월 19일에는 '국내 확진자 없음(zero)'을 기록할 수 있었다. 이런 상황 변화에 맞추어 우한시는 3월 20일에 병세가 심각하지 않은 지역의 상점과 편의시설을 일부 개방했다. 또한 3월 22일부터는 시민들에게 휴대전화 앱을 이용하여 건강 코드를 발급했고, 건강 코드가 '녹색'인 사람, 즉 유전자 증폭(PCR) 검사 결과 음성인 시민은 통행이 허용되었다. 드디어 4월 8일에는 우한시로 통하는 도로의 봉쇄가 해제되었다. 76일간 지속된 지역 봉쇄가 끝난 것이다.[23]

(2) 지역 통제 지휘부의 설립과 대응 정책의 결정

2020년 1월 20일 중앙에 국무원 연합 통제기제가 설립된 직후, 지방에서도 공식적으로는 현급 단위, 실제로는 기층 단위인 도시 지역의 사구와 농촌 지역의 촌에까지 지휘기구가 설립되었다. 후베이성과 우한시도 마찬가지였다.

2020년 1월 22일 후베이성 공산당 판공실과 정부 판공실은 합동으로 '통지'를 하달하여 '후베이성 코로나19 통제 지휘부(新型肺炎防控指揮部)'(통제 지휘부)가 설립되었다고 발표했다. 동시에 성내 각급 정부도 즉시 통제 지휘부를 설립하여 해당 지역의 코로나19 방역을 통일적으로 지휘할 것을 지시했다.

〈그림 1〉은 앞 장에서 살펴본 후베이성 우한시의 사례를 다시 가져온 것이다.

후베이성 통제 지휘부는 당서기와 성장이 공동으로 지휘장(指揮長)을 맡고, 부성장 2인이 부(副)지휘장을 맡았다. 하나의 지휘기구를 당서기와 성장이 공동으로 책임지는 경우는 많지 않다. 이는 코

〈그림 1〉 코로나19 방역 통제 지휘 체계: 후베이성 우한시 사례

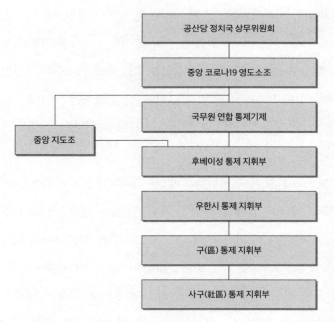

자료: 필자 작성

로나19의 방역이 매우 중요한 임무였기 때문에 그렇게 한 것이다.
또한 후베이성 통제 지휘부 산하에는 5개의 공작조, 즉 판공실과
종합조, 의료구치(救治)와 질병통제조, 물자와 시장보장조, 선전조,
사회안정조를 두었다. 이렇게 설립된 후베이성 통제 지휘부는 이후
방역과 생산 회복 등 코로나19와 관련된 중요 정책을 결정하고, 관
내 방역을 총괄 지휘했다.[24]

한편 코로나19의 발원지인 우한시의 통제 지휘부는 이보다 더
빨리 설립되었다. 즉 2020년 1월 20일에 중앙이 전면적인 대응 방
침을 결정한 그날, 우한시는 통제 지휘부를 설립하고 제1차 회의를
개최했다. 조직 성격은 전 지역의 방역 업무를 통일적으로 지도하
고 지휘하는 기구로 규정했다. 시장인 저우셴왕이 지휘장을 맡았
고, 산하에 8개의 공작조, 즉 응급보장조, 선전조, 교통조, 시장(市
場)조, 의료구치조, 질병방역조, 사구조, 종합조를 두었다.[25] 다른
지역과 달리 우한시에서는 당서기가 통제 지휘부의 수장을 맡지
않았다는 특징이 있다.

또한 우한시 통제 지휘부가 제1차 회의에서 발표한 내용은 우한
시만이 아니라, 후베이성 전체, 더 나아가서는 전국의 방역 활동에
서도 기본 방침이 되었다. 여기에는 '조기 발견, 조기 보고, 조기 격
리, 조지 치료'의 '네 가지 조기(四個早)'의 확보, 지도부의 방역 책임
제 실행, 각 구역의 속지(屬地) 관리 책임제 실행, 사구의 격자 관리
원(網格員)과 의료진을 동원한 주민 관리와 일일 보고 제도의 실행,

애국 위생 운동을 통한 손 씻기, 마스크 착용하기, 옷소매로 가리고 기침하기 등 공중 보건위생 규범의 보급, 정보 공개, 태만하고 무책임한 당정 간부의 엄정한 의법 처리 등이 포함된다.[26]

공식적인 통제 지휘부는 우한시 산하의 구(區) 단위까지 설치되었지만, 실제 상황을 보면, 구 아래의 사구(社區)에도 통제 지휘부가 설치되어 방역 활동을 지휘했다. 그래서 시진핑 총서기가 베이징시(2020년 2월 10일)와 우한시(3월 10일)를 시찰했을 때, 리커창 총리가 우한시(1월 27일)를 시찰했을 때 이들은 코로나19 전문 병원과 함께 사구 통제 지휘부를 방문하여 일선의 방역 담당자를 격려했다.

(3) 전국적인 지원: '지역 연계 지원(對口支援)' 방식

중국의 공식 통계에 따르면, 2020년 4월 중순까지 코로나19 발병 이후 약 4개월 동안 전국적으로 방역에 1,452억 위안(한화 25조 4,100억 원), 생계 지원에 1,560억 위안(한화 27조 3,000억 원)이 투입되었다. 참고로 2002년 사스 때에는 전국적으로 180억 위안(한화 3조 1,500억 원)이 투입되었다.[27] 이 둘을 비교하면, 코로나19의 재정 투입이 사스 때보다 총지원 규모에서 약 17배(3,012억 위안 대 180억 위안)가 많았다. 이는 코로나19의 확산과 피해가 사스 때보다 훨씬 광범위하고 심각했다는 사실을 보여준다.

2020년 1월 23일 봉쇄 직후, 중앙은 우한시와 후베이성을 전면적으로 지원하기 시작했다. 먼저, 국무원 재정부와 후베이성 정부는 각각 10억 위안씩 모두 20억 위안(한화 3,500억 원)의 긴급 방역 자금을 투입했다.[28] 또한, 급증하는 환자를 치료하기 위해 우한시에 4만 2,600명의 민간 의료진과 군 의료진을 파견했다.[29] 한 통계에 따르면, 전국의 중증 치료 전문의사 중에서 10%인 1만 1,000여명이 우한시에 모였다고 한다.[30] 국무원 국가위건위는 965명의 중국 질병센터 전문가를 후베이성에 파견하여 코로나19 검사를 지원했다. 이들은 4월 20일에 철수했다.[31]

후베이성에 대한 지원은 전국 차원에서도 이루어졌다. 방법은 우한시를 제외한 나머지 후베이성의 주요 도시를 전국의 다른 성(省) 및 직할시가 나누어 전담하는 '지역 연계 지원(對口支援)' 방식이다. 구체적으로 2020년 2월 7일에 국무원 연합 통제기제는 16개의 성 및 직할시가 전담 지원할 후베이성의 주요 도시를 발표했고, 이는 2월 10일부터 집행되었다.

예를 들어, 충칭시와 헤이룽장성(黑龍江省)은 샤오간시(孝感市), 산둥성(山東省)과 후난성(湖南省)은 황강시(黃岡市), 장시성(江西省)은 쑤이저우시(隨州市), 장쑤성은 황스시(黃石市), 푸젠성은 이창시(宜昌市), 톈진시는 언스시(恩施市) 등이다. 지원 방식과 내용은, 할당받은 성과 직할시는 의료진을 중심으로 한 지원대를 구성하여 지원 대상 지역에 파견하고, 지원 대상 지역이 필요로 하는 방역·의료·생활 물자를 공급하는 것이다.[32]

이런 지역 연계 지원은 개혁·개방 시기에 보편적으로 사용되던 방식이다. 예를 들어, 연해 지역의 베이징시, 톈진시, 상하이시, 장쑤성, 저장성, 푸젠성, 광둥성은 내륙의 성 및 소수민족 자치구와 일대일로 연계해서 인적 교류, 자금 투자, 기술 제공 등의 지원 활동을 전개했다. 광둥성이 헤이룽장성을 지원한 것이 대표적이다. 티베트 장족 자치구와 신장 위구르 자치구는 복수의 성 및 직할시로부터 지원을 받았다.

4. 지역 사회의 방역과 생활 관리: '격자식' 사구 관리 체계

봉쇄는 우한시만이 아니라 황강시 등 성내 15개 도시를 대상으로 실시되었다. 그 결과 봉쇄된 주민만 총 5,700만 명에 달했다. 한국 국민 전체를 한두 달 동안 주택단지 내로 묶어두고, 가구별로 일일이 생필품을 공급한다고 생각해보라! 이들을 대상으로 의심환자를 검사하고, 확진자를 격리 치료하는 일도 쉽지 않았다. 세계보건기구가 말했듯이, 이는 "공중 보건위생 역사상 일찍이 없었던 일"이다.

특히 우한시에서만 960만 명이 봉쇄되었는데, 2020년 1월 23일부터 4월 8일까지 76일 동안 이들에게 생필품을 공급하는 일은 큰 과제였다. 이는 평상시에 지역 사회에 대한 촘촘한 관리 체계와 그것의 실제 운영 경험이 없으면 결코 할 수 없는 일이다. 중국에는 그런 관리 체계가 있었고, 동시에 그것을 10여 년 운영한 경험도 있었다.

(1) '사구 건설'의 성과

중국은 1990년대 말부터 도시의 '사구 건설(社區建設)' 실험을 여러 지역에서 진행했다. 여기서 사구는 '일정한 지역 범위 내에서 거주하는 주민들로 구성된 사회생활 공동체(community)'를 말한다. 한국에 비유하면, 아파트 단지나 연립주택 단지 정도가 될 것이다. 사구 건설은 '사구 주민의 역량에 의지하고, 사구의 자원을 이용하며, 사구의 기능을 강화하여 사구의 문제를 해결하는 정책'을 말한다.[33] 한마디로 말해, 사구를 단위로 해서 주민 관리와 복지 제공 등 지역 사회의 문제를 해결하겠다는 정책이다.

사구의 규모는 지역에 따라 다른데, 대략 천 가구(戶)에서 수천 가구로 구성된다. 만약 한 가구당 3~4인의 가족이 있다고 계산하면, 사구당 인구는 대략 수천 명에서 수만 명 정도가 된다. 또한 사구는 세 가지의 업무를 맡고 있다. 첫째는 주민 행정 업무, 예를 들어 신규 전입자의 파악과 가족 상황의 확인이다. 둘째는 주민 자치 업무, 예를 들어 주민 간의 사소한 분규 해결이다. 셋째는 사회 복지 서비스 업무, 예를 들어 노약자 돌봄 서비스의 제공이다.

이와 같은 업무를 담당하기 위해 사구에는 보통 세 개의 기구가 활동한다. 첫째는 공산당 공작위원회(黨工作委員會)로, 사구 전체를 총괄 지도(領導)하고, 각 기관의 업무를 조정한다. 이는 공산당의 기층조직으로, 다른 공산당 위원회나 당 지부와 비슷한 임무를 담당한다. 이것이 일반적인 당 조직과 다른 점은, 상급 단위인 가도(街道) 공산당 위원회의 파견 기구로서, 그들의 지시를 받아 활동한다는 점이다. 그래서 명칭을 '위원회'가 아니라 '공작위원회'로 부른다.

둘째는 사구 거민위원회(社區居民委員會)로, 주민자치 업무를 담당한다. 1990년대 말까지는 그냥 '거민위원회'로 불렸는데, 2000년대 이후에는 사구와 통합되면서 '사구 거민위원회'로 불린다. 사구 거민위원회의 주임과 위원은 주민 투표로 선출되는 것이 원칙이지만, 실제로는 그렇지 않은 지역도 있다(주민이 투표에 관심이 없어서 상부에서 직접 파견하는 경우가 있다는 것이다). 사구 직원(工作者)은 대개 상급 단위인 가도 판사처(街道辦事處: 한국의 주민센터)에서 선발하여 임명한다.

셋째는 사구 서비스센터(服務中心)다. 여기서는 가도(街道)와 진(鎭) 등 기층 정부가 직접 고용한 사회 공작자(社會工作者: 한국식으로는 사회복지사)가 주민을 상대로 사회복지 서비스를 제공한다. 또는 사회단체가 기층 정부를 대신하여 국가 재원으로 그런 공공 서비스의 제공을 대행하기도 한다. 단 경제가 발전하지 않은 지역에서는 별도의 서비스센터를 두지 않고, 사구 거민위원회가 그 기능을 담당한다.[34]

그런데 중국이 2000년대 들어 '안정 유지(維穩)'를 위해 사회 치안과 기층 관리를 강화하면서, 사구에 대해 '격자식(網格化)' 관리 혹은 '그물망식(拉網式)' 관리를 본격적으로 추진했다. 격자식 관리란, 도시 지역의 공간을 격자(網格, grid) 단위로 잘게 나누고, 격자마다 주민을 관리하는 한 명에서 수명의 격자 관리원(網格員)을 두어 주민의 활동 상황을 세밀히 관리하는 방식을 가리킨다. 목표는 '작은 일은 촌 밖으로 내보내지 않고(小事不出村), 큰일은 진 밖으로 내보내지 않으며(大事不出鎭), 모순은 상급 정부로 보내지 않는다(矛盾不上交)'라는 것이다.[35]

여기서 격자 관리원은 '크게는 치안과 주택 임대 관리까지, 작게는 주민의 두통과 발열, 하수도 뚫는 일까지 모두 관리'한다. 한마디로 말해, 격자 관리원은 주민에 대한 봉사자이면서 동시에 감시자 및 관리자다. 이들은 관할 구역에서 발생하는 모든 상황을 구(區) 정부에 설치된 '격자망 관리센터'에 보고한다. 이렇게 해서 그물망식 관리가 가능하게 된다. 지역에 따라 차이는 있지만, 하나의 사구는 보통 4~5개의 격자로 나뉘고, 각 격자에는 150~300개의 가구(戶)가 속해 있다.[36]

(2) 그물망식 방역과 통제: 방침과 실제

이렇게 해서 만들어진 사구의 격자식 관리 체계가 코로나19 방역에 동원된 것이다. 일부 방역 전문가는 사구의 격자식 관리 방식을 좀 더 세밀하게 운영하여 질병 통제의 기본 수단으로 삼아야 한다고 주장했다.[37] 2002년 사스 때에도 베이징시, 상하이시, 광둥성 지역에서 사구의 격자식 관리 체계를 이용한 질병 통제와 예방이 크게 성과를 거둔 경험이 있다. 농촌 지역에서는 촌민위원회가 이 역할을 담당했다.[38]

① 국무원의 지침과 격려

국무원은 코로나19 방역에서 사구가 매우 중요하다는 점을 잘 알고 있었다. 그래서 2020년 2월 16일 국무원 민정부와 국가위건위는 합동으로 사구 활동에 대한 지도 강화 '통지'를 하달했다. 첫째, 사구는 일선 방역의 중요한 거점으로, 사구 작업자들이 더욱 철저히 방역 조치를 실행해야 한다. 둘째, 기층 작업자에게 더 많은 관심을 갖고, 이들에 대한 조직 지도를 강화해야 한다. 셋째, 사구 작업자들에 대한 선전과 인도를 강화해야 한다.[39]

곧이어 국무원 민정부와 국가위건위는 사구 작업자를 물심양면에서 지원하기 위한 '통지'도 하달했다. 여기에는 물질적 보조와 지원, 상해(傷害) 보장, 방호(防護) 조건의 강화, 업무 부담의 감소, 심신 건강의 보호, 관심과 위로, 표창과 포상, 선진적이고 전형적인 모범 사례의 선정과 홍보 강화 등이 포함되었다.[40]

시진핑 총서기도 코로나19 방역에서 사구의 역할을 매우 중시했다. 예를 들어, 2020년 3월 10일에 우한시를 시찰할 때, 그는 둥

후신청(東湖新城) 사구를 방문하여 이렇게 말했다. "질병 퇴치에는 두 개의 진지(陣地)가 있다. 하나는 병원으로, (환자를) 죽음에서 구하고 부상을 치료한다. 다른 하는 사구로, 예방 통제의 진지다. 질병 통제 업무를 굳건히 잘하는 관건은 사구에 달려 있다."[41]

또한 시진핑 총서기는 2020년 4월 8일에는 우한시에 있는 사구의 관리자에게 직접 편지를 보내 이들을 위로했다. "사구는 밖으로는 질병의 확산을 막고, 안으로는 질병의 재발을 막는 중요한 방어선으로, 질병 통제의 최전선이다." 그의 편지에 따르면, 전국에는 65만여 개의 사구가 있으며, 여기에는 400만여 명의 작업자가 활동하고 있다(사구당 평균 6.2인의 작업자가 있는 셈이다).[42]

② 후베이성의 세부 지침

후베이성 통제 지휘부는 국무원의 지시보다 보름 앞선 2020년 1월 28일에 도시 지역의 사구와 농촌 지역의 촌을 코로나19 방역의 '제1방어선'으로 삼고, '격자식(網格化) 및 양탄자식(地毯式) 관리'를 실행한다고 결정했다.[43] 이를 이어 같은 해 2월 5일에는 사구에 대한 13개 조항의 세부 실행 지침을 하달했다.

주요 내용을 살펴보면, 첫째, 도시의 사구와 농촌의 촌마다 '질병 통제 공작대(防控工作隊)'를 설치한다. 각 당정기관과 사업 단위(예를 들어 학교와 박물관 등 공공기관)의 당원 간부는 직접 사구와 촌에 내려가 상주하면서, 현지 인원과 함께 이런 공작대를 조직하여 질병 통제 업무를 담당해야 한다. 둘째, 관할 주민의 건강 상태를 모두 점검하고, 각 당정 간부별로 담당해야 할 가구(戶)를 지정하여 책임지고 관리한다.

셋째, 사구 내의 주택단지(小區), 촌, 기업 단위에서 폐쇄식 관리를 실행한다. 예를 들어, 주택단지의 출입구는 하나만 유지하고, 촌과 촌을 연결하는 통로는 하나만 남기고 모두 폐쇄한다. 넷째, 집단 활동을 엄금한다. 결혼 등 경사(紅事: 축하 잔치)는 전면 금지하고, 장례 등 애사(白事: 장례식)는 간단하게 거행하되 반드시 관계 기관에 보고한다.

다섯째, '사구(社區)·촌(村)(1단계) → 가도(街道)·향(鄕)·진(鎭)(2단계) → 시(市)·구(區)·현(縣)(3단계)'으로 이어지는 3단계 질병 관리 체계를 수립한다. 1단계인 사구·촌은 초진(初診), 2단계인 가도·향·진(한국의 동·면·읍 단위)은 집중 격리, 3단계인 시·구·현(한국의 시·구·군 단위)은 집중 수용 치료를 담당한다. 사구·촌이 발열 환자를 발견하면 즉시 가도·향·진에 보고하고, 가도·향·진은 이를 사구 위생 서비스센터와 향·진의 지정 병원으로 이송하여 격리 관찰한다. 유사 증상 환자가 발생하면, 즉시 시·구·현의 지정 병원으로 이송하여 격리 치료한다. 보통 발열 환자는 가도·향·진의 집중 격리시설에서 관찰한 후, 체온이 정상으로 돌아오면 집으로 돌려보낸다.

여섯째, 각 시·구·현의 방역 통제 지휘부는 관할 구역 내에 있는 사구·촌에 '순회 의료대(醫療隊)'를 파견하여 의료 활동을 지원한다. 일곱째, 각 시·구·현은 관할 구역에 필요한 물자를 공급하고, 사구·촌은 생계가 곤란한 가구(戶)의 문제를 해결한다. 일곱째, 각급 공산당 위원회는 당원 간부를 방역 일선에 신속하게 투입하고, 당원 간부 중 기율 위반자는 엄정히 처리한다.[44] 그 밖에도 여러 가지 내용이 들어 있다.

③ 사구 방역 지침의 실제 집행

이런 후베이성의 방역 지침은 실제로 집행되었다. 예를 들어, 우한시는 사구 내의 주택단지(小區)를 24시간 봉쇄 관리했다. 이를 위해 각 주택단지에는 하나의 출입문만 두고 나머지는 모두 폐쇄했고, 업무상 필요한 인원을 제외하고는 출입을 금지했다. 업무상 출입자도 매번 발열 검사는 물론, 신원 확인과 업무 점검을 거쳐야만 출입할 수 있었다.

또한 이창시(宜昌市)를 포함한 주요 도시는 사구에 대해 '1+1+n'의 관리 방식을 채택했다. 즉 사구마다 '당원+경찰+의료진'으로 구성된 최소 3인 이상의 소조(小組)를 결성하여 주민의 등기와 조사, 체온 측정, 주택단지 봉쇄, 자동차 운행 관리를 담당했다. 실제 상황을 보면 대개 5~9인으로 소조가 구성되었다. 사구 아래의 주택단지나 자연 촌락에도 1인의 의사, 1인의 경찰, 수명의 격자 관리원(網格員)과 당원 간부로 구성된 소조가 관리했다.[45]

그 밖에도 당정기관과 사업 단위는 위의 지침에 따라 당원 간부를 사구에 파견하여 방역 업무를 지원했다. 여기에는 국가기관의 공무원뿐만 아니라, 작가협회나 문화단체의 상근 임원과 직원, 일선에서 방역 활동을 취재하고 있는 언론 매체의 기자들도 포함되었다. 한마디로 말해, 공산당은 동원할 수 있는 모든 인원(주로 공산당원 간부)을 총동원하여 코로나19 방역의 최전선에 배치한 것이다.[46]

예를 들어, 2020년 2월 27일의 후베이성 통제 지휘부의 '통지'에 따르면, 첫째, 후베이성 내의 각 당정기관과 사업 단위는 100개의 공작조와 1,000명의 당원 간부를 추가로 파견한다. 각급(各級) 공산당 위원회 조직부는 일괄적으로 당원 간부를 지역에 배치한다. 각 당정기관과 사업 단위는 일상 활동을 유지한 상태에서, 최소한 3분의 2의 당원 간부를 사구나 촌에 파견하여 질병 통제 업무에 전념하도록 배치한다. 둘째, 배치받은 당원 간부는 현지의 지휘를 받아 활동하고, 해당 지역은 이들 간부의 생활과 물자를 보장한다. 셋째, 공산당 위원회는 파견된 당원 간부의 활동을 평가하여 파견 기관에 보고한다. 넷째, 당원 간부의 형식적인 파견이나 요식 행위는 엄금한다.[47]

이렇게 파견된 공산당원 간부는 사구의 방역 활동에서 실제로 결정적인 역할을 담당했다. 예를 들어, 우한시 정부가 파견한 당원 간부는 모두 4만 4,500명으로, 이들은 7,000개의 주택단지에 파견되어 1만 2,000명의 기층 작업자를 도와 질병 통제 업무를 수행했다. 그 결과 봉쇄 초기에는 다소 혼란스러웠던 방역과 생활이 2월 중순 무렵부터는 자리를 잡아갔다.[48] 다른 기관과 조직도 마찬가지였다.

(3) 봉쇄 지역의 생필품 공급

봉쇄 지역의 생필품 공급과 배급도 사구의 격자식 관리 체계를 통해 이루어졌다. 후베이성 통제 지휘부에 따르면, 후베이성에는 생필품을 공급하는 몇 가지 모델이 운영되었다. 이들은 사구를 중심으로 이루어진다는 점에서는 같지만, 구체적인 방식에서는 조금씩 차이가 났다. 이런 모델은 생필품을 확보하려는 시민들의 자구책과 정부의 협조로 시작되었고, 시간이 가면서 점차로 안정적인 형태로 자리를 잡았다.[49]

첫째는 우한시의 '온라인 주문 배달 서비스' 모델이다. 우한시는 발전한 도시 지역으로, 인터넷과 소셜미디어 기반이 잘 갖추어졌기 때문에 이를 이용한 생필품 공급이 가능했다. 구체적으로 우한시 정부는 2020년 2월 10일에 시내의 15개 중대형 온라인 상거래 플랫폼 회사와 계약을 맺고 물품을 사구에 공급했다. 하루 배송량은 수천 건에서 수만 건으로, 주민과 상거래 플랫폼 회사 간에는 매일 평균 16만 건의 거래가 이루어졌다.

둘째, 샹양시(襄陽市)의 '이동 장바구니(移動菜籃子)' 모델도 이와 비슷하다. 이것은 시 정부가 관할 구역 내에 있는 사구를 대형 슈퍼마켓, 채소시장, 농산물 도매시장과 연결하면, 이들 공급자가 주민이 주문한 물품을 주택단지에 배달하는 방식이다. 2020년 2월 10일을 기준으로 샹향시의 6개 구(區), 22개 가도(街道), 196개 사구(社區), 2,136개 주택단지(小區) 모두가 이 방식으로 생필품을 공급받았다.

셋째는 톈먼시(天門市)의 '사구 배송' 모델이다. 톈먼시는 2020년 2월 11일부터 생필품 사구 배송 제도를 실행했다. 방식은 이렇다. 주민들은 위챗에서 '주민 생활 물품 배송 업무 단체방'에 가입하고, 사구는 이를 이용해 물품의 배송 시간과 장소를 통보한다. 또한 사구마다 생활 물자 배송사무소(配送站)가 있어 사구 간부 1인이 책임을 맡고, 1인의 사구 거민위원회 위원이 연락을 담당한다. 사구 내의 주택단지에도 배송 장소(配送點)가 정해져 1인의 정보원(대개는 자원봉사자)이 주민에게 물품을 전달한다. 시 정부는 관내의 슈퍼마켓 25개, 대형 상점 11개, 곡물 및 식용유 판매소 12개, 채소 합작사 39개와 계약을 체결하여 물품을 공급했다.[50]

5. 여론 선도와 역풍

후베이성과 우한시는 코로나19 방역과 관련된 정책 선전과 여론 선도에도 많은 노력을 기울였다. 공산당과 정부에 대한 시민들의 불만과 비판이 어느 지역보다 높았기 때문이다.

(1) '애국 위생 운동'과 방역 동참 촉구

코로나19 방역 과정에서 주민의 참여를 독려하기 위해 전개된 애국 위생 운동이 대표적이다. 먼저, 우한시는 2020년 1월 말부터 우한시 통제 지휘부의 지시로 전 시민의 애국 위생 운동을 시작했다. 애국 위생 운동의 내용은 비교적 간단하다. 코로나19의 방역 과정에서 실행했던 조치, 예를 들어 손 씻기와 소독하기, 환기 통풍하기, 마스크 착용하기, 입 가리고 기침하기를 충실히 실행하는 것이다. 시민들이 시 정부의 방침에 따라 지역 봉쇄 정책에 적극적으로 참여하는 것도 애국 위생 운동의 중요한 내용이었다.

또한, 우한시는 시민들의 방역 참여를 독려하는 차원에서 성금 모금에도 나섰다. 우선 우한시 통제 지휘부는 자신의 명의로 전 시민을 대상으로 하는 성금과 물품 기부 공고를 내고 기부 운동을 전개했다. 기부처는 정부가 아니라 우한시 자선연합회(慈善総聯)와 적십자사(紅十字會)이고, 기부 내용은 성금 혹은 의료 설비, 약품, 방역 설비 등의 물품이다. 시민들의 불신을 해소하기 위해 기부된 성금 및 물품 목록, 그것을 각 지역에 어떻게 배분했는지에 대한 상세한 내역도 수시로 공개했다.[51]

그 밖에 우한시 방역 통제 지휘부는 코로나19의 방역과 통제,

봉쇄된 지역 주민의 생필품 공급 등에 필요한 일손을 확보하기 위해 자원봉사자 모집에도 나섰다. 조건은 우한시 거주자로, 정치사상이 굳건하고, 공익사업을 열심히 수행하며, '불량한 행동 기록'(즉 범죄 전과)이 없어야 한다. 나이는 18~55세로, 신체가 건강하고, 조직 기율이 강하며, 통일적인 지휘 및 관리에 복종하는 사람이어야 한다.

자원봉사자의 주요 활동 내용은 주택단지별로 주민에게 음식과 약품 등 생필품을 대신 구매하고 배송하는 일이다. 지원자에게는 활동 전개에 필요한 교육 훈련을 진행하고, 활동을 마치면 '지원 복무증서'를 발급한다.[52] 실제로 이들은 주민들에게 생필품을 공급하는 등 여러 가지 임무를 헌신적으로 수행했다. 봉쇄된 우한시가 안정을 회복할 수 있었던 데에는 자원봉사자의 역할이 한몫을 담당했다.[53]

(2) 여론 선도와 우한 시민의 냉소적 반응

그런데 후베이성과 우한시의 정책 선전 및 여론 선도는 큰 성공을 거둔 것 같지는 않다. 시민의 불만과 분노가 매우 컸기 때문이다. 단적으로 우한시 중심병원의 안과의사인 리원량의 안타까운 죽음에 대해 시민들이 보여준 태도가 이를 증명한다.

앞 장에서 보았듯이, 리원량 의사는 2019년 12월 30일에 같은 병원에 근무하는 응급실 주임인 아이펀 의사가 보내준 '원인 불명 폐렴'에 대한 자료를 위챗을 통해 우한 의과대학 동기생들에게 알렸다. 이것이 소셜미디어와 인터넷을 통해 확산하면서 코로나19가 사회적으로 알려지게 되는 계기가 되었다. 이 일로 리원량은 허위 사실 유포 혐의로 병원 당국의 호된 비판을 받았을 뿐만 아니라, 경찰에도 소환되어 조사받고 '훈계서'를 작성해야만 했다.[54] 불행히도 리원량은 2020년 1월 10일에 코로나19 증상이 나타나 치료를 받다가, 2월 6일에 사망했다.[55]

그의 사망은 온라인상에서 많은 사람의 추모와 정부 비판의 물결을 불러일으켰다. 예를 들어, 작가 팡팡은 『우한일기』에서 리원량의 죽음과 우한 시민의 반응에 대해 다음과 같이 기록했다.

"2월 7일, 우한 13,603명 감염, 545명 사망
어제 리원량이 죽었다. 나는 비통함에 미칠 것 같았다. 이 일이 일어나자, 내 친구들은 말했다. 그날 밤 우한 전체는 그를 위해 울고 있었다고. 중국 전역에서 인민들이 그를 위해 울 것이라고 누가 추측이나 할 수 있었는가! 눈물의 홍수가 인터넷에서 거대한 물결을 이루었다. 그날 밤, 리원량은 그를 위해 흘린 눈물을 타고 다른 세상으로 떠나갔다.
한밤중에 우한에서는 외치는 소리가 들렸다. '우리는 리원량의 가족과 아이들을 돌보는 사람이 될 것이다.' 반응은 압도적이었다. 그날 우한의 사람들은 리원량이 죽는 순간에 불을 끄고 호루라기 소리를

내면서 손전등 혹은 휴대전화 전등을 이용하여 하늘에 빛을 쏘아 올렸다. 리원량, 그 자신은 이 깊고 어두운 밤하늘의 한줄기 불빛이 되었다."[56]

(3) '감사 운동'과 역풍

우한시는 또한 공산당과 시진핑 총서기가 우한시를 도와준 것에 대해 감사하는 운동을 제안했다가 역풍을 맞기도 했다. 2020년 3월 6일에 왕중린(王忠林) 우한시 당서기는 한 회의에서 "우리는 시(習) 주석과 공산당에 감사해야 한다. 공산당의 지시를 경청하고, 공산당을 따라야 한다"라고 하면서 시(市) 차원의 감사 캠페인을 제안했다.

이에 대해 네티즌이 크게 반발한 것이다. "감사는 시 주석과 공산당이 우한 시민들에게 해야지, 왜 우리가 감사해야 하느냐?"라는 것이다.[57] 특히 팡팡 작가는 이에 대해 "정말 기괴한 사고방식"이라고 비판하면서 분노를 감추지 않았다. "정부는 인민의 정부고, 인민에게 봉사하기 위해 존재"하는 것이다. 더 나아가서 그녀는 "정부는 최대한 빨리 인민들에게 사죄해야 한다"라고 요구했다.[58] 이처럼 왕중린 당서기의 제안은 코로나19의 '초기 대응 실패'로 인해 심각한 인적 및 물적 피해를 겪고 있는 우한 시민들의 분노를 더욱 부채질했다.

이를 잘 알고 있던 잉융(應勇) 후베이성 당서기는 2020년 3월 8일에 우한시를 시찰할 때, 우한 시민을 영웅으로 묘사했다. "우한 시민은 영웅적이며, 그들이 보여준 복원력과 강한 의지에 깊은 감사를 표한다"라는 것이다. 다른 인터뷰에서도 그는 우한 시민을 치켜세웠다. "코로나19의 대유행을 막기 위한 우한의 시도가 긍정적인 성과로 이어지고 있다. 시(市) 공산당 위원회와 모든 사람의 노력과 공헌에 감사를 표시한다."[59] 뒤이어 3월 10일에 우한시를 방문한 시진핑 총서기도 이런 뜻을 공개적으로 표명했다.[60]

그러나 이런 시도가 우한 시민들이 제기하는 의문과 분노를 잠재울 수는 없었다.

"2002년 사스 이후 중국이 엄청난 돈을 쏟아부어 만든 감염병 조기 경보 체계가 왜 제대로 작동하지 않았는가?"

"아이펀과 리원량 같은 의사가 경종을 울리고 적극적인 대응을 요구했을 때, 공산당과 정부는 왜 그들을 탄압했는가?"

"코로나19를 중앙에 보고한 이후 20일이 넘도록 우한시 정부는 왜 아무것도 하지 않았는가?"

"도대체 우한시의 실제 감염자 수와 사망자 수는 얼마나 되는가?"[61]

우한 시민의 가슴 속에는 아직도 이런 의문이 남아 있다. 그러나 팡팡 작가의 말처럼, "이 모든 의문에 응답하는 사람은 없다."[62]

6. 지방의 코로나19 대응 평가

후베이성과 우한시에서 맹렬한 기세로 확산하던 코로나19는 2020년 3월 20일 무렵에 국내 발생 확진자를 통제하는 데 성공하면서 안정화 단계에 접어들었다. '신속한 통제 성공'이다. 이에는 중앙의 신속한 지휘 체계 구성과 지원이 중요한 역할을 담당했지만, 동시에 후베이성과 우한시의 대응도 그에 못지않은 중요한 역할을 담당했다.

후베이성과 우한시는 먼저 중앙의 방침에 따라 코로나19 대응 통제 지휘부를 설립하고, 성 전체를 하나의 바둑판처럼 통일적으로 지휘했다. 또한 공산당 중앙은 가용한 모든 인적 자원, 즉 당원, 인민해방군, 인민단체, 공식 종교단체와 자선단체를 총동원하여 후베이성과 우한시를 지원했다. 국무원과 후베이성 정부도 20억 위안의 긴급 방역 자금을 투입했고, 전국의 다른 지역도 후베이성의 15개 도시를 일대일로 지원했다.

도시의 기층 단위인 사구는 질병 통제 과정에서 결정적인 역할을 담당했다. 2000년대 이후 실행하기 시작한 사구의 격자식 관리 체계가 코로나19의 예방과 통제에 동원되어 위력을 발휘한 것이다. 수천만 명의 주민에게 생필품과 의약품을 전달하는 일도 사구의 격자식 관리 체계, 그리고 최근 중국에서 급속히 발전한 정보통신(IT) 기술과 전자 상거래(e-commerce)의 경험이 활용되었다.

후베이성과 우한시는 정책 선전과 여론 선도에도 적극 나섰다. 그러나 현실과 괴리된 일방적인 선전과 선도는 시민의 반발과 분노를 사기 일쑤였다. 또한 코로나19 방역 과정에서 표현의 자유와 언론의 자유는 심하게 침해되었다. 인터넷과 소셜미디어를 통해 우한시의 실상을 알리고, 당국의 적극적인 방역과 지원을 촉구한 보도나 주장은 어김없이 통제되었다. 공산당과 정부가 인정한 인민단체, 자선단체, 종교단체 외에 민간 사회단체와 비인가 교회는 방역 활동에 제대로 참여할 수 없었다.

그 결과 '코로나와의 인민 전쟁'에서 '인민'은 없고 '당(黨)·정(政)·군(軍)'만이 있었다. 공산당은 이것만으로도 코로나19와 같은 국가적 위기는 충분히 극복할 수 있다고 말할지도 모른다. 그러나 '인민'이 없는 '인민 전쟁'은 '전투(방역)'에서는 승리할 수 있을지 모르지만, '전쟁(정치)'에서는 결코 승리할 수 없다. 이는 중국이 해결해야 하는 숙제로 남아 있다.

7. '신속한 통제 성공'에 대한 정확한 평가

마지막으로, 5장과 6장에서 분석했던 내용을 종합하여, 중국의 '신속한 통제 성공'을 어떻게 평가할지를 토론해보자. 코로나19의 '신속한 통제 성공'은 단순하게 인구 규모만 따져보아도 대단한 성과라고 말할 수 있다. 즉 중국의 전체 인구가 14억 1,000만 명, 초기에 봉쇄된 후베이성의 15개 도시 인구가 5,700만 명, 특히 76일 동안 전면 봉쇄된 우한시의 인구가 960만 명인 점을 생각하면, 이는 중국이 아니면 도저히 할 수 없는 대단한 일이다. 다시 말해, 전 세계 어느 국가도, 그 국가가 민주주의 국가건, 아니면 권위주의 국가건 중국처럼 이렇게 코로나19를 신속하게 통제할 수는 없었을 것이다.

동시에 '신속한 통제 성공'은 중국의 위기 대응 능력과 체계가 매우 뛰어나다는 사실을 다시 한번 증명한 일이기도 하다. 이와 관련하여 2002년에 사스가 발생했을 때처럼 2019년에 코로나19가 발생했을 때도 일부 국내외 언론과 전문가들은 '중국의 체르노빌 사태'가 터졌다느니, '제2의 톈안먼 사태'가 일어날 수 있다느니 하는 전망을 내놓았다. 즉 중국은 코로나19라는 팬데믹에 직면해 무능하고 부패한 정부에 대한 국민적 저항으로 인해 커다란 정치적 위기를 맞을 수 있다고 본 것이다. 그러나 이는 중국의 위기 대응 능력과 체계, 더 나아가서는 중국 정치체제의 회복력(resilience)과 적응성(adaptability)을 제대로 이해하지 못한 데서 나온 잘못된 판단 혹은 희망적 관측(wishful thinking)일 뿐이었다.

앞에서 말했듯이, 중국이 코로나19를 신속하게 통제할 수 있었던 것은, 공산당 일당제라는 권위주의 정치체제 특성 때문이 아니라, 위기에 적절히 대응할 수 있는 통치 능력과 대응 체계, 특히 운동식 정책 방식의 운용 능력을 갖추었기 때문이다. 따라서 중국이 이와 같은 대응 능력을 갖추고 있는 한 국내외적으로 중대한 위기가 발생해도 그것이 곧바로 정치 위기, 즉 공산당 일당 체제의 위기로 발전할 가능성은 크지 않다. 이는 앞으로도 마찬가지다.

그러나 동시에 우리는 '신속한 통제 성공'을 과장하거나 확대해석하는 일은 경계해야 한다. 중국의 코로나19 방역이 세계적인 성공 모델이니, 타국이 참고할 만한 가치가 있는 경험이니 하는 해석 말이다. 우리는 '신속한 통제 성공'을 위해 중국이 얼마나 많은 인적 및 물적 대가를 지불했는지 정확히 모르고 있다. 단순히 확진자와 사망자 수를 놓고 본다면, 미국 등과 비교해서 중국의 대가가 적다고 말할 수 있다. 그러나 이는 정치체제의 차이, 그에 따른 정책 결정과 집행의 차이를 무시하고 숫자만 단순 비교한 것으로 적절하지 않다.

예를 들어, 우한시를 포함하여 후베이성 내의 15개 도시를 봉쇄하면서 정부 당국은 시민들에게 어떤 설명을 했고, 어떤 방식을 통해 양해와 협조를 구했는가? 공산당 일당제라는 정치체제의 특성상 그런 일은 없었다. 방역 조치는 시급하고 불가피했다. 봉쇄 지역의 주민들을 물심양면에서 돕기 위해 당국은 최선을 다했다고 말할 수 있다. 그러나 사후적 정당화나 결과론적 평가만으로는 봉쇄 지역 주민들의 가슴에 남아 있는 고통과 지울 수 없는 상처는 치유될 수 없다.

그래서 정책 결정과 집행 과정에 대해 일부 지식인과 네티즌이

제기한 비판은 여전히 유효하다. '초기 대응 실패' 과정에서만이 아니라 '신속한 통제 성공' 과정에서도 국민의 기본권, 특히 표현의 자유와 언론의 자유는 심각하게 침해되었다. 인터넷과 소셜미디어를 통해 코로나19의 실상을 알리고, 당국의 과감한 행동을 촉구한 보도나 주장은 어김없이 통제되었다. 일선에서 코로나19를 치료했던 의사나 전문가들의 의견 대신에, 정치적 요소와 일신상의 안위 및 출세를 고려하는 당정 간부의 결정이 방역 활동을 주도했다.

중국의 2002년 사스 대응을 분석한 허(B. He) 교수는 이렇게 평가했다. "중국의 권위주의 체제는 끈질기고, 적응을 잘하고, 국민의 요구에 반응적임을 보여준다. 비록 '자연 질병 사스(SARS)', 즉 중증 급성 호흡기 증후군(Severe Acute Respiratory Syndrome: SARS)은 일시적으로 끝났지만, '정치 사스(SARS)', 즉 추악하고 권위적인 정권 증후군(Scandal Authoritarian Regime Syndrome: SARS)은 남아 있다. 거짓, 비밀, 부정행위가 여전히 날마다 벌어지고 있다."[63]

중국의 코로나19 대응에도 이런 평가가 여전히 유효한 것은 아닐까?

— 7장 —

왜 갑자기 제로 코로나 정책을
폐기했는가?

2022년 12월 26일에 국무원 '코로나19 연합 방역 통제기제(肺炎 疫情聯防聯控機制)'(연합 통제기제)는 방역 방침과 관련된 중대한 변화를 발표했다. 즉 코로나19 방역을 2023년 1월 8일부터 '2급 분류 1급 관리(乙類甲管)'에서 '2급 분류 2급 관리(乙類乙管)'로 하향 조정한다는 것이다. 이를 두고 공산당 중앙 기관지인 《인민일보》는 "우리나라 코로나19 방역 정책의 일차 중대한 조정"이라고 평가했다.[1] 즉 제로 코로나(Zero-Covid) 정책이 폐기된 것이다.

약 3년 전인 2020년 1월 20일에 국무원 국가위건위는 코로나

---

* 이 장은 다음 논문을 기초로 작성된 것이다. 조영남, 「중국은 왜 갑자기 '동태적 제로 코로나' 정책을 바꾸었나?」, 《중소연구》 47권 1호 (2023년 봄), pp. 7-57.

19를 사스처럼 '2급 분류 1급 관리', 즉 분류는 2급(을류) 감염병으로 하되 방역은 1급(갑류) 수준에 맞추어 진행한다는 방침을 하달했다. 이는 코로나19에 대한 전면적인 총력 대응을 알리는 신호탄이었다. 이제 이런 방침을 변경하여 '2급 분류 2급 관리'로 하향 조정했다는 것은, 코로나19에 대한 전면적인 총력 대응이 끝났다는 사실을 의미했다.

이어서 2023년 1월 7일에는 '제10판 방역 방안'이 발표되었고, 이에 따라 코로나19는 '코로나 바이러스 폐렴'에서 '코로나 바이러스 감염'으로 명칭이 바뀌었다. 또한 감염병 통계가 매일 발표되지 않고, 매주 1회 등 간헐적으로 발표되었다. 이처럼 여러 가지 면에서 코로나19가 1급 관리에서 2급 관리로 한 단계 낮추어 관리되기 시작했다.[2] 중국도 '동태적 제로 코로나(動態淸零, Dynamic Zero-Covid)' 정책을 폐기하고, '코로나와의 동행(與新冠病毒共存, With Corona)' 정책을 도입한 것이다.

1. 두 가지 해석과 남는 과제

중국의 신속한 정책 변화는 국내외로 큰 충격으로 받아들여졌다.[3] 단적으로 2022년 10월에 개최된 공산당 20차 전국대표대회(당대회)에서 시진핑 총서기는 제로 코로나 정책의 견지를 천명했다.

같은 해 11월 말까지도 중국 전문가나 해외 언론은 중국이 기존 정책을 쉽게 폐기할 수 없을 것으로 전망했다. 여기에는 몇 가지 이유가 있었다.

무엇보다, 중국은 낮은 코로나 감염률과 사망률을 '공산당 영도', 더 나아가서는 '사회주의 제도의 우월성'을 증명하는 근거로 선전했기 때문이다. 특히 공산당 20차 당대회에서 세 번째로 총서기직에 오른 시진핑은 지금까지의 방역 성과를 굳건히 지켜야만 했다. 이것이 자신의 최대 업적 중 하나였기 때문이다. 실제로 중국은 대내외로 방역 성과를 크게 홍보했고, 이를 통해 공산당의 통치 정통성을 높이려고 시도했다.[4]

또한, 중국의 의료 체계가 미비하고, 지역적으로 매우 불균형하게 분포되어 있다는 점도 제로 코로나 정책을 쉽게 폐기할 수 없는 하나의 이유가 되었다. 이외에도 중국산 백신의 낮은 효과와 함께 노인층의 낮은 백신 접종률도 문제로 지적되었다. 이런 이유로 중국은 기존 정책을 고수할 수밖에 없고, 그것을 바꿀 경우도 점진적으로만 바꿀 것으로 전망되었다.[5] 그런데 이런 전망과는 달리 급속하게 제로 코로나 정책을 폐기한 것이다.

그렇다면 중국은 왜 갑자기 제로 코로나 정책을 폐기했을까?

(1) 두 가지의 다른 해석

이에 대해서는 두 가지 다른 주장이 제기되었다. 하나는 '백지 시위 주도론'이다. 2022년 11월 24일에 신장 위구르 자치구의 우루무치시(烏魯木齊市)에서 아파트 화재 사고로 10명이 사망하는 참극이 발생했다. 이를 계기로 상하이시와 베이징시 등 최소한 10개 도시에서 11월 25일(금요일)부터 27일(일요일)까지 3일 동안 코로나 봉쇄 정책을 비판하고, 희생자를 추모하는 대중 시위(이하 '백지 시위')가 벌어졌다. 이때 사람들은 작게는 제로 코로나 정책의 수정, 크게는 시진핑 총서기와 공산당의 '하야(下臺)'를 요구하는 구호를 제창했다. 이와 같은 백지 시위로 인해 정부는 어쩔 수 없이 제로 코로나 정책을 바꿀 수밖에 없었다는 것이다.[6]

다른 하나는 '정부 주도론'이다. 이 주장에 따르면, 중국이 제로 코로나 정책을 폐기한 것은 백지 시위가 아니라, 중앙의 자체 판단 때문이었다. 이 무렵에는 기존 정책을 수정 또는 폐기할 수 있는 조건이 이미 무르익었다. 공산당 20차 당대회라는 중요한 정치 행사의 종료, 상하이시와 광둥성 광저우시 등 발전 지역의 경제성장률 둔화, 2022년 10월 들어 분명하게 나타난 수출 감소, 같은 해 11월 초 허난성 정저우시(鄭州市)에서 발생한 팍스콘(Foxconn) 노동자 시위와 이를 계기로 시작된 다국적기업의 불만 제기, 지역 봉쇄에 들어가는 엄청난 사회적 비용과 국민의 불만 증가, 국민의 백신 접종 확대 등이 대표적이다.

구체적으로 중국은 자체 계획에 따라 제로 코로나 정책을 변경하기 시작했다. 이에 따르면, 공산당 20차 당대회 이후부터 점진적인 완화 정책을 실행한 이후, 2023년 3월 14기 전국인민대표대회 (전국인대) 1차 연례회의(例會) 무렵에는 부분 해제, 그해 9월 항저우 아시안게임 개최 전에는 완전 해제를 실행한다는 것이다. 2022년 11월 10일의 정치국 상무위원회 회의와 다음 날 국무원 연합 통제 기제가 발표한 새로운 통제 완화 방침, 일명 '20조(條)'는 이런 계획의 첫 번째 조치였다. 백지 시위는 이 과정에서 발생한 사건으로, 정부의 정책 변화를 촉진한 하나의 요인이기는 하지만, 방역 정책을 변화시킨 주요 원인은 아니라는 것이다.[7]

여기서 주의할 점이 있다. 위에서 말한 두 가지 주장은 모두 단 하나의 요인만 주장하지 않고, 여러 요인이 복합적으로 작용하여 제로 코로나 정책을 바꾸었다고 주장한다. 이런 점에서 두 주장은 절충론을 취하고 있다. 다만 강조점에서 분명한 차이가 나기 때문에 이런 구분법은 여전히 유효하다. 즉 '백지 시위 주도론'은 코로나 19 정책을 급속하게 바꾸게 된 주요 원인이 대중 시위라고 보는 데 비해 '정부 주도론'은 시위를 하나의 촉진 요인으로 보지, 정책 변경의 주요 원인으로 보지는 않는다.

(2) 해결해야 할 과제

그렇다면 어느 주장이 더 타당할까? 나는 뒤의 주장이 더 타당하다고 생각한다. 다만 두 가지 보완이 필요하다.

첫째, 제로 코로나 정책을 폐기하게 된 배경(간접 원인)과 그것을

2022년 12월 말에 결정한 계기(직접 원인)는 구분해야 한다. 중국은 제로 코로나 정책을 계속 추진할 수 없었다. 이 정책에 따른 사회 경제적 비용과 손실, 정치적 신뢰 저하 등 여러 문제가 이미 견딜 수 없을 정도로 누적되었기 때문이다. 그러나 문제가 누적되었다고 해서 어느 시점에서 제로 코로나 정책을 폐기할 것인지는 다른 계기(직접 원인)가 필요하다. 이렇게 배경과 계기를 나누어서 살펴보면, 우리는 중국이 제로 코로나 정책을 갑자기 폐기하게 된 원인과 과정을 더 잘 이해할 수 있다.

둘째, 그래도 남는 문제에 대해서는 적절한 대답을 찾아야 한다. 중국이 갑자기 제로 코로나 정책을 폐기하면, 엄청난 중증 감염자와 사망자가 발생하고, 그 결과 전체 의료 체계가 붕괴할 수 있다는 보고서가 이미 여러 편 발표되었다. 예를 들어, 한 보고서는 그럴 경우 노인의 낮은 백신 접종률, 의료시설과 의약품의 부족, 중국산 백신의 효능 저하 등의 원인으로 몇 개월 내에 최소 50만 명, 최대 150만 명에 이르는 사망자가 발생할 수 있다고 예측했다.[8]

이런 상황을 잘 알면서도 중국은 왜 갑자기 제로 코로나 정책을 폐기했을까? 이에 대한 대답으로 '백지 시위 주도론'은 적절해 보인다. 즉 폐기 조건이 아직 갖추어지지 않았는데도 2022년 11월 말에 발생한 백지 시위로 인해 어쩔 수 없이 기존 정책을 바꾸어야만 했다는 것이다. 그러나 이는 적절한 대답이 아니다.

무엇보다, 정책 변화는 백지 시위가 일어나기 한 달 전 무렵, 즉 공산당 20차 당대회 직후부터 시작되었다(이에 대해서는 뒤에서 자세히 살펴볼 것이다). 또한, 대중 시위도 2022년 여름 무렵부터 전국에서 산발적이지만 계속 발생했기 때문에 백지 시위만을 주목해서는 안 된다.[9] 특히 백지 시위 그 자체도 주말 3일 동안에 집중적으로 발생한 이후 곧 중단되었다는 점에서 그 영향을 과대평가해서는 안 된다. 오히려 대중 시위가 정책 변화에 영향을 미쳤다면, 2022년 11월 초에 허난성 정저우시에서 발생한 팍스콘 노동자 시위가 더 컸을 수도 있다.[10]

이런 이유에서 11월 말 백지 시위를 정책 변화의 주요 원인으로 보기에는 무리가 있고, 우리는 다른 원인을 찾아야 한다. 그렇다면 다른 원인은 무엇일까? 한마디로 말해, 지방이 먼저 제로 코로나 정책을 '사실상' 폐기했기 때문에, 중앙이 그것을 인정하고 수용할 수밖에 없었다는 사실이다. 중앙이 원래 계획을 변경하고 갑자기 제로 코로나 정책을 폐기한 것은 이 때문이었다.

아래에서는 먼저, 중국의 제로 코로나 정책에 대해서 살펴볼 것이다. 이를 통해 2019년 12월부터 2022년 12월까지 3년간 중국이 어떤 방역 정책을 추진했고, 그것은 어떤 성과와 문제를 낳았는지를 이해할 수 있다. 여기서는 문제가 특히 중요하다. 그것이 제로 코로나 정책을 바꾸게 된 배경(간접 원인)이 되었기 때문이다.

다음으로, 공산당 20차 당대회 이후 추진된 제로 코로나 완화 정책을 분석할 것이다. 이를 통해 중국이 각 시점에서 어떤 정책을 추진했고, 제로 코로나 정책은 구체적으로 언제 폐기되었는지를 알 수 있다. 이때에는 백지 시위에 대해서도 간략히 살펴볼 것이다. 결론에서는 제로 코로나 정책의 급속한 폐기가 갖는 정치적 시사점을 살펴볼 것이다.

2. 제로 코로나 정책의 내용과 중국의 평가

먼저 그동안 중국이 추진해온 제로 코로나 정책이 무엇이고, 그것은 어떻게 집행되었는지를 살펴보자. 또한 중국은 제로 코로나 정책에 대해 어떻게 평가하는지도 살펴보자.

(1) 제로 코로나 정책의 내용과 집행

중국의 공식 설명에 따르면, 제로 코로나는 그동안 중국이 실행했던 방역 정책을 집대성하여 만든 '중국 특색의 방역 정책'이다. 구체적으로 그것은 코로나19의 발생과 확산을 용인하지 않겠다는 정책, 감염이 발생하면 바로 박멸하여 발생 지역에 뿌리내리지 못하게 만드는 정책을 의미한다. 또한 이 정책에서는 '조기 발견, 신속 봉쇄, 확산 차단'이 핵심이고, 이를 위해 일상적으로 '대규모 유전자 증폭(PCR) 검사'와 '감염 발생 시 전면 봉쇄 방법'이 사용된다.[11]

간단히 정리하면, 제로 코로나 정책은 두 가지 방법, 즉 첫째는 전 주민의 PCR 검사와 둘째는 감염 지역의 봉쇄로 대변된다.

① 제로 코로나 정책과 주민의 불만 고조

먼저, 전 주민을 대상으로 정기적인 PCR 검사를 진행한다. 인구 500만 명 이상의 대도시에는 3일에 1회, 그 이하의 도시에서는 2일에 1회 전 주민이 PCR 검사를 받아야 한다. 일부 지역에서는 지방정부의 자체 결정에 따라 전 주민이 매일 PCR 검사를 받기도 했다. PCR 검사 결과는 곧바로 휴대전화 앱의 건강 코드에 반영되어, 건강 코드가 음성(녹색 표시)인 주민만이 대중교통과 공공시설을 이용할 수 있다. PCR 검사에서 양성 판정을 받으면, 지역에 따라 다르지만 보통 2주 이상 집단 격리시설에 격리되고, 밀접 접촉자도 역시 일정 기간 격리된다.

또한, 각 도시는 코로나19 감염 위험 정도에 따라 상(上)·중(中)·하(下) 지역으로 구분되어 각 등급에 맞는 방역 조치가 실행된다. 이 중에서 고위험 지역, 즉 상(上)으로 분류된 지역의 경우에는 일정 규모 이상으로 감염자가 발생하면 해당 지역—예를 들어, 도시의 한 구(區)—이 봉쇄되고, 그것이 더욱 확대되면 도시 전체가 봉쇄된다. 봉쇄 기간은 상황에 따라 다르지만, 보통 1~2주에서 1~2개월까지 지속된다.

예를 들어, 상하이시는 2022년 3월 27일부터 5월 31일까지 2개월 동안 봉쇄되었다.[12] 신장 위구르 자치구는 9월부터 11월까지 3개월 동안 봉쇄되었다.[13] 그 밖에도 베이징시와 광둥성 광저우시의 일부 구(區)가 2022년 10월과 11월에 1~2주 정도씩 부분 봉쇄되었다. 마지막으로, 허난성 정저우시의 팍스콘 공장도 같은 해 11월 2일부터 9일까지 1주일간 봉쇄되었다.[14]

　고위험 지역으로 분류되어 봉쇄되면, 주민의 일상생활과 사회활동은 사실상 마비된다. 생필품과 의약품은 공동으로 공급되거나, 아주 제한된 범위 내에서만 개별 구매가 허용된다. 기업과 상점, 학교와 공공시설은 문을 닫고, 주민의 이동은 특별한 경우가 아니면 허용되지 않는다. 사적인 일상 모임이나 행사가 허용되지 않는 것은 말할 필요도 없다. 지역과 지역 간의 이동도 역시 통제된다. 업무상 필요에 따라 고위험 지역에서 저위험 지역으로 이동한 사람들은 감염 여부와 상관없이 일정 기간 격리해야만 한다.[15]

　이 같은 전 주민의 정기적인 PCR 검사와 지역 봉쇄는 커다란 불편을 초래했다. 모든 주민은 2일 혹은 3일에 한 번씩 의무적으로 PCR 검사를 받아야 하기에 각 지역의 PCR 검사소에는 늘 검사 대기자들로 장사진을 이루었다. 한두 시간의 검사 대기는 기본이었다. 검사 후 양성 판정을 받은 주민은 곧바로 집단시설에 격리되어 2주 이상 지내야만 했다. 밀접 접촉자도 자택에서 격리하는 등 역시 비슷한 어려움을 겪었다.

　이 때문에 도시의 일부 주민과 농촌 지역의 대다수 촌민(특히 노인)은 PCR 검사 자체를 회피하는 경향이 있었다. 이 경우 방역 요원의 집중 단속을 피할 수 없고, 그 과정에서 일부 폭력 사태가 발생하기도 했다. 2022년 여름부터 전국적으로 제로 코로나 정책에 대한 국민의 불만이 시위 형태로 표출되기 시작한 것은 이 때문이었다. 다시 말해, 주민들의 코로나19 방역 정책에 대한 항의 시위는 '정책 그 자체'보다 정책을 집행하는 과정에서는 나오는 '강제적 조치' 때문에 주로 발생한 것이었다(이는 뒤에서 다시 살펴볼 것이다).

② 강력한 집행 강조와 당정 간부의 처벌

한편 제로 코로나 정책은 정부의 강력한 집행 체제와 실제 집행 능력이 있어야만 실행이 가능한 정책이다. 중국은 이런 집행 체계를 갖추고 있고, 실제로 집행 능력이 있다는 점을 과거에 여러 번 입증했다. 위기 시기의 '운동식 정책 방식'이 바로 그것이다. 이에 대해서는 이미 앞의 장들에서 자세히 살펴보았다.

공산당 중앙은 제로 코로나 정책을 전국적으로 실행하기 위해 기회가 있을 때마다 방역 업무의 중요성을 강조했다. 예를 들어, 2022년 3월 17일의 정치국 상무위원회 회의에서 시진핑 총서기는 방역의 '정치적 성격'을 강조했다. 즉 지속적인 경제발전과 성공적인 감염병 방역은 '공산당 영도'와 '사회주의 제도의 현저한 우세'를 보여준다. 따라서 '코로나19 상황이 엄중한 지역에서는 영도 간부가 방역 업무를 제일의 임무'로 여기고 최선을 다해야만 한다. 공산당 위원회는 감독과 책임 추궁을 강화하여 방역 실패를 초래하는 업무 소홀 등에 대해서는 반드시 엄정히 조치해야 한다.[16]

2022년 5월 5일의 정치국 상무위원회 회의에서도 시진핑 총서기는 제로 코로나 정책의 '굳건한 유지(堅持)'를 강조했다. 즉 "조금의 동요도 없이 동태적 제로 코로나의 총 방침을 견지하고, 우리나라의 방역 정책을 왜곡·회의·부정하는 모든 언행과 투쟁해야 한다." 시진핑 총서기에 따르면, 이는 "중국의 국가 상황(國情)이 명령하는 일이다." 즉 인구 대국으로 노령인구가 많고, 지역발전이 불균등하며, 의료 자원이 부족하여 방역을 느슨하게 하면 중증 감염자와 사망자가 대규모로 발생할 수 있다. 그것은 다시 경제와 사회의 발전, 국민의 생명 안전과 신체 건강에 엄중한 영향을 미칠수 있다.[17]

공산당 중앙의 엄격한 실행 방침을 증명하듯이, 2021년 한 해에만 전국적으로 많은 당정 간부가 코로나19의 방역 소홀로 인해 각종 징계를 받았다. 〈표 12〉는 이를 정리한 것이다. 이에 따르면, 1년 동안 모두 575명의 당정 간부가 각종 징계를 받았다. 다만 이 통계에는 징계의 구체적인 내용(예를 들어, 강등과 면직)이 나와 있지 않아 징계의 실제 강도를 알 수는 없다.

어쨌든 공산당 중앙의 방침에 따라 전국의 당정기관과 간부들은 제로 코로나 정책을 최우선 중점 과제로 추진할 수밖에 없었다. 그 과정에서 획일적이고 과도한 방역 정책의 집행 등으로 인해 여

〈표 12〉 2021년 코로나19 방역 관련 문책받은 당정 간부

날짜	지역	간부(인)
1월 26일	하얼빈시(헤이룽장성), 다싱구(베이징시), 통화시(지린성), 신타이시(허베이성), 스자좡시(허베이성)	19
2월 14일	하얼빈시(헤이룽장성), 통화시(지린성)	402
4월 21일	루리시(윈난성)	1
6월 12일	광저우시(광둥성)	20
7월 28일	난징시(장쑤성), 더훙자치주(윈난성)	2
8월 2일	장쑤성, 윈난성, 허난성	84
10월 5일	하얼빈시(헤이룽장성), 샤먼시(푸젠성)	/*
10월 22일	에지나자치기(내몽골자치구)	6
11월 5일	창핑구(베이징시)	10
11월 9일	에지나자치기(내몽골자치구), 창핑구(베이징시), 헤이허시(헤이룽장성), 스자좡시(허베이성)	10
11월 14일	헤이허시(헤이룽장성), 스자좡시(허베이성), 청두시(쓰촨성), 다롄시(랴오닝성)	21
총계		575

주: • 통계 자료 누락
자료: Difeng Ding and Ruilian Zhang, "China's COVID-19 Control Strategy and Its Impact on the Global Pandemic", *Frontiers in Public Health*, Vol. 10 (March 2022), p. 3.

러 가지 부작용이 나타났다.[18] 대중의 불만 고조와 산발적인 항의 시위는 그중의 하나였다.

(2) 중국의 자체 평가와 국민의 정책 지지

중국 정부는 지난 3년간의 방역 정책, 특히 제로 코로나 정책에 대해 성공적이었다고 자평한다. 평가 기준은 두 가지다. 첫째는 '인민의 생명 안전과 신체 건강의 최대한 보호'다. 이는 중증 감염자 수와 사망자 수로 측정할 수 있다. 둘째는 '코로나19의 사회경제적 악영향의 최소화'다. 이는 경제성장률로 측정할 수 있다. 이런 두 가지 기준에서 보았을 때, 방역 정책은 매우 성공적이었다는 것이다. 즉 전 세계 어떤 국가와 비교할 때, 인구당 중증 환자 수와 사망자 수가 훨씬 적을 뿐만 아니라 경제성장률 면에서도 주요 국가 중에서는 비교적 높다는 것이다.[19]

그러나 이런 중국의 주장에는 문제가 있다. 먼저, 통계 수치가 정확한 것인지 알 수 없다. 경제 통계는 그렇다 해도, 코로나19의 중증 감염자와 사망자 수는 대폭 축소되었기 때문에 중국의 주장을 그대로 수용할 수 없다. 또한, 설사 이런 수치를 모두 인정한다고 해도, 중국이 강조하는 평가 기준에는 심각한 문제가 있다. 왜냐하면 제로 코로나 정책의 집행 과정에서 국민이 감내한 엄청난 희생과 고통, 사회가 지불한 막대한 비용과 대가는 이 지표에 포함되지 않기 때문이다.

중국은 또한 지난 3년의 코로나 팬데믹 기간에 전 세계에도 크게 공헌했다고 주장한다. 두 가지 측면에서 그랬다고 한다. 첫째, 3년 동안 경제성장을 지속하여 세계의 경제성장을 견인했다. 중국의 국내총생산은 2020년 2.2%, 2021년 8.4%, 2022년 3% 등 3년 동안 평균 4.5%나 성장했다. 이를 기반으로 중국은 무역 증가, 투자 증가, 세계 각국에 시장 제공 등의 역할을 담당했다는 것이다.

둘째, 타국이 코로나19에 대비할 수 있도록 시간을 벌어주었을 뿐만 아니라, 방역에 필요한 각종 정보, 의약품, 의료 설비도 제공했다. 예를 들어, 중국은 여러 국제기구를 통해 153개 국가와 15개 지역에 수천억 위안에 달하는 의료 물자를 제공했고, 120개 국가와 국제기구에 22억 도즈(dose: 복용량)의 백신을 무료 혹은 저가로 공급했다.[20]

이런 성과를 국민에게 알리기 위해 공산당은 언론 매체를 통해 대대적인 선전전을 전개했다. 2022년 12월 16일부터 20일까지 '중성(仲聲: '중앙의 목소리'라는 의미)'이라는 필명으로 《인민일보》에 연재된 기획 기사가 대표적인 사례다.[21] 텔레비전과 방송 등 전통매체뿐만 아니라, 인터넷과 소셜미디어 등 신매체를 통해서도 제로 코로나 정책의 우수성을 적극적으로 홍보했다. 특히 낮은 사망률과 높은 경제성장률의 동시 달성 등 중국이 거둔 성과에 대해서도 칭찬을 아끼지 않았다.

이와 같은 공산당의 선전과 여론 선도가 큰 효과를 발휘하면서, 중국 국민은 자국의 코로나19 정책에 대해 높은 지지를 보냈다. 최소한 정부가 제시하는 지표로만 볼 때, 중국의 성과는 선진국이나 개발도상국을 불문하고 그 어느 국가보다도 훌륭하기 때문이다.

또한 이런 방역 정책을 추진한 공산당과 정부에 대해서도 국민은 매우 만족해했다. 이는 여러 학자가 실행한 각종 설문조사를 통해 확인되었다.[22] 이런 상황은 2022년 봄까지, 즉 오미크론 변이가 우세종이 되어 제로 코로나 정책이 더 이상 효과가 없다는 사실이 밝혀지기 전까지 계속되었다.

3. 제로 코로나 정책의 문제점

그러나 이런 중국의 자화자찬 이면에는 제로 코로나 정책이 초래한 숨길 수 없는 커다란 문제가 쌓여갔다. 사실 코로나19가 아니어도 시진핑 집권 2기(2017~2022년)의 경제정책은 기본적으로 경제성장에 나쁜 영향을 미치는 것이었다. 예를 들어, 시진핑 정부는 알리바바(Alibaba), 텐센트(Tencent), 바이두(Baidu), 징둥(Jingdong) 등 첨단 대기업(Big Tech), 특히 핀테크(Fintech) 기업에 대한 통제를 강화했다. 또한 중국의 경제성장에 중요한 역할을 담당하는 부동산 개발을 억제했고, 기업형 사교육도 대대적으로 단속했다. 그 결과 민영경제는 위축하는 반면, 국유경제는 정부의 적극적인 지원을 받아 확장한다는 '국진민퇴(國進民退)' 현상이 더욱 심각하게 나타났다.

이런 상황에서 제로 코로나 정책은 중국 경제에 엄청난 부담으

로 작용했다. 이를 종합적으로 고려할 때, 지난 3년 동안 중국 경제
가 연평균 4.5%나 성장했다는 정부의 공식 통계는 놀라울 따름
이다.

(1) 막대한 방역 비용과 지방정부의 재정 적자 확대

첫째, 제로 코로나는 거대한 방역 비용이 들어가는 '돈 먹는 하
마' 정책이다. 여기에는 전 주민을 대상으로 실시되는 PCR 검사 비
용, 전국적으로 300만~400만 명 정도나 되는 방역 요원—흔히 이
들은 '큰 흰옷(大白)'으로 불린다—의 고용 비용, 지역 봉쇄를 위한
각종 시설(예를 들어, 바리케이드)의 설치와 관리 비용 등이 포함된다.
이를 모두 포함하면, 제로 코로나 정책을 위해 사용한 비용은 최
소한 몇백조 원에 달한다.

예를 들어, 《뉴욕타임스(New York Times)》의 보도에 따르면, 9억 명
을 대상으로 3일에 한 번씩 3년 동안 PCR 검사를 진행한다면, 그
비용만 1,000억 달러(한화 약 130조 원)에 달한다.[23] 또한 광둥성 정부
에 따르면, 광둥성은 최근 3년간 코로나19 방역에 총 1,468억 위안
(약 27조 171억 원)을 지출했다. 이는 광둥성 전체 연구개발(R&D) 비
용의 35%에 해당하고, 중앙정부가 조성한 반도체 산업 부양 기금
인 1,387억 위안보다도 많은 액수다. 정도의 차이는 있지만, 다른
지역도 상황은 비슷하다.[24]

둘째, 각급 지방정부의 재정 적자와 부채가 눈덩이처럼 불어났

다. 이는 전체 공무원의 임금을 30% 정도 삭감하는 등의 조치로 감당할 수 있는 규모가 아니다.[25] 예를 들어, 2022년 12월 29일 국무원 재정부(財政部)가 발표한 「2022년 12월 지방채 발행 및 채무 잔액 현황」에 따르면, 2020년부터 2022년까지 3년간 코로나19에 대응하기 위해 각급 지방정부가 발행한 채권(지방채)은 14조 위안(한화 약 2,553조 원)이다. 이는 이전 5년(2015~2019년) 동안에 발행한 지방채보다 1.6배나 많은 규모다.

또한 국무원 재정부의 데이터에 따르면, 2022년 12월 말 기준으로, 지방정부의 부채 잔액은 35조 위안(한화 약 6,367조 원)을 돌파했다. 이는 2019년의 21조 위안보다 14조 위안(한화 약 2,541조 원)이 증가한 규모다. 만약 2014년의 부채 총액과 비교하면, 2배나 증가한 규모다.[26] 이처럼 지방정부의 재정 적자와 그것을 메꾸기 위한 채권 발행이 급증하면서, 제로 코로나 정책은 조만간 대폭 수정 혹은 폐기될 수밖에 없었다. 재정적인 측면에서 볼 때, 지속 가능한 정책이 아니기 때문이다.

(2) 대규모 실업자의 발생과 경제성장률의 저하

셋째, 지역 봉쇄 정책으로 인해 농민공(農民工), 즉 농촌에서 도시로 일자리를 구하기 위해 이동하는 농민 출신의 노동자, 신규 취업자, 중소 자영업자의 취업 문제가 매우 심각해졌다. 공산당이 '유일한 집권당(執政黨)'의 지위를 굳건히 유지하기 위해서는 실업 문제를 잘 관리해야만 한다. 그런데 2022년에 접어들면서 실업 문제가 더욱 심각해지기 시작한 것이다.

먼저, 청년(16세에서 24세) 실업률이 2022년 중반에 19.9%를 기록하는 등 1년 평균 15%를 훌쩍 넘었다(2023년 7월에는 21.3%를 기록했다). 이는 국제노동기구(ILO)가 발표한 전 세계 청년 평균 실업률인 14.9%보다 많은 것이다. 그런데 이를 엄밀하게 계산하면, 중국의 청년 실업률은 실제로 40%가 넘는다는 주장이 제기되었다. 특히 2022년에는 대졸 취업생이 1,000만 명인데, 이는 취업 시장에 커다란 압력으로 다가왔다(2023년에는 대졸자가 1,152만 명에 달했다). 중국 정부의 통계에 따르면, 2022년에만 1,206만 개의 도시 일자리가 창출되었다고 하는데, 과연 어떤 일자리를 말하는지 잘 모르겠다.[27]

다음으로, 2021년에는 약 3억 명에 달하는 농민공 중에서 최소 약 1억 명이 일자리를 잃었고, 2022년에 들어서는 상황이 더욱 나빠졌다. 따라서 2022년 하반기로 가면서, 최소한 1억 5,000만 명 이상의 농민공이 실업 상태에 놓이게 되었다. 이는 상하이시, 베이징시, 광저우시, 정저우시 등 특대 도시가 봉쇄되면서 이들이 일자리 —예를 들어 건설 노동직, 식당 등의 서비스직—를 잃은 결과였다.

마지막으로, 2021년에만 350만 개의 민영기업(民營企業)과 960만 개의 자영업(個體戶)을 포함하여 모두 1,320만 개의 시장 주체(market entity)가 정부에 폐업을 신고했다. 이를 이어 2022년 상반기에도 455만 개의 시장 주체가 추가로 폐업을 신고했다(폐업 신고는 정부 보조금을 받기 위해 필요한 절차로, 신고하지 않고 폐업한 자영업자를 포함하면 실제 폐업 규모는 더 클 것이다).[28] 이를 종합하면, 3년 동안에 최소한 1,800만 개의 중소기업과 자영업, 그에 속한 수천만 명의 노동자가 직장을 잃었다. 상황이 이런데도 중앙정부 차원에서 국민에게 일괄적으로 재난지원금을 배포하지 않은 유일한 국가가 바로 중국이다.

넷째, 위에서 살펴본 이유로, 중국은 2022년에 들어 경제성장률이 떨어지는 현상이 분명하게 나타났다. 2022년 국내총생산은 전년 동기와 비교하여 1분기에는 4.8%, 2분기에는 0.4%, 3분기에는 3.9%, 4분기에는 2.9% 증가하는데 머물면서, 연평균 3% 성장률을 기록했다. 이는 공식 목표치인 5.5%를 크게 밑돈 것일 뿐만 아니라, 코로나19가 창궐한 2020년의 2.2%를 제외하면, 개혁기 최악의 실적이었다.

이는 당연한 결과였다. 2022년 1년 동안 중국은 '봉쇄 중'으로, 전체 14억 1,000만 명의 인구 중에서 2억 명 정도, 국내총생산으로 계산하면 5분의 1 정도가 상시 '봉쇄' 상태였다.[29] 특히 베이징시, 상하이시, 광저우시 등 중국의 경제발전에서 중요한 역할을 담당하는 특대 도시가 부분 또는 전체가 봉쇄되면서 경제성장에 치명타를 가했다. 이런 상태에서는 제로 코로나 정책을 지속할 수 없었다.

4. 제로 코로나 정책을 고집한 배경

최소한 공산당 20차 당대회 이전에는 제로 코로나 정책이 폐기되지 않을 것이라는 주장은 정설처럼 받아들여졌다. 시진핑 총서기의 권력 3연임을 정당화하기 위해서는 '특별한' 업적이 필요하고, 코로나19에 대한 철저한 방역은 그런 업적 중에서도 중요한 업적이었기 때문이다. 이는 타당한 주장이다. 그러나 이것만으로는 중국이 왜 2022년 12월까지 제로 코로나 정책을 고수했는지, 반대로 말하면 왜 그때 가서야 그것을 폐기했는지를 제대로 설명할 수 없다.

(1) 오미크론 변이에 대한 잘못된 판단

먼저, 중국은 오미크론 변이의 성격과 영향력을 잘못 판단했다. 제로 코로나 정책은 앞에서 설명했듯이, 델타 변이에 맞춘 방역 정책으로, 실제로 델타 변이의 확산을 막는 데는 분명히 효과적이었다. 그러나 2022년에 들어 오미크론 변이가 우세종이 되면서, 검사와 봉쇄가 더 이상 유효한 방역 정책이 아니게 되었다. 왜냐하면 오미크론 변이의 급속한 전파 속도 때문에 PCR 검사를 통해 감염자를 파악하고, 파악된 감염자를 신속하게 격리함으로써 코로나19의 확산을 막겠다는 전략은 효과를 발휘할 수 없기 때문이다. 어느 방역 전문가가 지적한 것처럼, 오미크론 변이를 검사와 봉쇄로 막겠다는 생각은 '마치 손으로 바람을 막겠다'라는 생각만큼 어리석다.

예를 들어, 중국 질병센터에 따르면, 2021년 5월과 6월에 광둥성 광저우시에서 발견된 델타 변이의 재생산 지수(Reproduction Number: Ro)는 3.2였다. 그런데 2022년 1월 톈진시에서 발견된 오미크론 변이의 재생산 지수는 8.2였고, 이후에는 10~18, 어떤 지역에서는 21에 달했다.[30] 다른 지방의 상황도 마찬가지였다.

이처럼 감염 속도가 빠른 상황에서 오미크론 변이를 대상으로 제로 코로나 정책을 고수한 것은 처음부터 실패가 예견된 것이었다. 그 결과 중국은 노인층에 대한 백신 접종을 더욱 확대하고, 코로나19의 급속한 확산에 대비해서 의료 설비를 확충하고 의약품을 비축하면서 '코로나와의 동행'을 준비해야 했던 소중한 1년을 전 주민의 정기적인 PCR 검사와 지역 봉쇄라는 부적절한 활동으로 낭비한 것이다.

이런 판단 오류는 일차적으로 감염병 전문가 집단의 의견 대립 등의 문제에서 비롯되었다. 한마디로 말해, 이 이슈를 두고 감염병 전문가 사이에서 의견이 나뉘었고, 그 결과 제로 코로나 정책이 유지되었다는 것이다. 감염병 전문가 집단의 다수파는 제로 코로나 정책의 고수를, 소수파는 완화 혹은 폐기를 주장했는데, 결국 다수파의 의견이 정부 정책으로 채택되었기 때문이다. 이는 공산당 20차 당대회 전부터 있었던 일로, 당대회 이후에도 계속되었다.[31]

이런 상황에서 중앙은 기존의 제로 코로나 정책을 폐기할 확실한 근거를 찾을 수 없었다. 만약 감염병 전문가들이 한목소리로 제

로 코로나 정책의 폐기를 주장했다면, 중앙도 이를 수용했을 가능
성이 크다. 실제로 2020년 1월 20일에 중앙의 3차 역학조사팀이 우
한시의 실태 조사 후에 사태의 심각성을 인식하고 우한시의 봉쇄
를 건의했을 때, 시진핑 총서기를 비롯한 공산당 지도부는 그것을
전격 수용했다.

(2) 제로 코로나 정책에 대한 사회적 의견 대립

사실 일반 국민도 제로 코로나 정책을 신뢰했고, 그래서 기존
정책의 급격한 폐기보다는 점진적 통제 완화를 선호했다. 이는
2022년 10월과 11월에 그룹 업(Group Up) 방식으로 실시된 인터넷
설문조사 결과를 통해 확인할 수 있다. 먼저, 조상 대상자의 12%
만이 제로 코로나 정책의 영향이 없었다고 답했고, 나머지는 심각
한 영향(23.7%), 어느 정도 영향(64.4%)이 있었다고 답했다. 다음으
로, 조사 대상자의 38%가 주택 격리, 7%가 집단 격리를 경험했다.
마지막으로, 제로 코로나 정책의 변경 여부에 대해서는 조정(완화)
이 필요하다는 응답이 다수인 반면, 폐기를 주장한 사람은 소수에
불과했다.[32]

방역 정책에 대한 전문가 집단과 사회 내의 의견 대립은 2022년
12월 말에 제로 코로나 정책을 폐기하면서 일시적으로 사회적 대
혼란이 발생했을 때도 재현되었다. 다시 말해, 제로 코로나 정책을
폐기해야 한다고 주장하는 진영과 그 정책을 고수해야 한다고 주

장하는 진영이 나뉘어, 인터넷과 소셜미디어에서 격렬한 논쟁이 전개된 것이다.[33]

이처럼 코로나19 정책을 둘러싸고 국론 분열이 심각한 상황에 직면하자, 시진핑 총서기는 2022년 12월 31일에 발표한 신년사(新年辭)에서 '단결'을 강조해야만 했다.

"내일의 중국의 힘은 단결에서 나온다. 중국은 영토가 광활하고, 인구가 많으며, 사람마다 요구가 다를 수 있고, 일에 대한 의견이 다를 수 있다. 이는 정상이며 소통과 협상을 통해 공감대를 형성해야 한다. 14억 이상의 중국인이 마음과 힘을 하나로 모은다면, 이루지 못할 일이 없고, 넘지 못할 고비도 없다."[34]

(3) '성공에 의한 실패'와 타산지석(他山之石)의 '과잉'

마지막으로, 중국은 코로나19 방역에서 '성공에 의한 실패(failure by success)'를 경험했다. 2022년 초까지 제로 코로나 정책은 코로나19의 확산 방지와 경제성장 유지에 '성공적'이었다.[35] 앞에서 살펴본 것처럼, 중증 감염자와 사망자의 수가 상대적으로 적었고, 경제성장률도 타국과 비교해서 비교적 높았기 때문이다.

특히 일본이 2020년 도쿄 하계올림픽을 1년이나 연기해서 2021년에 개최했는데도 성공적이었다는 평가를 듣지 못한 데 비해 중국은 2022년 2월에 베이징 동계올림픽을 제때 개최했을 뿐만 아니라, 경기 운영 등 여러 가지 면에서 성공적이었다는 평가를 들었다. 이런 상황에서 공산당 지도부가 기존의 제로 코로나 정책을 폐기해야 한다고 생각하기는 쉽지 않다.

게다가 미국과 유럽 등 '코로나와의 동행' 정책을 채택한 국가에서는 심각한 문제가 발생했다는 사실도 중국 지도부의 정책 결정에 영향을 미쳤다. 중국과 비교해서 의료시설이 잘 갖추어져 있고, 백신과 치료제도 풍족한 이들 국가와 지역에서조차 코로나와의 동행 정책은 초기에 심각한 부작용을 낳았다. 그것이 언론을 통해 중국에 보도되면서 당정 간부만이 아니라, 일반 국민도 제로 코로나 정책에 대한 확신을 굳혔다. 이처럼 타국의 부정적 경험은 중국에 반면교사로 작용하여 기존 정책을 고수하게 만든 하나의 요인이 되었다.

홍콩의 경험도 마찬가지였다. 2020년과 2021년에 홍콩은 엄격한 제로 코로나 정책을 통해 감염병 확산을 성공적으로 막을 수 있었다. 그런데 2022년 2월과 3월에 제로 코로나 정책을 완화하면서 중증 감염자와 사망자의 수가 급증하는 일이 발생했다. 병원은 환자로 포화 상태에 달해 의료 체계가 거의 붕괴 직전에 도달하는 등 사회적 혼란이 심각했다. 그 결과 홍콩은 세계의 '모범적 방역 지역'에서 '세계 최고의 코로나 치명률 지역'으로 전락했다.[36]

이런 상황을 옆에서 지켜본 중국이 기존 정책을 고수해야 한다고 더욱 확신하게 된 것은 어쩌면 당연한 일이다. 물론 오미크론 변이는 치명률이 낮기 때문에 시간이 지난 후에는 곧 안정을 되찾을 수 있다는 긍정적인 교훈에는 주목하지 않았다.[37]

5. 공산당 20차 당대회 이후의 정책 변화

이제 중국이 2022년 10월에 개최된 공산당 20차 당대회 이후 제로 코로나 정책을 어떻게 수정했고, 그 과정에서 백지 시위는 어떤 역할을 담당했는지 살펴보도록 하자. 이를 통해 제로 코로나 정책의 폐기는 정부가 주도한 것이고, 백지 시위는 폐기를 촉진한 하나의 요인이지, 주요 원인은 아니라는 사실을 알 수 있다.

중국은 공산당 20차 당대회가 끝난 직후인 2022년 11월 초부터 제로 코로나 정책을 "유연하고 탄력적으로 집행해야 한다"라는 점을 강조하기 시작했다.[38] 또한 그런 변화된 방침을 담은 새로운 방역 방침을 발표했다.

(1) 중앙의 방침 변화: 제로 코로나 정책의 완화

2022년 11월 5일에 국무원 연합 통제기제가 하달한 지시는 중앙의 변화된 방역 방침을 잘 보여준다. 이에 따르면, 첫째, 중앙과 각급(各級) 지방정부는 기존의 '동태적 제로 코로나' 정책, 즉 '외부 유입 방지(外防輸入)와 국내 재발 방지(內防反彈)의 총 전략'과 '동태적 제로 코로나의 총 방침'을 굳건히 지켜야 한다. 이는 전과 같은 내용이다.

둘째, 그러나 이와 동시에 각급 지방정부는 이런 중앙의 방침을 각 지역의 상황에 맞추어 적절하게 집행해야 한다. 다시 말해, 지역의 조건과 상황을 무시하고 '단순화(簡單化) 및 획일화(一刀切)'된 방식으로 집행해서는 안 된다. 또한 집행 과정에서 하층으로 내려갈수록 방역 업무의 부담을 증가시키는 '부담 가중(層層加碼)'도 방지해야 한다. 이를 위반한 당정조직과 간부는 철저히 문책할 것이다.[39]

이런 변화된 중앙의 방침은 2022년 11월 10일에 개최된 정치국 상무위원회 회의에서도 이어졌다.[40] 시진핑 총서기에 따르면, 인구 대국으로 노령인구가 많고, 지역발전이 불균등하며, 의료 자원이 부족한 중국의 상황으로 인해 제로 코로나 정책은 견지해야 한다. 이는 이전 방침과 같다. 그런데 이와 동시에 시진핑 총서기는 방역 정책의 집행 과정에서 발생하는 '무책임한 태도, 형식주의, 관료주의'를 굳건히 반대하고, '획일화와 부담 가중'도 반대한다는 방침을 분명히 밝혔다.

이런 시진핑 총서기의 말은 전과 확연히 달라진 태도를 보여준다. 즉 지난 3월과 5월의 정치국 상무위원회 회의에서 시진핑 총서기는 코로나19 방역의 '정치적 성격'을 강조했다. 즉 방역을 '제일의 임무'로 놓고, 제로 코로나 정책을 "왜곡·회의·부정하는 모든 언행과 투쟁해야 한다"라는 것이다. 그런데 이제는 조건과 상황에 맞는 적절하고 탄력적인 정책 집행을 강조하고 있다. 이처럼 코로나 방역 정책은 공산당 20차 당대회 이후 분명한 방침의 변화, 즉 통제 완화의 길을 걷기 시작했듯.

(2) '20조 개선 조치'의 발표

이런 변화된 중앙의 방침은 2022년 11월 11일에 발표된 국무원 연합 통제기제의 '20조 개선(優化) 조치'(이하 '20조')로 구체화되었다. 이를 하달한 '통지'에 따르면, '20조'는 "중국이 시세(時勢)에 따라 능동적으로 개선한 방역 정책을 국내외로 발표한 명확한 신호"다. 특히 "14억 명의 인구를 가진 중국에서는 다양한 사람들의 다양한 요구가 있고", 이 때문에 이를 고려하여 "광범위하게 의견을 모아 과학적으로 정책을 결정해서 방역 정책을 조정하는 것이 관건"이다. 이번에 발표한 '20조'가 바로 그 결과물이다.[41] 이어서 발표된 《인민일보》의 사설과 신화사(新華社)의 평론은 이런 내용을 반복해서 강조했다.[42]

〈표 13〉에서 알 수 있듯이, '20조'는 제로 코로나 정책의 '폐기'가 아니라 '완화'된 내용을 담고 있다. 예를 들어, 밀접 접촉자의 격리를 기존의 '7일 집중 격리 + 3일 재택 모니터링'에서 '5일 집중 격리 + 3일 재택 격리'로 완화했다. 마찬가지로 고위험 지역에 노출된 사람도 기존의 '7일 집중 격리'에서 '7일 재택 격리'로 완화했다.

<표 13> 중국의 코로나19 통제 조치 완화 과정과 결과

날짜	주요 내용	특징
2022년 11월 11일 ('20조')	• 밀접 접촉자의 격리기간 단축과 범위 축소 • 고위험 지역의 격리 완화와 위험지역 범위의 단순화 • 코로나 미발생 지역의 PCR 검사 임의 확대 금지 • 해외 입국 규정의 완화와 입국자 격리의 완화	제로 코로나 정책의 유지하에 일부 통제의 완화
12월 7일 ('신 10조')	• 위험구역의 명확화와 확대 금지 • 고위험 지역의 신속한 봉쇄와 해제 • PCR 검사의 축소와 격리 축소 • 의약품 구매와 정상적인 의료 질서의 보장 • 노인 백신 접종의 확대와 중점 인원의 파악 • 사회의 정상 운영과 학교 방역의 강화	제로 코로나 정책의 폐기 없이 통제 완화의 가속화
12월 26일 ('2급 분류 2급 관리')	2023년 1월 8일부터 실시되는 신 방역 방침 발표: '2급 분류 1급 관리(乙類甲管)'에서 '2급 분류 2급 관리(乙類乙管)'로 하향 조정	제로 코로나 정책의 폐기
2023년 1월 8일 ('제10판 방역 방안')	• 명칭: 코로나 바이러스 폐렴 → 코로나 바이러스 감염 • PCR 검사: 전수 의무 검사에서 자발적 검사로 변화 • 감염자 격리의 폐지와 밀접 접촉자 분류 및 고위험 지역 지정의 폐지	제로 코로나 정책의 폐기를 실행하는 지침 제시

자료: '20조(條)': 國務院 聯防聯控機制 綜合組, 「關於進一步優化新冠肺炎疫情防控措施 科學準確做好防控工作的通知」(2022.11.11.); '신(新) 10조': 國務院 聯防聯控機制 綜合組, 「關於進一步優化落實新冠肺炎疫情防控措施的通知」(2022.12.7.); '2급 분류 2급 관리': 國務院 聯防聯控機制 綜合組, 「關於對新型冠狀病毒感染實施'乙類乙管'的總體方案」(2022.12.27.); '제10판 방역 방안': 國務院 聯防聯控機制 綜合組, 「新型冠狀病毒感染防控方案(第十版)」(2023.1.7.).

코로나 위험지역의 구분도 기존의 상·중·하 3단계에서 상·하 2단계로 단순화했다. 또한 코로나19 위험지역은 아파트 동(棟) 등으로 세분화해서 지정해야 한다. 즉 위험지역의 임의적 확대 지정을 금지한다. 그 밖에도 기존에 전 주민을 대상으로 정기적으로 실시하던 PCR 검사를 축소하여 감염 가능성이 큰 직업군에 한정해서 실시한다.

여기서 알 수 있는 것처럼, '20조'는 중국이 전부터 강조하던 '과학적이고 정밀한 방역'을 강조한 것이지, 제로 코로나 정책의 폐기를 선언한 것이 아니었다. 그러나 만약 지방정부가 방역 일선에서 '20조'를 제대로 집행하면, 국민의 불만을 완화하면서도 방역의 효율성과 효과성은 유지할 수 있다고 중앙은 강조했다.

(3) 지방의 미온적인 태도: '20조' 방침의 실패

문제는 지방에서 완화된 방역 정책(즉 '20조')이 제대로 집행되지 않았다는 사실이다. 2020년 4월부터 '일상 방역(日常化防控)' 단계로 넘어가면서, 전체 방역 정책은 중앙이 결정하지만 세부 정책의 집행은 지방에 위임하는 새로운 방침이 실행되었다. 그 결과 지방은 방역 정책의 집행과 관련하여 큰 권한을 보유하게 된 것이다. 각 지방이 중앙 방역 정책의 집행에서 커다란 차이를 보이는 것은 이 때문이었다.

예를 들어, 2022년 봄과 여름에 오미크론 변이가 중국에 퍼지기 시작했을 때, 상하이시는 전체 시의 전면 봉쇄 정책을 채택했다. 그 결과 2,600만 명의 특대 도시가 두 달 동안 '침묵의 도시'로 변화했다. 반면 광둥성 광저우시와 선전시(深圳市)는 코로나19의 감염이 심각한 일부 구(區)만을 일시적으로 봉쇄하는 부분적인 봉쇄 정책을 실행했다. 베이징시도 마찬가지였다. 이처럼 지역 간 차이는 각 지역의 정부가 자체 판단에 따라 중앙의 방침을 다르게 집행

한 결과였다.[43]

이처럼 상충하는 중앙의 두 가지 방침, 즉 첫째로 제로 코로나 정책을 유지한 상태에서, 둘째로 지역 상황에 맞게 '과학적이고 정밀한 방역' 혹은 '단순화, 획일화, 부담 가중이 없는 방역'을 실행하라는 방침에 직면했을 때, 대부분의 지방정부는 첫째인 제로 코로나 정책을 선택하게 된다. 만약 중앙의 둘째 방침에 따라 방역을 완화했다가 확진자가 대량으로 발생하면, 지방의 당정 간부들이 문책당할 가능성이 크기 때문이다.

또한 지방의 입장에서 볼 때, '과학적이고 정밀한 방역' 혹은 '단순화, 획일화, 부담 가중이 없는 방역'은 구체적으로 무엇을 의미하고, 그것을 어떻게 집행해야 하는지도 정확히 알 수 없다. 그래서 각 지방은 중앙의 요구대로 하고 싶어도 할 수가 없다. 특히 재정 적자의 누적으로 인해 자원과 인원이 절대적으로 부족한 지방의 상황에서는 새로운 완화 정책을 정교하게 집행하기란 더더욱 어려웠다.[44]

이런 여러 가지 이유로 인해, 새로운 코로나19 방역 정책인 '20조'는 지방에서 제대로 집행되지 않았다. 다시 말해, 지방은 대부분 강력한 코로나19 통제 정책(즉 제로 코로나 정책)을 고수했고, 그 결과 중앙의 코로나19 통제 완화 정책(즉 '20조')은 실패로 끝나고 말았다.

6. '백지 시위'의 발생과 정부의 대응

이런 상황에서 백지 시위가 발생한 것이다.[45] 앞에서 말했듯이, 2022년 11월 24일에 신장 위구르 자치구의 우루무치시에서 아파트 화재로 10명, 특히 다수의 어린이가 희생되는 사건이 발생했다. 이는 제로 코로나 정책에 따라 아파트 단지를 봉쇄하기 위해 출입구를 잠그고, 또한 도로마다 장애물이 설치되어 소방차가 제대로 출동할 수 없어서 많은 희생자가 발생한 인재(人災)로 여겨졌다. 분노한 우루무치 지역의 일부 시민들이 제로 코로나 정책에 항의하는 시위를 시작한 것은 이 때문이었다.

우루무치시의 화재 사건과 시위 소식은 곧바로 인터넷과 소셜미디어를 통해 전국에 알려졌다. 그 결과 11월 25일(금요일)부터 27일(일요일)까지 주말 3일 동안에 전국에서 최소한 10개 대도시에서 백지 시위가 발생했다. 여기에는 신장 위구르 자치구의 우루무치시와 쿠얼러시(庫爾勒市) 이외에 베이징시, 란저우시, 청두시(成都市), 난징시(南京市), 상하이시, 항저우시, 우한시, 광저우시가 포함된다. 주로 대학생을 중심으로 한 청년들이 백지 시위를 주도했고, 일반 시민도 일부 참여했다.

그런데 백지 시위가 발생했을 때, 경찰은 시위대를 강제로 진압하거나 해산시키지 않았다. 대신 시위대 옆에서 질서를 유지하고, 교통을 통제하는 데만 몰두했다. 백지 시위가 너무 갑작스럽게 발생해서 정부도 명확한 지침을 결정하지 못한 결과일 수 있다. 아니면, 시위대를 강제로 해산 혹은 진압하지 말라는 중앙의 지시가 있었기 때문일 수도 있다. 사실 상하이시의 일부 시위를 제외하면, 대부분 지역의 백지 시위에서는 시민들이 정치적인 구호를 최대한 자제하려고 노력했다. 이 때문에 경찰이 백지 시위에 대해 강경하게 대응할 이유도 없었다.[46]

(1) '백지 시위'의 성격과 특징

백지 시위의 성격을 보면, 결코 반체제나 반정부 시위는 아니었다.[47] 시위의 주된 요구는 철저한 지역 봉쇄 정책의 완화였다. 그밖에도 제로 코로나 정책에 따른 사회경제적 비용의 증가와 주민 불편 확대에 대한 불만, 국민의 권리와 이익 침해에 대한 비판, 표현의 자유 부재에 대한 항의('백지'는 주로 이를 상징한다), 정신질환과 우울증 확대 등 여러 가지의 사회 문제에 대한 항의가 시위의 주된 내용이었다.[48]

참고로 백지 시위가 발생한 데는 2022년 11월 20일부터 12월 18일까지 중동의 카타르(Qatar)에서 열린 월드컵 축구 경기도 한몫을 했다. 외국인들은 마스크를 벗고 자유롭게 경기장에 모여 축구를 관람하는 모습을 TV로 보면서, 중국인들은 자국의 강력한 봉쇄 정책에 대해 회의하고 비판하기 시작한 것이다.[49] 즉 중국이 고수하고 있는 제로 코로나 정책은 실효성이 없고, 그래서 다른 국가는 이미 코로나와의 동행 정책을 실행하고 있다는 사실을 알게 된 것이다.

또한 백지 시위는 이전에 있었던 '대중 소요 사건(群體性案件, mass incident)'과도 몇 가지 다른 특징을 보여주었다. 첫째, 시위대는 지방정부가 아니라 중앙을 직접 비판했다. 이전의 시위는 주로 지방정부와 하층 당정 간부의 잘못을 비판하면서, 상급 정부 혹은 중앙이 개입해서 자신들의 문제를 해결해달라고 요구하는 것이 대부분이었다. 그러나 이번에는 아니었다. 즉 상하이시의 일부 시위에서 나타난 현상이기는 하지만, 중앙의 봉쇄 정책과 시진핑 총서기를 직접 비판했다.

둘째, 내국인뿐만 아니라 세계 여러 곳에 거주하는 화인(華人: 해외 거주 중국인)들이 적극적으로 호응해서 시위를 확산시켰다. 예를 들어, 미국과 유럽의 주요 도시에서 백지 시위를 지지하는 시위가 전개되었다. 이는 인터넷과 소셜미디어 덕분에 가능한 일이었다. 특히 중국의 젊은이들은 가상사설망(VPN)을 이용하여 당국의 검열을 우회해서 트위터(Twitter)에 접속하는 방법 등을 통해 시위 사실을 전 세계에 알렸다.

셋째, 소수민족, 구체적으로는 신장 위구르족과 한족(漢族) 간의 감정적 유대감과 연대가 형성되었다. 즉 한족들이 신장 위구르족이 당한 참변(화재 사고)에 공감하여 애도를 표시할 뿐만 아니라, 그들이 시작한 항의 시위에도 자발적으로 동참한 것이다. 이는 그렇

게 흔한 일이 아니다.[50]

(2) 정부의 '백지 시위' 대응 정책

정부는 백지 시위에 대해 양면적인 정책을 구사했다. 먼저, 강경한 대응 방침을 표명했다. 백지 시위 다음 날인 2022년 11월 28일에 개최된 중앙 정법위원회(政法委員會) 회의에서, 천원칭(陳文清) 서기는 "국가 안전과 사회 안정을 굳건히 유지해야 한다"라는 중앙의 결정을 전달했다. 특히 "법에 따라 적대세력의 사회 침투와 파괴 행위를 굳건히 타격하고, 법에 따라 사회질서를 해치는 위법 범죄행위는 굳건히 타격하여 사회 안정을 견실히 유지해야 한다." 이런 방침 이후 실제로 경찰은 휴대전화 위치 추적과 안면 인식 기술을 이용하여 시위 참가자를 색출하여 연행하는 등 대규모 단속 작전을 전개했다. 그 결과 일부 적극적인 시위 참가자는 구속되기도 했다.[51]

이와 동시에 정부는 백지 시위를 무마하는 유화정책도 추진했다. 먼저, 시진핑 총서기는 유럽연합(EU) 대표단과의 면담에서 시위자(특히 청년들)의 불만을 이해하는 듯이 이야기했다. EU 대표단이 이를 언론과의 인터뷰를 통해 전달하면서 시진핑 총서기의 이야기가 외부에 알려졌다. 공산당은 이런 방식을 통해 간접적으로 백지 시위에 참여한 청년들을 안심시키려고 한 것이다(시진핑 총서기나 리커창 총리가 이를 직접 말하기는 어려웠을 것이다. 그럴 경우, 시위를 조장

혹은 방조하는 셈이 되기 때문이다).

2022년 11월 30일에는 순춘란 부총리가 국무원 국가위건위 좌담회에 참석하여 제로 코로나 정책의 완화 가능성을 언급했다.[52] 방역 조건이 변화했다는 것이다. 즉 오미크론 변이의 치명률 약화, 백신 보급의 확대, 방역 경험의 축적 등으로 인해 이제는 봉쇄 정책을 더욱 완화해도 큰 문제가 없다는 것이다. 또한 앞으로 제로 코로나 정책을 완화하기 위해 두 가지의 중점 업무를 추진할 계획이라고 말했다. 하나는 노인 접종의 확대고, 다른 하나는 의료 설비 및 물자의 확충이다.[53] 이런 순춘란 부총리의 언급은 조만간 제로 코로나 정책이 대폭 완화될 것임을 암시한 것이었다.

(3) 지방의 완화된 정책 추진과 중앙의 강력한 완화 정책 예고

더욱 중요한 점은 지방의 정책 집행이 전과 다르게 크게 바뀌기 시작했다는 사실이다. 앞에서 말했듯이, 대부분 지방은 백지 시위 전에는 중앙의 완화 정책을 보수적으로 해석해서 제로 코로나 정책을 고수했는데, 시위 이후에는 지방에 허용된 재량권을 최대한 활용하여 적극적으로 완화 정책을 추진하기 시작했다는 것이다. 예를 들어, 광둥성 광저우시가 먼저 지역 봉쇄를 해제했고, 베이징시, 톈진시, 청두시 등 주요 대도시가 그 뒤를 따랐다. 그래서 많은 국내외 언론은 백지 시위 직후에 중국의 방역 정책이 급격히 변화한 것으로 보도한 것이다.[54]

그러나 중앙의 방역 정책은 백지 시위 이후에도 변하지 않았다. 변한 것은 일부 지방(특히 주요 대도시)의 정책 집행 태도였다. 그것도 모든 지방이 이런 변화를 보인 것도 아니었다. 예를 들어, 안후이성(安徽省)의 허페이시(合肥市)와 랴오닝성의 진저우시(錦州市)는 이 기간에 오히려 코로나19의 방역 통제를 강화했다. 신장 위구르 자치구의 우루무치시도 말로는 지역 봉쇄를 해제했다고 발표했지만, 실제로는 여전히 봉쇄를 유지했다.

그런데 시위가 끝난 후 이틀이 지난 2022년 11월 29일에 국무원 연합 통제기제가 기자회견에서 발표한 내용을 보면, 백지 시위에 대해 중앙이 어떻게 생각하고, 이후에 어떤 방역 정책을 추진할 것인지를 예견할 수 있었다. 즉 코로나19 통제 정책의 대폭 완화를 예고했다.

기자회견 내용에 따르면, 대중의 불만은 '방역 통제 그 자체(疫情防控本身)'가 아니라 지방이 정책을 집행하는 과정에서 나타나는 '단순화, 획일화, 부담 가중, 군중 요구 경시' 등의 문제 때문에 발생했다. 그동안 이런 문제를 해결하기 위해 각 지역은 '부담 가중 해결 전담반(整治層層加碼工作專班)'을 만들어서 다양한 정책을 시도했는데, 실제 결과를 보면 기대만큼의 성과가 나오지 않았다는 것이다.[55]

이런 중앙의 발표는 두 가지 사실을 보여준다. 첫째, 중앙은 백지 시위가 일어난 책임을 지방에 떠넘기고 있다. 2020년 4월부터

'일상 방역' 단계에 접어들면서, 전체적인 방역 방침은 중앙이 결정하지만, 그것의 세부 집행은 지방이 담당한다. 그런데 백지 시위에서 국민이 표시한 불만은 '정책 그 자체'가 아니라 '정책의 집행'을 향하고 있다. 따라서 모든 책임은 중앙이 아니라 지방이 져야 한다. 이는 오래전부터 해왔던 공산당의 고전적인 통치 방식이다. 중앙이 지방을 '희생양'으로 삼아 자신의 '무오류 신화'를 유지하는 권모술수라고 할 수 있다.

둘째, 이것보다 더 중요한 사실은, 백지 시위가 지방이 새로운 방역 완화 정책, 즉 '20조'를 제대로 집행하지 않아서 발생했기 때문에, 중앙은 지방의 이런 '관성'을 깨기 위해 더욱 강력한 완화 정책을 추진할 계획이라는 점이다. 앞에서 보았듯이, 비록 제로 코로나 정책은 유지되었지만, 그 내용과 추진 방식은 2022년 11월 초부터 이미 완화되었다. '20조'는 그런 조정을 반영한 정책이다. 그런데 지방이 이것을 제대로 집행하지 않았다. 지방의 이런 '관성'을 깨려면, 더욱 강력한 완화 정책이 필요하다. 중앙은 이렇게 판단한 것이다.

7. 제로 코로나 정책의 대폭 완화와 '사실상' 폐기

국무원 연합 통제기제는 백지 시위가 발생한 지 열흘 뒤인

2022년 12월 7일에 「코로나19 방역 통제를 더욱 개선하여 실시하는 통지(通知)」, 일명 '신(新) 10조(條)'를 하달했다.[56] 국내외 언론은 이를 중국이 제로 코로나 정책을 폐기한 결정으로 보도했다. 그런데 실제 정책 내용을 살펴보면, 전혀 그렇지 않다. 기존 봉쇄 정책을 폐기하고 '코로나와의 동행' 정책을 도입한 것은, 다시 20일이 지난 12월 26일이었다.

그렇다면 왜 국내외 언론들은 '신 10조' 발표 이후에 중국의 제로 코로나 정책이 폐기되었다고 보도했을까? 중앙의 의도와 달리 지방이 그것을 폐기 정책의 방향으로 집행했기 때문이다.

(1) '신 10조'의 내용

먼저 '통지'에 따르면, '신 10조'는 "각 지역이 방역에 대응하는 과정에서 축적한 경험과 당면한 긴급한 문제를 종합적으로 고려하여 결정한 적절한 개선 조치"다. 따라서 각급 지방정부와 해당 부서는 '20조'와 '통지'의 요구를 견지하여 '단순화, 획일화, 부담 가중' 등의 방법을 굳건히 바로잡고, '형식주의와 관료주의'를 반대 및 극복하며, 세부 항목을 엄격히 집행해야 한다. 이를 통해 '인민의 생명과 신체 건강을 최대한 보호'하고, '경제·사회 발전에 미치는 감염병의 영향을 최소화'해야 한다.

이런 방침을 보면, '신 10조'는 '20조'와 마찬가지로 제로 코로나 정책의 폐기가 아니라 완화를 주장하고 있다. 특히 '20조'의 요구를 견지해야 한다는 방침은 이를 잘 보여준다. 다만 세부 내용을 보면, '신 10조'는 '20조'보다 더욱 강력한 통제 완화 정책을 담고 있다 (〈표 13〉 참고). 중앙이 지방의 '관성'을 깨기 위해 더욱 강력한 통제 완화 정책을 결정한 것이다.

세부 정책은 모두 열 가지('신 10조'로 불린 것은 이 때문임)인데, 그중에서 중요한 사항은 다음과 같다. 첫째, 위험지역의 구분을 과학적이고 정밀하게 실행한다. 즉 위험지역은 건물과 아파트 동(棟)을 단위로 세분해서 구분해야지, 사구와 가도·향·진 등 지역을 단위로 구분하면 안 된다. 또한 어떤 임시 봉쇄도 금지한다. 둘째, PCR 검사는 고위험 직종의 종사자에 한정하고, 나머지는 원하는 사람만 실시한다. 병원·양로원·학교 등 일부를 제외하고 PCR 음성 증명서와 건강 코드를 요구하지 않는다. 지역 간 이동 시에도 PCR 음성 증명서와 건강 코드를 요구하지 않는다.

셋째, 격리 방식을 완화하여 무증상 감염자와 경증 감염자는 재택 격리하고, 원한다면 집중시설에 격리한다. 넷째, 5일 이상 신규 감염자가 없으면, 고위험 지역의 봉쇄를 신속히 해제한다. 다섯째, 사회의 정상 활동과 기본 의료 서비스의 제공을 재개한다. 그 밖에도 의약품 공급의 보장, 노인 접종의 강화, 각종 통행 제한 시설(예를 들어, 바리케이드)의 철거, 학교 방역의 강화를 실행한다.

'신 10조'가 제로 코로나 정책의 폐기가 아니라는 점은, 국무원 연합 통제기제의 대변인 발언을 통해서도 확인할 수 있다. 그에 따르면, '신 10조'를 발표한 이유는 방역의 과학성과 정확성의 수준을 높이고, 집행 중에 '단순화, 획일화, 부담 가중'을 해소하기 위한 것이다. 또한, 코로나19의 통제를 완화한 배경은 오미크론 변이의 치명률이 낮아지고, 백신 접종이 보급되었으며, 방역 경험이 축적되어 방역이 새로운 형세와 임무에 직면했기 때문이다.

특히 주의해야 할 점은 '신 10조'가 제로 코로나 정책의 폐기가 아니라는 점이다. 즉 "이번의 방역 조치 조정은 능동적으로 개선하는 것으로, 코로나19 상황을 완전히 개방하거나 방역 중단을 의미하지는 않는다." 마지막으로, 현재 의약품과 의료시설은 잘 준비되어 있으며, 앞으로도 준비에 매진할 것이다.[57] 이런 내용, 특히 '현재 의약품과 의료시설이 잘 준비되어 있다'라는 주장은 제로 코로나 정책을 유지하면서 점진적으로 통제를 완화할 방침임을 분명히 보여준다. 제로 코로나 정책을 폐기할 생각이었다면 이렇게 주장할 수 없기 때문이다. 뒤에서 보겠지만, 제로 코로나 정책이 갑자기 폐기된 이후, 중국은 준비 부족이 초래한 의료 대란(大亂)으로 커다란 곤경에 처했었다.

(2) 지방의 '사실상' 폐기와 중앙의 '불가피한' 승인

그런데 대부분의 지방은 다르게 판단했다. 즉 '신 10조' 발표 이후 지방은 중앙이 제로 코로나 정책을 폐기한 것으로 간주하고, 통제 해제에 적극적으로 나선 것이다. 지방이 '신 10조'를 그렇게 해석한 것은 몇 가지 근거 때문이었다.

첫째는 중국의 최고 방역 전문가인 중난산(鍾南山) 원사의 말이다. 그는 언론 매체에 출연하여 반복해서 강조했다. "오미크론 변이가 코로나19의 우세종이 된 이후, 코로나19 환자의 99%는 7일에서 10일 사이에 회복하기 때문에 두려워할 필요가 없다." 지방은 이를 '중앙의 목소리'로 이해했다. 둘째는 의무적인 전수 PCR 검사의 폐지다. 이는 중앙이 제로 코로나 정책을 폐기한다는 '강력한 신호'로 여겨졌다. 셋째는 광저우시, 베이징시, 톈진시 등 대도시가 선도적으로 지역 봉쇄를 해제했는데, 중앙이 이를 막기는커녕 '신 10조'를 발표해서 승인했다는 점이다. 이렇게 되면서 지방은 앞다투어 제로 코로나 정책을 '사실상' 폐기했다.

이처럼 대부분의 지방이 경쟁적으로 제로 코로나 정책을 '사실상' 폐기하면서 중앙은 어려운 선택에 직면했다. 첫째 선택은 원래 계획대로 제로 코로나 정책의 견지를 강조하면서, 점진적 완화 정책으로 상황을 되돌리는 것이다. 이 선택의 문제점은 현실적으로 그렇게 하기가 쉽지 않다는 점이다. 많은 국민이 이미 봉쇄 해제의 '자유'를 맛보았기 때문이다. 둘째 선택은 이미 지방에서 실행하고 있는 '코로나와의 동행' 정책을 인정하고, 제로 코로나 정책의 폐기를 공식 선언하는 것이다. 이 선택의 문제점은 현재 상황, 즉 의료 시설과 의약품의 준비 정도를 종합적으로 판단했을 때, 단기간의 사회적 대혼란은 피할 수 없다는 점이다.

최종적으로 중앙은 두 번째를 선택했다. 그것이 바로 2022년 12월 26일에 국무원 연합 통제기제가 발표한 내용이다. 다만 아직 구체적인 세부 방침이 준비되지 않아서, 그로부터 열흘이 지난 뒤인 2023년 1월 7일에야 '제10판 방역 방안'을 발표할 수 있었다. 이는 중앙이 그만큼 제로 코로나 정책의 폐지를 서둘러서 발표할 수밖에 없었다는 사실, 그렇게 해서라도 지금까지 나타났던 코로나19의 대응을 둘러싸고 발생한 중앙과 지방 간의 혼선을 수습해야만 했음을 보여준다.

여기서 알 수 있듯이, 중국은 2022년 11월 말에 발생한 백지 시위 때문에 제로 코로나 정책을 폐기한 것이 아니다. 그보다는 12월 7일에 발표한 '신 10조' 정책 이후에 전개된 지방의 자체적인 급속한 방역 완화 정책, 다른 식으로 말하면 제로 코로나 정책의 '사실상' 폐기로 인해 어쩔 수 없이 현실을 인정하고 그것을 공식화한 것이다. 12월 26일의 선언은 이를 잘 보여준다. 이는 중앙이 원래 계획했던 점진적인 통제 완화 정책을 폐기하는 결정이기도 하다.

8. 일시적 대혼란과 코로나와의 인민 전쟁 '승리 선언'

2022년 12월 7일 이후, 지방정부가 중앙의 원래 의도와 달리 제로 코로나 정책을 '사실상' 폐기하면서 감염자는 급속히 증가했다.

〈그래프 2〉 중국 코로나19 PCR 검사 양성 반응 규모와 비율

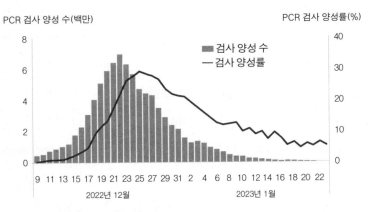

자료: 中國 疾病預防控制中心, 「中国新型冠状病毒感染疫情况」(2023年 1月 25日), www.chinacdc.cn (검색일: 2023.1.26.).

〈그래프 2〉는 이를 잘 보여준다. 구체적으로 12월 6일에 채 50만 명이 되지 않았던 감염자(즉 PCR 검사 양성 반응자)는 정점인 12월 22일에는 거의 700만 명으로 14배나 증가했다.

이런 상황을 잘 알면서도 국무원 연합 통제기제는 2022년 12월 26일에 방침 변경을 선언한 것이다. 즉 2023년 1월 8일부터 코로나19를 '2급 분류 1급 관리'에서 '2급 분류 2급 관리'로 하향 조정한다고 발표했다. 국무원 연합 통제기제에 따르면, 이는 "공산당 중앙이 전체를 종합적으로 고려하고 판단한 기초 위에서 내린 중대한 정책 결정"이다. 지난 "3년간의 탁월한 방역 활동은 백신 생산, 약물 연구, 의료 자원의 준비 등에 필요한 시간을 보장했다. 코로나

266

19 상황에 근거하여 능동적으로 방역 정책을 조정하는 것은 과학적이고 시의적절하며 필요한 일이다."

이런 급속한 방역 정책의 조정, 즉 제로 코로나 정책의 폐기와 코로나와의 동행 정책의 실행은 전부터 예견되었던 사회적 대혼란을 불러왔다. 단적으로 중소도시와 농촌 지역은 말할 것도 없고, 베이징시와 상하이시 등 대도시에서도 코로나19 감염자가 대규모로 발생하면서 의약품과 의료시설이 절대적으로 부족했다. 이 때문에 많은 환자가 제대로 치료 한번 받지 못하고 사망했다. 또한 장례식장과 화장장은 급증하는 사망자를 소화할 수 없어 시체가 쌓여갔다.[58] 그러나 이는 피할 수 없는 대가였다.

다행히 대혼란은 시간이 가면서 빠르게 수습되기 시작했다. 그 결과 제로 코로나 정책을 공식 폐기한 지 한 달 정도가 지난 2023년 2월 초순에는 형세가 안정되었다. 이를 배경으로 공산당은 코로나19 방역에서 중국이 거둔 '위대한 성과'와 공산당 중앙이 보여준 '정확한 영도'를 다시 한번 강조했다. 드디어 2023년 2월 16일에 개최된 회의에서, 정치국 상무위원회는 다음과 같이 '코로나와의 인민 전쟁'에서 중국이 승리했음을 선언했다.

"[공산당 20차 당대회가 끝난] 2022년 11월 이후, 우리는 '건강 보호(保健康)와 중증 방지(防重症)'를 중심으로 방역 조치를 끊임없이 개선 및 조정하여, 단기간에 감염병 통제의 안정적인 전환을 실현했다.

[이 과정에서] 2억 명 이상이 응급진료를 받았고, 거의 80만 명에 달하는 중증 환자가 효과적인 치료를 받아, 코로나19 사망률을 지구상에서 가장 낮은 수준으로 유지하여, 감염병 방역에서 중대한 결정적 승리를 획득했다. [이는] 인류 문명사에서 인구 대국이 감염병 대유행을 성공적으로 벗어나는 기적을 창출한 것이다.

실천은 증명한다. 공산당 중앙의 방역 형세에 대한 중대한 판단, 방역 업무에 대한 중대한 결정, 방역 정책(策略)에 대한 중대한 조정은 완전히 정확했고, 조치는 효력이 있었으며, [이는] 군중이 인정하는 것으로, 효과(成效)는 거대한 것이다." [59]

중국 국민은 공산당의 이런 자화자찬식 평가, '코로나와의 인민 전쟁'의 승리 선언에 대해 어떻게 생각할까? 과연 이에 흔쾌히 동의할까? 또한 역사는 공산당의 이런 자체 평가에 대해 어떤 판단을 내릴까? 시간만이 말해줄 것이다.

9. 정책 변화의 평가와 시사점

중국은 2022년 10월에 공산당 20차 당대회가 끝난 직후부터 제로 코로나 정책을 완화하는 계획을 수립하고 집행했다. 같은 해 11월 5일 국무원 연합 통제기제가 하달한 지시와 11월 10일 정치국 상무위원회 회의는 이를 잘 보여준다. 이를 종합한 것이 11월 11일에 발표된 국무원 연합 통제기제의 '20조'다. 이는 기존 제로 코로나 정책을 폐기하려는 것이 아니라 완화하려는 방침이었다.

이런 흐름은 같은 해 12월 7일에 발표된 국무원 연합 통제기제의 '신 10조'로 이어졌다. 즉 '신 10조'도 '20조'와 마찬가지로 제로 코로나 정책의 폐기가 아니라 완화를 목적으로 한 방침 변화였다. 제로 코로나 정책은 그로부터 20일이 지난 12월 26일에 코로나19를 '2급 분류 1급 관리'에서 '2급 분류 2급 관리'로 변경하는 방침이 발표되면서 비로소 폐기되었다. 이처럼 기존 정책은 완화에서 폐기로 한 달도 되지 않아 급속히 바뀌었다.

중국이 제로 코로나 정책을 폐기한 데에는 그만한 이유가 있었다. 3년간 실시한 방역 정책이 심각한 문제를 낳았기 때문이다. 첫째는 천문학적인 방역 비용이다. 둘째는 이로 인한 지방정부의 재정 적자와 부채의 급속한 증가다. 셋째는 노동자와 자영업자 등의 실업률 증가다. 높은 실업률(특히 청년 실업률)은 공산당 통치의 정통성에 치명타를 가할 수 있는 민감한 사안이다. 넷째는 2022년에 나타난 경제성장률 하락의 가속화다. 이런 상황에서 제로 코로나 정책을 고집한다면, 중국은 회복할 수 없는 사회경제적 충격에 직면할 수 있다.

그런데 제로 코로나 정책을 2022년 12월 말에 폐기한 것은 직접적인 계기가 있었기 때문이다. 먼저, 대중 시위는 중요한 촉진 요인이었다. 국민의 불만은 2022년 여름부터 다양한 형태의 시위로 표출되었다. 이 중에서 2022년 11월 초에 발생한 정저우시 팍스콘 공장의 노동자 시위는 중앙의 우려를 사기에 충분한 사건이다. 이어 같은 해 11월 말에 발생한 백지 시위는, 제로 코로나 정책에 대한 국민의 불만이 일부이기는 하지만 정치적 구호를 제기할 정도까지 깊어졌음을 보여주었다. 만약 이를 그대로 방치할 경우, 공산당과 중앙에 대한 정치적 신뢰가 크게 훼손될 수도 있다.

대중 시위보다 더 중요한 요인은, 지방이 제로 코로나 정책을 '사실상' 폐기하는 방향으로 몰고 갔다는 사실이다. 지방은 원래 중앙이 제시한 통제 완화 방침에 대해 소극적으로 대응했고, 이런 태도는 11월 말에 백지 시위가 발생할 때까지 지속되었다. 그런데 백지 시위 이후 베이징시, 톈진시, 광저우시 등 주요 대도시가 지역 봉쇄를 해제하는 방향으로 급선회했다. 이를 지켜보고 있던 많은 다른 지방도 그 길로 달려가기 시작했다.

이어서 2022년 12월 7일에 '신 10조'가 발표되었을 때, 대부분의 지방은 이를 중앙이 제로 코로나 정책을 폐기하는 방침으로 해석했다. 대도시만이 아니라 중소도시와 농촌 지역 등 각 지방이 경쟁적으로 기존 정책을 폐기한 것은 이 때문이다. 이런 상황에서 중앙은 어쩔 수 없이 현실을 인정하고, 제로 코로나 정책을 공식적으로 폐기할 수밖에 없었다. 2022년 12월 26일의 발표가 바로 그것이다.

이상에서 살펴본 제로 코로나 정책의 급속한 폐기는 공산당

20차 당대회 이후에 중국의 정치체제가 어떻게 변할 것인지를 엿볼 수 있는 중요한 하나의 사례였다. 일부 중국 전문가와 국내외 언론은 시진핑 총서기의 권력 3연임 이후에 중국은 이전과는 다른 모습으로 변할 것으로 전망했다. 국내적으로는 시진핑 '1인 지배 체제'가 확립되면서 권위주의적 통치가 더욱 강화되고, 대외적으로는 '강경한 중국(assertive China)' 정책이 확대된다는 것이다. 그 결과 중국은 이전에 보여준 실사구시(實事求是)나 실용주의(實用主義)와는 결별하고, 더욱더 권위주의적이고 이데올로기 지향의 경직된 모습을 보일 가능성이 크다는 것이다.

그러나 코로나19 방침의 급속한 변화는 이런 전망이 현재까지는 타당하지 않다는 사실을 보여준다. 시진핑 총서기의 권력 3연임 이후에도 중국의 정치체제는 이전처럼 엄중한 현실에 직면하면 사실을 직시할 뿐만 아니라, 문제를 해결하기 위해 올바른 정책을 결정하는 자세를 잃지 않았다는 것이다. 또한 공산당의 통치 정통성을 위해서라면 기존의 핵심 정책도 얼마든지 수정하는 정책 탄력성 혹은 유연성을 여전히 갖고 있다는 것이다. 이는 다른 정책, 예를 들어 부동산 통제 완화, 민영기업 부양책, 외자기업 유인책 등에서도 확인할 수 있다.[60]

이런 사실은 중국의 정치체제가 한두 지도자의 권력 변동에 따라 흔들리지 않을 정도로 이미 상당히 제도화되었다는 사실을 보여준다. 이런 측면에서 지난 시기에 보여주었던 중국 정치체제의

'권위주의적 복원력(authoritarian resilience)'은 앞으로도 상당 기간 유지될 가능성이 크다. 다만 그것이 실제로 어떤 형태로 계속될지는 지켜보아야 할 것이다.

8장

중국은 '코로나와의 인민 전쟁'에서 승리했는가?

2부에서 우리는 중국의 코로나19(Covid-19) 대응을 사례로, 중국이 국가적 위기에 직면하면 일상 시기와는 다르게 어떤 방식으로 정책을 결정하여 어떻게 집행하는지를 자세히 분석했다. 이를 통해 지난 개혁기 45년 동안 중국이 어떻게 국가적 위기에 대응했는지, 더 나아가서는 중국이 왜 위기에 강한지에 대한 대답을 얻으려고 시도했다.

2019년 코로나19에 대한 중국의 대응을 살펴보면, 2002년 사스(SARS) 대응에서와 마찬가지로 '초기 대응 실패'와 '신속한 통제 성공'이라는 특징을 발견할 수 있다. 이는 일종의 역설이다. 2부에서는 이런 역설을 해명하기 위해 세 가지의 질문에 집중했다. 첫째는 중국이 왜 코로나19의 '초기 대응'에 실패했는지다. 둘째는 그러면서도 동시에 중국이 어떻게 코로나19의 '신속한 통제'에는 성공할 수 있었는지다. 마지막으로 셋째는 중국이 왜 갑자기 제로 코로나 정책을 폐기했는지다.

이런 내용을 분석함으로써 우리는 위기 시기의 정책 결정 과정에 대해 체계적으로 이해할 수 있었다. 또한 이를 통해 서론에서 제기했던 연구 질문, 즉 중국은 어떻게 국가적 위기에 대응하는지에 대한 대답도 얻을 수 있었다. 즉 국가적 위기에 직면하면, 중국은 일상 시기의 '관료적 정책 방식'(관료 방식)과는 다른 '운동식 정책방식'(운동 방식)을 사용하여 과감하고 신속하게 정책을 결정하고 집행한다는 것이다. 그리고 바로 이 때문에 중국은 위기에 강하다는 것이다.

1. 중국은 '코로나와의 인민 전쟁'에서 승리했는가?

그렇다면 정책 결정 과정의 관점에서 평가할 때, 중국은 '코로나와의 인민 전쟁'에서 승리했다고 말할 수 있을까? 내 대답은 그렇기도 하고, 아니기도 하다는 것이다. 이런 면에서, 이 전쟁에서 중국이 거둔 승리는 어느 영화의 제목처럼 '상처뿐인 영광'이라고 평가할 수 있다.

먼저, 중국은 승리했다. 이번에도 국가적 위기 상황에 직면하여 위기 시기의 운동 방식이 제대로 작동하면서 중국이 기대했던 성과를 거둘 수 있었다. 첫째, 상대적으로 적은 중증 감염자와 사망자 수를 기록하면서 코로나19를 통제하는 데 성공했다. 둘째, 이와 동시에 팬데믹 3년(2020~2022년) 동안에도 연평균 4.5%의 경제성장률을 달성할 수 있었다. 이런 점에서 중국은 '두 마리 토끼'를 모두 잡았다고 평가할 수 있다.

그러나 동시에 중국은 실패했다. 위기 시기의 운동 방식을 운용하는 과정에서 중국은 통계 수치로는 표현되지 않는 엄청난 비용과 대가를 지불했고, 또한 막대한 희생과 고통도 감수해야만 했기 때문이다. 첫째, 2019년 말과 2020년 초에 코로나19의 초기 대응에 실패함으로써 팬데믹의 확산을 차단하거나, 아니면 최소한의 비용과 희생으로 통제할 수 있는 소중한 기회를 놓쳤다. 그 결과 중국만이 아니라 전 세계가 겪지 않아도 되는 엄청난 재난을 겪으면서, 중국에 대한 국제사회의 불만과 비난이 빗발쳤다. 중국 국민도 자국 정치체제에 대해 더욱 의심하고 불신하게 되었다.

둘째, 중국은 2022년 1년 동안에도 코로나19의 변화 상황, 즉 델타 변이에서 오미크론 변이로 우세종이 바뀐 상황을 제대로 파악하지 못하면서 기존의 잘못된 제로 코로나 정책을 고수했다. 그 결과 사회적 비용과 자원 낭비는 눈덩이처럼 증가했고, 국민은 겪지 않아도 되는 희생과 고통을 추가로 겪어야만 했다. 이 두 가지의 문제는 모두 크게는 중국의 정치체제, 작게는 운동식 정책 방식의 경직성으로 인한 발생한 문제다.

이제 이와 같은 내용을 조금 더 자세히 살펴보도록 하자.

2. 위기 시기의 운동식 정책 방식 평가

중국은 여러 가지의 국가적 위기 상황을 경험하면서, 위기 시기에 대응하는 정책 결정 방식을 제도화할 수 있었다. 마오쩌둥 시대부터 사용했던 운동 방식을 변형하여 개혁기에도 사용한 것이다. 중앙의 신속한 정책 결정과 지도조직(영도소조)의 구성, 중앙 관료조직과 지방정부의 철저한 정책 집행, 공산당 당원·인민해방군·인민단체 등 공산당이 동원할 수 있는 모든 자원의 총동원과 모범적인 역할 수행, 위기 대응에 필요한 기층 정부와 일반 대중의 대규모 동원, 정부 정책을 홍보하고 정당화하기 위한 정보 통제와 선전 강화 등이 그것이다. 중국의 코로나19의 대응 과정에서도 이런 모습이 그대로 나타났다.

(1) 중앙의 정책 결정과 지도조직의 구성

먼저, 중앙의 정책 결정과 지도조직의 구성이다. 중앙은 3차 역학조사팀의 보고를 받은 직후인 2020년 1월 20일에 코로나19에 대한 전면적인 통제 방침, 즉 '2급 분류와 1급 대응'의 방침을 결정했다. 동시에 전문가 집단의 의견을 수용하여 1월 23일부터 우한시를 중심으로 한 후베이성 지역의 15개 도시를 봉쇄했다. 이와 함께 전국의 코로나19 방역 활동을 지휘할 지도조직, 즉 '코로나19 영도소조', '국무원 연합 통제기제', '중앙 감독조'를 구성했다.

코로나19에 대한 전면적인 통제 방침을 결정할 때, 중앙의 관료조직과 지방정부는 관여할 수 없었다. 위기 시기의 운동 방식에서는 정책 결정 권한이 중앙에 고도로 집중되기 때문이다. 대신 이들에게는 중앙이 결정한 정책을 신속하고 철저하게 집행하는 임무가 주어졌고, 실제로 이들은 그렇게 활동했다. 예를 들어, 중앙의 관료조직은 국무원 연합 통제기제 산하에 구성된 다양한 공작조에 들어가 실무 업무를 담당했다. 후베이성을 포함한 전국의 지방정부도 중앙의 지시에 따라 코로나19 방역에 총력을 기울였다.

(2) 가용 자원의 총동원

또한 공산당 중앙은 '코로나와의 인민 전쟁'에서 승리하기 위해 가용 자원을 총동원했다. 먼저, 공산당 조직과 당원에 대한 총동원령을 하달했다. 이에 따라 전국의 공산당 조직은 코로나19 방역을 최우선 임무로 삼아 당력을 집중했고, 영도 간부뿐만 아니라 일반 공산당원들도 적극적으로 방역의 최일선에서 활동했다. 예를 들어, 공산당원인 의료 종사자들(주로 의사와 간호사)은 '당원돌격대'

를 조직하여 우한시의 방역 활동을 지원했다. 시진핑 총서기를 필두로 전체 당원은 중앙의 결정에 따라 모금 운동도 전개했다. 언론 매체는 이를 대대적으로 보도함으로써 공산당의 '영도 역할'을 부각했고, 동시에 일반 국민의 방역 활동 동참도 유도했다.

군(軍)도 시진핑 중앙군사위원회 주석이 하달한 총동원령에 따라 '코로나와의 인민 전쟁'에 참여했다. 우한시에 임시 지원 사령부를 설치하고, 군 의료진을 긴급 투입했다. 군용 트럭을 포함한 공병대의 건설장비를 동원하여 환자 격리와 치료에 필요한 임시 병원을 건립했다. 그 밖에도 매일 20만 명의 민병(民兵)이 동원되어 방역 활동과 지역 통제 업무를 담당했다. 총공회·부녀연합회·공산주의청년단 등의 인민단체, 천주교·개신교·불교·도교·이슬람교 등 정식 종교단체, 적십자사 등 공식 자선단체도 마찬가지였다.

(3) 후베이성과 우한시의 총력 대응과 전국적인 지원

우한시와 후베이성은 '코로나와의 인민 전쟁'에서 '주전장'으로 감염병 확산 방지와 환자 치료, 주민의 일상생활 유지를 위해 총력을 기울였다. 먼저, 중앙의 지시에 따라 '성(省) → 시(市)·현(縣)·구(區) → 가도(街道)·향(鄕)·진(鎭) → 사구(社區)·촌(村)'으로 이어지는 방역 지휘조직과 대응 체계를 구축하고, 방역 활동을 진두지휘했다. 중앙에서 파견된 '중앙 지도조'는 지방정부와 당정 간부의 활동을 감독하고 지도했다. 그 과정에서 업무 태만이나 무능력 등 문제가 드러난 당정 간부에 대해서는 파면 등의 인사 조치를 단행했다.

　전국적인 긴급 지원 체계도 다시 가동했다. 중앙은 후베이성과 합동으로 우한시에 긴급 재정 지원금을 교부했다. 코로나19의 방역과 환자 치료를 위해 전국에 있는 의료 종사자(주로 의사와 간호사)와 의료 장비도 우한시에 집중적으로 배치했다. 중앙 질병센터의 질병 통제 전문가도 우한시에 대규모로 파견되었다. 폭증하는 환자를 수용할 수 있는 대규모 격리병원이 여러 곳에 증설되었다. 마지막으로, 주요 성급 지방은 '지역 연계 지원' 방식을 이용하여 후베이성의 주요 도시를 일대일로 지원했다. 이런 과정을 통해 우한시와 후베이성은 곧 안정을 되찾을 수 있었다.

(4) 지역 사회의 대응과 첨단 과학기술의 활용

　'코로나와의 인민 전쟁'은 기층의 지역 사회에서도 치열하게 전개되었다. 무엇보다 공산당과 정부는 다양한 기층조직을 이용하여 방역 활동을 전개했다. 2000년대 이후 주요 도시에는 사구가 설치되었고, 사구는 격자식 관리 체계로 지역 공동체의 현안을 관리하고 주민을 통제했다. 코로나19 방역에도 격자식 관리 체계가 동원된 것이다. 후베이성 코로나19 영도소조는 이를 위한 구체적인 지침을 마련하여 하달했다. 시진핑 총서기와 리커창 총리도 사구를 방문하여 기층 작업자들을 격려했다. 농촌에서는 촌민위원회가 그런 역할을 담당했다. 또한 중국은 발전한 정보통신 기술과 전자 상거래 경험을 활용하여 봉쇄 지역에 생필품을 공급했다.

그 밖에도 중국은 빅데이터(big data)와 인공지능(AI) 등의 첨단 과학기술을 동원하여 코로나19의 방역 활동을 전개하고, 주민을 관리 및 통제했다. 예를 들어, 전 주민을 대상으로 정기적으로 실시되는 유전자 증폭(PCR) 검사 결과는 휴대전화의 건강 앱에 음성(녹색) 혹은 양성(적색)으로 바로 표시되었다. 이 중에서 음성 표시자만이 대중교통을 이용하거나 공공시설에 출입할 수 있었다.

또한 밀접 접촉자, 즉 같은 시간대에 감염자 근처에 있었던 사람은 휴대전화의 위치 추적 장치를 통해 파악할 수 있었다. 이런 밀접 접촉자의 휴대전화 건강 앱에는 오렌지색이 뜨고, 이들은 즉각 PCR 검사를 받아 감염 여부를 확인해야만 했다. 이런 식으로 전체 국민의 백신 접종 상황과 이동 경로가 파악되고, 정부는 이런 자료를 활용하여 코로나19를 통제하고 국민을 관리할 수 있었다.

3. 운동식 정책 방식의 문제점

운동 방식은 '코로나와의 인민 전쟁'에서 큰 위력을 발휘하면서 대단한 성과를 거두었다. '신속한 통제 성공'을 보여주는 각종 통계 지표가 이를 뒷받침한다. 그러나 이런 방식의 위기 대응은 동시에 많은 문제를 낳은 것이 사실이다. 따라서 우리가 중국의 위기 대응 과정과 결과를 평가할 때는 위기 시기의 운동 방식이 갖는 한계도 반드시 지적해야 한다.

(1) 정확한 상황 판단의 어려움

첫째, 운동 방식이 작동하기 위해서는 먼저 위기 상황 여부를 정확히 판단해야 한다. 그런데 운동 방식만으로는 그것을 제대로 판단할 수 없다. 중국이 2002년 사스와 2019년 코로나19의 '초기 대응'에 번번이 실패한 것은 바로 이 때문이다. 관료 방식이건 운동 방식이건 정책 결정 방식이 어떻게 작동하는지는 전체 정치체제에 의해 결정된다. 그런데 중국의 정치체제에 심각한 문제가 있고, 그 것이 정책 결정 방식에도 영향을 미쳐 이런 문제를 일으킨다는 것이다.

구체적으로 지역 사회의 의료기관(병원), 공중 보건위생 기구(보건소), 질병센터, 기층 정부는 감염병 유사 질병을 발견하면 정해진 규정과 절차에 따라 경보 체계를 통해 즉시 상급 정부와 질병센터에 보고해야 한다. 그런데 사스 때와 마찬가지로 코로나19가 발생했을 때도 이들은 그렇게 하지 않았다. 왜 그랬을까? 이들은 여러 가지 다양한 요소를 종합적으로 고려해야만 하기 때문이다.

먼저, 병원 등 의료기관은 감염병 사례를 신고하면 역학조사와 병원 폐쇄 등의 조치가 실행되고, 그렇게 되면 당장 경제적으로 큰 손해를 볼 것을 걱정한다. 그래서 감염병 증상이 있는 환자가 있어도 숨기거나 축소한다. 또한, 공중 보건위생 기구와 질병센터 종사자들은 명확한 근거가 없거나 부족한 상황에서 감염병 의심 사례를 정부나 상부 기관에 보고할 경우, 상부의 질책과 심할 경우 문책을 받을까 두려워한다. 지방의 당정 간부들은 지역 경제발전과 사회 안정 등 승진에 필요한 업적을 고려해야 한다. 국민의 생명과 안전은 이들의 우선순위가 아니다. 이런 것이 복합적으로 작용하여 감염병 경보 체계가 제대로 작동하지 않은 것이다.

이처럼 정부와 공공기관이 무사안일의 태도에 빠져 주민의 생명과 안전을 외면할 때, 언론과 시민사회가 나서서 이들을 감시하면서 적극적인 대응을 촉구해야 한다. 그런데 중국에서 언론은 모두 공산당과 국가의 강한 통제를 받고 있다. 이 때문에 이들이 당국의 허가 없이 독자적으로 감염병 의심 사례를 조사하여 보도할 수 없다. 대신 이들은 침묵하거나, 아니면 앵무새처럼 정부의 말만 보도해야 한다. 한마디로 말해, 언론의 자유가 없다.

의사나 간호사, 다른 감염병 전문가도 설사 감염병 발병 사실을 알았을 경우, 당국의 허락 없이 자신의 견해를 언론이나 인터넷 혹은 소셜미디어를 이용하여 함부로 발설할 수 없다. 그럴 경우는 심한 문책, 상황에 따라서는 형사처벌까지 받게 된다. 즉 표현의 자유가 없다. 공산당과 정부로부터 독립된 시민사회도 없고, 그래서 이들이 지역 주민의 편에서 독자적으로 감염병 의심 사례를 조사하여 발표하거나, 정부에 압력을 가할 수도 없다.

이와 같은 상황으로 인해 2002년 사스 사태에 이어 2019년 코로나19 사태에서도 '초기 대응 실패'가 반복된 것이다. 그리고 이런 문제점이 고쳐지지 않는 한, 앞으로도 돌발성 감염병이나 다른 위기 상황이 중국의 어딘가에서 발생하면, 이런 역사적 비극이 다시 반복될 가능성이 있다. 이는 결국 정책 결정 방식의 문제가 아니라, 중국 정치체제 그 자체의 문제다.

(2) 상황 변화에 따른 신속한 정책 변경의 어려움

둘째, 위기 시기의 운동 방식은 상황과 조건의 변화에 따라 신속하게 새로운 정책을 결정하고 집행하는 데 한계가 있다. 제로 코로나 정책은 델타 변이가 코로나19의 우세종이었을 때에는 효과적인 대응 정책이었다. 그러나 오미크론 변이가 우세종이 된 다음에는 그렇지 않다. 오미크론 변이의 감염 속도가 너무 빨라 검사와 봉쇄 방법으로는 통제할 수 없기 때문이다.

따라서 이런 상황 변화에 맞추어 방역 정책을 신속하게 바꿔야 하는데, 중국은 전 세계 다른 국가와 달리 그렇게 하지 못한 것이다. 이는 위기 시기의 운동 방식이 중앙집권적인 성격을 띠고 있는데다가, 초기의 방역 성공 경험이 관성으로 작용하여 급격한 정책 변화를 어렵게 만들었기 때문이다. '성공에 의한 실패' 현상이 나타난 것이다.

구체적으로 위기 시기의 운동 방식에서는 오직 중앙만이 정책을 결정하거나 변경할 권한이 있다. 다시 말해, 국가 관료조직이나 지방정부, 사회단체와 시민 등의 사회 세력은 정책 결정에 관여할 수 없다. 대신 이들은 중앙의 결정을 철저하게 무조건으로 집행해야만 하는 의무가 있다. 만약 이들이 중앙의 정책에서 조금이라도 벗어나거나 정책에 문제를 제기면 심하게 문책당한다. 언론 매체도 중앙이 결정한 정책을 적극적으로 홍보하고, 국민의 동참을 유도하는 데 활동을 집중해야만 한다.

그 결과 위기 시기의 운동 방식에서는 그 어떤 조직이나 개인도 중앙의 정책과 다른 목소리를 감히 낼 수가 없다. 만약 이들 중 누군가가 용기를 내어 다른 통로, 예를 들어 외국 언론이나 소셜미디어를 통해 중앙의 결정에 반대하는 목소리나 다른 견해를 발표할 경우, 예외 없이 모두 심하게 탄압받는다. 코로나19 사태에서 우리는 이런 사례를 여러 번 볼 수 있었다. 결국 위기 시기에는 '중앙 독존(中央獨存)'의 상황이 만들어진다.

이처럼 중앙이 정책 결정 권한을 독점하고, 방역 정보와 언론 보도도 강력히 통제하는 상황에서는 중앙을 제외한 그 어떤 조직이나 기구도 중앙이 결정한 방침과 정책을 바꿀 수 있는 충분한 근거나 이유를 제시할 수 없다. 따라서 중앙의 판단은 바뀌기가 쉽지 않고, 제로 코로나 정책도 당연히 바뀌기가 쉽지 않았다. 중국이 2022년 1년 동안 엄청난 자원과 인력을 낭비하면서 오미크론 변이를 손안에 가두려는 무모한 봉쇄 정책을 고집했던 것은 바로 이런 이유 때문이었다.

참고로 일상 시기에 관료 방식으로 정책을 결정하고 집행할 때는 이렇지 않다. 이때는 중앙이 전체 정책 결정 과정을 통제하지만, 국가 관료조직과 지방정부가 정책 결정과 집행에서 주도적인 역할을 담당한다. 또한 학술기관, 사회단체, 국제기구, 심지어 일반 시민도 정책 결정에 참여하여 일정한 역할을 담당한다. 따라서 조건과 상황의 변화에 따라 정책이 신속하게 변경될 가능성이 운동 방식보다는 훨씬 크다. 실제로 중국은 일상 시기에는 실용주의 혹은 실사구시의 정신에 따라 객관적이고 현실 지향적인 정책을 결정하고 집행한다.

(3) '결과 만능주의'와 막대한 비용 및 희생의 발생

셋째, 위기 시기의 운동 방식은 코로나19의 신속한 통제에는 효과적이지만, 그것을 위해 국가와 사회와 개인이 감당해야 하는 막대한 비용과 커다란 희생 및 고통에는 무감각하다. 다른 식으로 표현하면, 운동 방식에서는 코로나19의 완전한 통제라는 '결과'만 중요하게 생각하지, 그 결과를 달성하기 위해 밟게 되는 '과정'에 대해서는 신경 쓰지 않는다. 국민의 의견이나 동의 따위는 처음부터 고려 대상이 아니다.

단적으로 중국은 경제성장률과 사망자 통계를 근거로 중국식 방역 정책의 우수성을 주장한다. 그러나 이는 단편적인 주장일 뿐이다. 이런 평가 방식에는 국가와 사회와 국민이 감수해야 했던 고통과 비용이 들어 있지 않기 때문이다. 예를 들어, 운동 방식으로 코로나19의 방역 정책을 집행하는 과정에서 국민은 정상적인 일상생활과 경제활동을 중단해야만 했다. 사생활이 심각하게 침해받고, 인권 유린을 경험한 국민도 적지 않다. 이들이 백지 시위를 통해 항의하고자 했던 것이 바로 이것이다.

또한 제로 코로나 정책을 집행하기 위해 막대한 재정이 소요되면서 지방정부는 재정 적자와 부채에 허덕이고 있다. 이 때문에 국민 생활과 안전에 필요한 공공재를 제대로 공급할 수 없게 되었다. 전체 국민이 3년 동안 이틀이나 사흘에 한 번씩 정기적으로 PCR 검사를 받는 데 들어간 돈만도 천문학적인 규모다! 그런 검사의 대다수는 필요 없거나, 과잉 대응이었다는 점은 말할 필요도 없다. 그것이 국가와 사회에 엄청난 부담으로 작용하면서 코로나 팬데믹이 종료된 현재까지도 악영향을 미치고 있다는 사실은 잘 알려져 있다.

(4) '감시 국가'의 발전: '디지털 디스토피아'의 등장?

마지막으로, '코로나와의 인민 전쟁'에서는 전과 다르게 첨단 정보통신 기술, 특히 빅데이터와 인공지능 기술이 대규모로 활용되었다. 중국이 미국이나 다른 선진국과 비교했을 때 큰 발전을 이룬 분야가 바로 이것이다. 국가는 빅데이터와 인공지능 기술을 이용하여 코로나19를 효과적으로 통제할 수 있었을 뿐만 아니라, 국민의 생활과 활동도 효과적으로 관리할 수 있었다. 그런데 이것이 코로나19 사태가 끝난 이후에도 커다란 사회 정치적 문제가 될 수 있다는 것이다.

중국은 이미 첨단 과학기술을 사용하여 국민의 일거수일투족을 감시하는 '통제 국가(control state)' 혹은 '감시 국가(surveillance state)'라는 오명을 쓰고 있다. 이번에 코로나19의 방역과 통제 과정에서 첨단 과학기술을 대규모로 동원함으로써 이것이 더욱 강화되었다는 것이다. 사실 어떤 면에서 보면, 첨단 과학기술이 동원됨으로 인해 위기 시기의 운동 방식이 더욱 발전할 수 있었고, 그 결과 코로나19의 방역과 통제에서 더 큰 효과를 발휘할 수 있었다.

그러나 국민의 관점에서 볼 때, 이는 매우 우려스러운 결과를 낳을 수 있다. '코로나와의 인민 전쟁'에 사용된 첨단 과학기술의 감시 체계가 그대로 일상 시기에 국민 생활과 활동을 통제하는 감시 체계로 전용될 수 있기 때문이다. 티베트 장족 자치구와 신장 위구르 자치구에서 소수민족을 감시하는 정밀하고 체계적인 감시 체계가 2010년대 중반부터 지금까지 운용되고 있다는 사실은 이런 가능성이 매우 크다는 점을 보여준다.

또한 중국 정부는 지난 3년간의 방역 과정에서 수집했던 PCR 검사 결과 등 국민의 기본 생체 자료를 모두 폐기했다고 주장하는데, 실제로 그렇게 했는지는 아무도 모른다. 이를 검증할 방법이 없기 때문이다. 중국 정부는 코로나19 이전부터 국민, 특히 신장 위구르 지역의 소수민족의 기초 생체 정보를 광범위하게 수집하여 통치에 활용해왔다. 이런 상황에서 국민의 인권과 사생활은 보호될 수 없고, 그것이 국가 혹은 다른 사회 세력에 의해 악용될 경우, 그 피해는 더욱 커질 수 있다.

중국은 원래부터 국민의 인권 보호에는 취약한 국가다. 이런 상황에 더해, '코로나와의 인민 전쟁'을 거치면서 더욱 거대하고 강력해진 '괴물(Leviathan: 국가)'이 첨단 과학기술과 더욱 끈끈하게 결합하여 국민을 감시하고 통제한다면, 국민의 인권과 사생활은 더욱 심각하게 침해받을 가능성이 크다. 조지 오웰(G. Orwell)이 소설 『1984(*Nineteen Eighty-Four*)』(1949년)에서 그렸던 독재자 '빅브라더(Big Brother)'가 통치하는 '오세아니아(Oceania)'가 첨단 과학기술과 만나 중국에서 '디지털 디스토피아(Dystopia: 유토피아와 반대되는 세계)'로 실현될 수도 있다는 것이다.

이런 상황에서는 국민이 정치적 자유화나 민주화를 요구하고, 그런 요구를 실현하기 위해 직접 행동에 나서기도 쉽지 않다. 국가는 정밀한 감시 체계를 이용하여 이를 사전에 탐지하여 통제하거나 탄압할 수 있기 때문이다. 이는 곧 공산당 일당제의 권위주의 정치체제가 앞으로도 상당한 기간 견고하게 유지될 가능성이 크다는 사실을 암시한다. 실제로 이런 우려스러운 상황들이 나타날지, 앞으로 주의 깊게 지켜보아야 할 것이다.

미주

1장 중국은 어떻게 위기에 대응하는가?

1 Statista 코로나19 통계(검색일: 2023.10.28.). 단, 중국의 실제 사망자 수는 이보다 훨씬 많다는 사실에 주의해야 한다. 예를 들어, 중국에서는 다른 합병증이 아니라 오로지 코로나19로 사망했을 때만 '코로나19 사망자'로 계산했다. 그런데 노약자는 코로나19에 감염된 이후 몸이 쇠약해져서 다른 합병증으로 사망하는 경우가 많다. 특히 2022년 12월 말에 제로 코로나 정책을 폐기하면서 2023년 1~2월에는 많은 사망자가 발생했는데, 중국은 이들을 '코로나19 사망자'에 포함하지 않았다. 통계 수치상으로 코로나19의 사망자가 턱없이 적은 이유는 이 때문이다.

2 안치영, 『덩 샤오핑 시대의 탄생: 중국의 역사 재평가와 개혁』(파주: 창비, 2013); 조영남, 『개혁과 개방: 덩샤오핑 시대의 중국 1, 1976~1982년』(파주: 민음사, 2016).

3 조영남, 『톈안먼 사건: 덩샤오핑 시대의 중국 3, 1988~1992년』(파주: 민음사, 2016).

4   Jonathan Schwartz, "Compensating for the 'Authoritarian Advantage' in Crisis Response", *Journal of Chinese Political Science*, Vol. 17, No. 3 (July 2012), pp. 313–331; Zheng Yongnian and Lye Liang Fook, "SARS and China's Political System", Jon Wong and Zheng Yongnian (eds.), *The SARS Epidemic: Challenges to China's Crisis Management* (Singapore and Hongkong: World Scientific, 2004), pp. 45–75; Hongyi Lai, "Local Management of SARS in China: Guangdong and Beijing", Wong and Zheng, *The SARS Epidemic*, pp. 77–97; Tony Saich, "Is SARS China's Chernobyl or Much Ado About Nothing?" Arthur Kleinman and James L. Watson (eds.), *SARS in China: Prelude to Pandemic?* (Stanford: Stanford University Press, 2006), pp. 71–104.

5   中華人民共和國 國務院 新聞辦公室, 『抗擊新冠肺炎疫情的中國經驗』 (2020年 6月); 세마오쑹, 「거국체제 방역의 정치학」, 백영서 엮음, 『팬데믹 이후 중국의 길을 묻다』(서울: 책과함께, 2021), pp. 129–171.

6   Gabriel A. Almond, G. Bingham Powell Jr., Kaare Strom and Russell J. Dalton (eds.), *Comparative Politics Today: A World View* (Updated 7th Edition) (New York: Pearson Longman, 2002), pp. 3–4; Gabriel A. Almond, G. Bingham Powell Jr., Russell J. Dalton and Kaare Strom, *Comparative Politics Today: A Theoretical Framework* (Updated 7th Edition) (New York: Pearson Longman, 2002), pp. 1–3.

1부 중국의 정책 결정 과정

2장 어떻게 정책을 결정하는가?

1 Elizabeth J. Perry, "From mass campaigns to managed campaign: 'Constructing a new socialist countryside'", Sebastian Heilmann and Elizabeth J. Perry (eds.), *Mao's Invisible Hand: The Political Foundations of Adaptive Governance in China* (Cambridge, MA: Harvard University Asia Center, 2011), p. 33.

2 이에 대한 자세한 논의는 조영남, 「중국 정책 과정 연구의 현황과 과제」, 《중소연구》 47권 1호(2023년 겨울)를 참고할 수 있다.

3 Kenneth Lieberthal, "Introduction: The 'fragmented authoritarianism' model and its limitations", Kenneth Lieberthal and David M. Lampton (eds.), *Bureaucracy, Politics, and Decision Making in Post-Mao China* (Berkeley: University of California Press, 1992), p. 6; Kenneth Lieberthal and Michel Oksenberg, *Policy Making in China: Leaders, Structures, and Process* (Princeton: Princeton University Press, 1988), p. 137.

4 Kjeld Erik Brodsgaard (ed.), *Chinese Politics as Fragmented Authoritarianism: Earthquakes, Energy, and Environment* (London and New York: Routledge, 2017).

5 Andrew Mertha, *China's Water Warriors: Citizen Action and Policy Change* (Ithaca and London: Cornell University Press, 2008).

6 Sebastian Heilmann and Elizabeth J. Perry (eds.), *Mao's Invisible Hand: The Political Foundations of Adaptive Governance in China* (Cambridge, MA: Harvard University Asia Center, 2011); Sebastian Heilmann (ed.), *China's Political System* (Lanham: Lowman and Littlefield, 2017); Sebastian Heilmann, *Red Swan: How Unorthodox Policy Making Facilitated China's Rise* (Hong Kong: Chinese University

Press, 2018).

7 *Heilmann, China's Political System*, pp. 159, 161, 301; Heilmann, *Red Swan*, p. 204.

8 Chien-min Chao and Bruce J. Dickson (eds.), *Remaking the Chinese State: Strategies, Society, and Security* (London and New York: Routledge, 2001); Dali L. Yang, *Remaking the Chinese Leviathan: Market Transition and the Politics of Governance in China* (Oxford: Oxford University Press, 2004); Yongnian Zheng, *Globalization and State Transformation in China* (New York: Cambridge University Press, 2004); Jude Howell (ed.), *Governance in China* (Lanham: Rowan & Littlefield Publishers, 2004); Lowell Dittmer and Guoli Liu (eds.), *China's Deep Reform: Domestic Politics in Transition* (Lanham: Rowan & Littlefield Publishers, 2006).

9 정풍운동, 부패 척결 운동, 사상학습 운동의 추진 방식에 대해서는 조영남, 『중국의 엘리트 정치: 마오쩌둥에서 시진핑까지』(서울: 민음사, 2019), pp. 519-613; 조영남, 『중국의 통치 체제 2: 공산당 통제 기제』(파주: 21세기북스, 2022), pp. 421-434, 435-462를 참고할 수 있다.

10 Ann Florini, Hairong Lai, and Yeling Tan, *China Experiments: From Local Innovations to National Reform* (Washington D.C.: Brookings Institution Press, 2012); Ciqi Mei and Zhilin Liu, "Experiment-based policy making or conscious policy design? The case of urban housing reform in China", *Policy Science*, Vol. 47, No. 3 (2014), pp. 321-337; De Tong, Shuang Yang and Yani Lai, "Experiment-based policymaking for urban regeneration in Shenzhen, China", *China Quarterly*, October 2023 (Published online).

11 조영남, 『중국의 통치 체제 2: 공산당 통제 기제』(파주: 21세기북스, 2022), pp. 37-153.

12 조영남, 『중국의 통치 체제 1: 공산당 영도 체제』(파주: 21세기북스, 2022),

pp. 240–317.

13 Christopher K. Johnson, Scott Kennedy and Mingda Qiu, "Xi's signature governance innovation: The rise of leading small groups" (CSIS) (2017), www.csis.org (검색일: 2017.11.15.); Cheng Li, *Chinese Politics in the Xi Jinping Era: Reassessing Collective Leadership* (Washington D.C.: Brookings Institution Press, 2016), pp. 12–13; Wen–Hsuan Tsai and Wang Zhou, "Integrated fragmentation and the role of leading small groups in Chinese politics", *China Journal*, No. 82 (2019), pp. 1–22.

14 Jiying Jiang, "Leading small groups, agency coordination, and policy making in China", *China Journal*, Vol. 89, No. 1 (January 2023) (Published online).

15 조영남, 『중국의 통치 체제 2: 공산당 통제 기제』, pp. 154–210.

16 Lieberthal and Oksenberg, *Policy Making in China*, pp. 22–24, 137; Kenneth Lieberthal, *Governing China: From Revolution through Reform* (Second Edition) (New York: W.W. Norton & Company, 2004), pp. 186–188, 206–215; David M. Lampton, *Following the Leader: Ruling China, from Deng Xiaoping to Xi Jinping* (Berkeley: University of California Press, 2014), pp. 84–86.

17 Andrew Mertha, *China's Water Warriors: Citizen Action and Policy Change* (Ithaca and London: Cornell University Press, 2008); Andrew Mertha, "'Fragmented authoritarianism 2.0': Political pluralization in the Chinese policy process", *China Quarterly*, No. 200 (December 2009), pp. 995–1012.

18 조영남, 『중국의 법치와 정치개혁』(파주: 창비, 2012).

19 Jonathan R. Stromseth, Edmund J. Malesky and Dimitar D. Gueogruiev, *China's Governance Puzzle: Enabling Transparency and Participation in a Single-Party State* (New York: Cambridge University Press, 2017), pp. 157,

159, 171–176, 188–189; Jamie P. Horsley, "Public participation in the People's Republic: Developing a more participatory governance model in China", September 2009, www.law.yale.edu (검색일: 2022.10.9.); Caren Ergene, "Political efficacy through deliberative participation in urban China: A case study on public hearing", *Journal of Chinese Political Science*, Vol. 19, No. 2 (July 2014), pp. 191–213; Beibei Tang, "Development and prospects of deliberative democracy in China: The dimension of deliberative capacity building", *Journal of Chinese Political Science*, Vol. 19, No. 2 (July 2014), pp. 115–132.

20 王紹光·樊鵬, 『中國式共識型決策: '開門'與'磨合'』(北京: 中國人民大學出版社, 2013).

21 Tyrene White, "Postrevolutionary mobilization in China: The one–child policy reconsidered", *World Politics*, Vol. 43, No. 1 (October 1990), pp. 53–76.

22 Stig Thogersen, "Revisiting a dramatic triangle: The state, villagers, and social activists in Chinese rural construction projects", *Journal of Current Chinese Affairs*, Vol. 38, No. 1 (2009), pp. 9–33; Anna L. Ahlers and Gunter Schubert, "'Building a new socialist countryside': Only a political slogan?", *Journal of Current Chinese Affairs*, Vol. 38, No. 1 (2009), pp. 35–62; Anna L. Ahlers and Gunter Schubert, "Effective policy implementation in China's local state", *Modern China*, Vol. 41, No. 4 (2015), pp. 372–405; Kristen E. Looney, "China's campaign to build a new socialist countryside: Village modernization, peasant councils, and the Ganzhou model of rural development", *China Quarterly*, No. 224 (December 2015), pp. 909–932; Wen–Hsuan Tsai and Xingmiu

Liao, "Mobilizing cadre incentives in policy implementation: Poverty alleviation in a Chinese county", *China Information*, Vol. 34, No. 1 (2020), pp. 372–405.

23 Nicole Ning Liu, Carlos Wing-Hung Ho and Xueyong Zhan, "Campaign-style enforcement and regulatory compliance", *Public Administration Review*, Vol. 75, No. 1 (2015), pp. 85–95; John James Kennedy and Dan Chen, "State capacity and cadre mobilization in China: The elasticity of policy implementation", *Journal of Contemporary China*, Vol. 27, No. 111 (2018), pp. 393–405; Kai Jia and Shaowei Chen, "Could campaign-style enforcement improve environmental performance? Evidence from China's Central Environmental Protection Inspection", *Journal of Environmental Management*, No. 245 (2019), pp. 282–290.

24 Harold M. Tanner, *Strike Hard!: Anti-Crime Campaigns and Chinese Criminal Justice, 1979-1985* (Ithaca and London: Cornell East Asia Program, 1999); Peng Wang, "Politics of crime control: How campaign-style law enforcement sustains authoritarian rule in China", *British Journal of Criminology*, No. 60 (2020), pp. 422–443; Bo Yin and Yu Mou, "Centralized law enforcement in contemporary China: The campaign to 'sweep away black societies and eradicate evil forces", *China Quarterly*, No. 254 (July 2023), pp. 366–380.

25 Tyrene White, "Postrevolutionary mobilization in China: The one-child policy reconsidered", *World Politics*, Vol. 43, No. 1 (October 1990), pp. 53–76; Elizabeth J. Perry, "From mass campaigns to managed campaign: 'Constructing a new socialist countryside'", Heilmann and

Perry, *Mao's Invisible Hand*, pp. 30–61.

26 Huirong Chen, "Campaigns, bureaucratic cooperation, and state performance in China", *China Review*, Vol. 21, No. 3 (August 2021), pp. 55–87; Qiangjie Zeng, "Managed campaign and bureaucratic institutions in China: Evidence from the targeted poverty alleviation program", *Journal of Contemporary China*, Vol. 29, No. 123 (2020), pp. 400–415.

27 Bin Xu, *The Politics of Compassion: The Sichuan Earthquake and Civic Engagement in China* (Stanford: Stanford University Press, 2017); Jessica C. Teets, "Post–Earthquake Relief and Reconstruction Efforts: The Emergence of Civil Society in China?" *China Quarterly*, No. 198 (June 2009), pp. 330–347; Shawn Shieh and Guosheng Deng, "An Emerging Civil Society: The Impact of the 2008 Sichuan Earthquake on Grass–Roots Associations in China", *China Journal*, No. 65 (January 2011), pp. 181–194; Bin Xu, "Consensus Crisis and Civil Society: The Sichuan Earthquake Response and State–Society Relations", *China Journal*, No. 71 (January 2014), pp. 91–108.

28 Arthur Kleinman and James L. Watson (eds.), *SARS in China: Prelude to Pandemic?* (Stanford: Stanford University Press, 2006); Deborah Davis and Helen Siu (eds.), *SARS: Reception and Interpretation in Three Chinese Cities* (London and New York: Routledge, 2007); Guobin Yang, *The Wuhan Lockdown* (New York: Columbia University Press, 2022).

29 Heilmann, *Red Swan*, pp. 70, 75, 111, 126.

30 Heilmann, *Red Swan*, pp. 80–91; Sebastian Heilmann, Lea Shih and Andreas Hofem, "National planning and local technology zones:

Experimental governance in China's torch programme", *China Quarterly*, No. 216 (December 2013), pp. 896–919.

31 조영남, 『중국의 법치와 정치개혁』(파주: 창비, 2012), p. 157.

32 조영남, 『개혁과 개방: 덩샤오핑 시대의 중국 1, 1976~1982년』(서울: 민음사, 2016), pp. 177–206; 조영남, 『파벌과 투쟁: 덩샤오핑 시대의 중국 2, 1983~1987년』(서울: 민음사, 2016), pp. 232–233.

3장 일상 시기의 정책 결정: 의료 개혁 사례

1 王紹光·樊鵬, 『中國式共識型決策: '開門'與'磨合'』(北京: 中國人民大學出版社, 2013), pp. 32–36.

2 Winnie Yip and William C. Hsiao, "The Chinese Health System at a Crossroads", *Health Affairs*, 27, No. 2 (March/April 2008), pp. 460–468.

3 Winnie Yip and William C. Hsiao, "What Drove the Cycle of Chinese Health System Reform", *Health System and Reform*, Vol. 1, No. 1 (2015), pp. 52–61.

4 Yip and Hsiao, "The Chines Health System at a Crossroads", pp. 460–468; Yip and Hsiao, "What Drove the Cycle of Chinese Health System Reform", pp. 52–61.

5 Joan Kaufman, "Policy case study: Public health", Joseph, William A., *Politics in China: An Introduction* (New York: Oxford University Press, 2019), pp. 399–417; 王紹光·樊鵬, 『中國式共識型決策』, pp. 37–39; Yip and Hsiao, "The Chinese Health System at a Crossroads", pp. 460–468; Yip and Hsiao, "What Drove the Cycle of Chinese Health System Reform", pp. 52–61.

6 王紹光·樊鵬, 『中國式共識型決策』, pp. 32, 36, 176–196.

7 Jane Duckett, "Bureaucratic interests and institutions in the making of China's social policy", *Public Administration Quarterly*, No. 27 (2003), pp. 210–237.

8 王紹光·樊鵬, 『中國式共識型決策』, pp. 32–36; Daniele Brombal, "Private interests in Chinese Politics: A case study on health care sector reforms", Brodsgaard, *Chinese Politics as Fragmented Authoritarianism*, pp. 98–119.

9 王紹光·樊鵬, 『中國式共識型決策』, pp. 141–175.

10 Yoel Kornreich, Ilan Vertinsky and Pitman B. Potter, "Consultation and Deliberation in China: The Making of China's Health–Care Reform", *China Journal* 68 (July 2012), pp. 176–203; 王紹光·樊鵬, 『中國式共識型決策』, pp. 75–89; Yip and Hsiao, "The Chinese Health System at a Crossroads", pp. 460–468; Yip and Hsiao, "What Drove the Cycle of Chinese Health System Reform", pp. 52–61; Yoel Kornreich, "Unorthodox approaches to public participation in authoritarian regimes", Brodsgaard, *Chinese Politics as Fragmented Authoritarianism*, pp. 77–97.

11 國務院發展研究中心, 「對中國醫療衛生體制改革的評價與建議(槪要 與重點)」,《中國新聞網》2005年 7月 29日, http://www.sina.com.cn (검색 일: 2023.3.8.)

12 江澤民, 「全面建設小康社會, 開創中國特色社會主義事業新局面」, 新 華月報 編, 『十六大以來黨和國家重要文獻選編上(一)』(北京: 人民出版社, 2005), pp. 3–45.

13 胡錦濤, 「高擧中國特色社會主義偉大旗幟, 為奪取全面建設小康社會 新勝利而奮鬥」, 中共中央文獻研究所 編, 『十七重要文獻選編(上)』(北京: 人民出版社, 2009), pp. 1-65.

14 Kornreich, "Unorthodox approaches to public participation in authoritarian regimes", pp. 77-97; Kornreich, Vertinsky and Potter, "Consultation and Deliberation in China", pp. 176-203.

15 Kornreich, Vertinsky and Potter, "Consultation and Deliberation in China", pp. 176-203.

16 Kornreich, Vertinsky and Potter, "Consultation and Deliberation in China", pp. 176-203.

17 王紹光·樊鵬, 『中國式共識型決策』, pp. 80-84.

18 Kornreich, Vertinsky and Potter, "Consultation and Deliberation in China", pp. 176-203; 王紹光·樊鵬, 『中國式共識型決策』, pp. 80-84.

19 王紹光·樊鵬, 『中國式共識型決策』, pp. 84-86.

20 王紹光·樊鵬, 『中國式共識型決策』, pp. 80-84; Lewis Husain, "Looking for 'new ideas that work': County innovation in China's health system reform—The case of the New Cooperative Medical Scheme", *Journal of Contemporary China*, Vol. 25, No. 99 (May 2016), pp. 438-452; Alex Jingwei He, "Maneuvering within a Fragmented Bureaucracy: Policy Entrepreneurship in China's Local Healthcare Reform", *China Quarterly*, No. 236 (December 2018), pp. 1088-1110.

21 참고로 2006년 9월에 '조정 공작소조'가 출범할 때도 의료 개혁에 대한 대중의 의견을 듣기 위해 인터넷 사이트와 전화를 개설했는데, 그해 12월까지 모두 1만 5,000건의 의견과 600여 건의 편지가 접수되었다. 또한 2008년에는 약 3만 6,000건의 의견 접수 이후, 이에 근거하여 의료 개혁 초안의 137곳을 수정했다고 한다. 王紹光·樊鵬, 『中國式共識型決策』, pp. 90-101.

22 Kornreich, Vertinsky and Potter, "Consultation and Deliberation in China", pp. 176−203.

23 Steven J. Balla, "Information technology, political participation, and the evolution of Chinese policymaking", *Journal of Contemporary China*, Vol. 21, No. 76 (July 2012), pp. 655−673.

24 Steven J. Balla, "Health system reform and political participation on the Chinese internet", *China Information*, Vol. 28, No. 2 (2014), pp. 214−236.

25 Steven J. Balla and Zhou Liao, "Online consultation and citizen feedback in Chinese policymaking", *Journal of Current Chinese Affairs*, Vol. 42, No. 3 (2013), pp. 101−120.

26 Yoel Kornreich, "Authoritarian responsiveness: Online consultation with 'issue publics' in China", *Governance Wiley*, Vol. 32, No. 3 (2019), pp. 547−564.

27 Kornreich, "Unorthodox approaches to public participation in authoritarian regimes", pp. 77−97.

28 王紹光·樊鵬, 『中國式共識型決策』, pp. 187−218.

29 中共中央 國務院, 「關於深化醫藥衛生體制改革的意見」(2009年 3月 17日),《中央政府門戶網站》, www.gov.cn (검색일: 2023.3.10.)

30 國務院, 「醫藥衛生體制改革近期重點實施方案(2009~2011年)」(2009年 3月 18日),《中央政府門戶網站》, www.gov.cn (검색일: 2023.3.10.)

31 王紹光·樊鵬, 『中國式共識型決策』, pp. 240−242.

32 Yip and Hsiao, "What Drove the Cycle of Chinese Health System Reform", pp. 52−61.

33 Edward Gu and Imogen Page−Jarrett, "The top−level design of social health insurance reforms in China: Towards universal coverage,

improved benefit design, and smart payment methods", *Journal of Chinese Governance*, Vol. 3, No. 3 (2018), pp. 331−350.

34 Jane Duckett and Neil Munro, "Authoritarian regime legitimacy and health care provision: Survey evidence from contemporary China", *Journal of Health Politics, Policy and Law*, Vol. 47, No. 3 (June 2022), pp. 375−409.

35 Jiwei Qian, "Reallocating authority in the Chinese health system: An institutional perspective", *Journal of Asian Public Policy*, Vol. 8, No. 1 (2015), pp. 19−35.

36 Qian, "Reallocating authority in the Chinese health system", pp. 19−35.

37 Qian, "Reallocating authority in the Chinese health system", pp. 19−35.

38 梁萬年 外, 「我國新型管狀病毒肺炎疫情防控的'動態淸零'策略」, 《中華醫學雜志》 102卷 4期(2022年 1月 25日), pp. 239−242; 「中共中央政治局常務委員會召開會議 聽取近期新冠疫情防控工作情況匯報」, 《人民網》 2023年 2月 17日, www.people.com.cn (검색일: 2023.2.17.).

2부 중국의 코로나19 대응

1 梁萬年 外, 「我國新型管狀病毒肺炎疫情防控的'動態淸零'策略」, 《中華醫學雜志》 102卷 4期(2022年 1月 25日), pp. 239−242; 「中共中央政治局常務委員會召開會議 聽取近期新冠疫情防控工作情況匯報」, 《人民網》 2023年 2月 17日, www.people.com.cn (검색일: 2023.2.17.).

4장 왜 초기 대응에 실패했는가?

1 Yanzhong Huang and Christopher J. Smith, "China's response to pandemics: From inaction to overreaction", *Eurasian Geography and Economics*, Vol. 51, No. 2 (2010), pp. 171−172.

2 Joan Kaufman, "SARS and China's Health−Care Response: Better to be both red and expert?" Arthur Kleinman and James L. Watson (eds.), *SARS in China: Prelude to Pandemic?* (Stanford: Stanford University Press, 2006), p. 54.

3 Jonathan Schwartz and R. Gregory Evans, "Causes of effective policy implementation: China's public health response to SARS", *Journal of Contemporary China*, Vol. 16, No. 51 (May 2007), p. 195.

4 구신, 「중국 질병예방통제센터는 왜 신종 코로나 폐렴의 '수문장'이 되지 못했는가?」, 《성균차이나브리프》 8권 2호 (통권 55호) (2020.4.), pp. 100−101; Steven Lee Myers, "China created a fail−safe system to track contagions. It failed", *New York Times*, March 29, 2020, www.nytimes.com (검색일: 2020.3.30.).

5 구신, 「중국 질병예방통제센터는 왜 신종 코로나 폐렴의 '수문장'이 되지 못했는가?」, pp. 100−101; Guo Rui, "Coronavirus: Why did China's multimillion−dollar early warning system fail?", *South China Morning Post*, March 13, 2020, www.scmp.com (검색일: 2020.3.16.).

6 「關於群眾反映的涉及李文亮醫生有關情況調查的通報」, 《人民網》 2020년 3월 20일, www.people.com.cn (검색일: 2020.3.20.).

7 이승신·최원석·박진희, 「중국발 원인 불명 폐렴 현황 및 대응 방안」, 《KIEP세계경제포커스》 2020년 Vol. 3, No. 2 (2020년 1월 15일), p. 4.

8 習近平, 「在統籌推進新冠肺炎疫情防控和經濟社會發展工作部署會議上的講話」, 《新華網》 2020년 2월 23일, www.xinhua.net (검색일:

2020.2.25.).

9 Myers, "China created a fail-safe system to track contagions. It failed."

10 「兩高兩部: 嚴懲妨害疫情防控犯罪, 推動提高依法治理能力」, 《人民網》 2020년 2월 10일, www.people.com.cn (검색일: 2020.2.11.) Shi Jiantao, "Chinese authorities say coronavirus control at heart of clampdown on 10 broad categories of crime", *South China Morning Post*, February 12, 2020, www.scmp.com (검색일: 2020.2.13.).

11 Raymond Zhong, "China clamps down on coronavirus coverage as cases surge", *New York Times*, February 2, 2020, www.nytimes.com (검색일: 2020.2.6.); Paul Wolfowitz and Max Frost, "China censorship helps spread the virus", *Wall Street Journal*, January 26, 2020, www.wsj.com (검색일: 2020.1.28.).

12 Josh Chin, "Wuhan Mayor says Beijing rules partially responsible for lack of transparency", *Wall Street Journal*, January 27, 2020, www.wsj.com (검색일: 2020.1.28.); Sarah Zheng, "Wuhan mayor under pressure to resign over response to coronavirus outbreak", *South China Morning Post*, January 23, 2020, www.scmp.com (검색일: 2020.1.24.).

13 鍾仕, 「京城密語: 疾控早上報, 中央為保節日氣氛失良機」, 《明報新聞網》 2020년 2월 17일, www.mingpao.com (검색일: 2020.4.23.); 「習近平1/7談武漢肺炎疫情, 據稱要求勿影響過年氣氛」, 《中央社CNA》 2020년 2월 17일, www.cna.com.tw (검색일: 2020.4.23.).

14 習近平, 「在統籌推進新冠肺炎疫情防控和經濟社會發展工作部署會議上的講話」.

15 「中共中央政治局召開會議, 中共中央總書記習近平主持會議」, 《人民網》 2020년 1월 17일, www.xinhua.net (검색일: 2020.3.31.).

16 中華人民共和國 國務院 新聞辦公室, 『抗擊新冠肺炎疫情的中國經驗』(2020年 6月).

17 「疫情失控誰擔責, 對立説法攪動輿論場」, 《多維新聞》 2020년 2월 18일, www.dwnesw.com (검색일: 2020.2.18.).

18 Hongyi Lai, "Local management of SARS in China: Guangdong and Beijing", Jon Wong and Zheng Yongnian (eds.), *The SARS Epidemic: Challenges to China's Crisis Management* (Singapore and Hongkong: World Scientific, 2004), pp. 78−90; Hongyi Lai, "Managing pandemic/epidemic crises: Institutional setup and overhaul", Jae Ho Chung (ed.), *China's Crisis Management* (London: Routledge, 2012), pp 94−95.

19 조영남, 『후진타오 시대의 중국정치』 (파주: 나남, 2006), pp. 120−121; Joseph Fewsmith, "China and the politics of SARS", *Current History*, Vol. 102, No. 665 (September 2003), pp. 250−255.

20 Zheng Yongnian and Lye Liang Fook, "SARS and China's political system", Wong and Zheng, *The SARS Epidemic*, pp. 53−62; Tony Saich, "Is SARS China's Chernobyl or much ado about nothing?", Kleinman and Watson, *SARS in China*, p. 73.

21 Lai, "Local management of SARS in China", pp. 91−93; Zheng and Lye, "SARS and China's political system", pp. 62−66.

22 Lai, "Managing pandemic/epidemic crises", pp. 94−95; Saich, "Is SARS China's Chernobyl or much ado about nothing?" p. 73.

23 He Baogang, "SARS and freedom of the press: Has the Chinese government learned a lesson?", Wong and Zheng, *The SARS Epidemic*, pp. 181−198; Kaufman, "SARS and China's health−care response", pp. 66−68; Alan Schnur, "The role of the World Health Organization

in combating SARS, focusing on the efforts in China", Kleinman and
Watson, *SARS in China*, pp. 49−52.

24 「中華人民共和國傳染病防治法」, 新華月報 編, 『十六大以來黨和國家
重要文件選編(上·二)』(北京: 人民出版社, 2005), pp. 1384−1393.

25 「突發公共衛生事件應急條例」, 「傳染型非典型肺炎防治管理辦法」,
《新華月報》, 『十六大以來黨和國家重要文件選編(上·二)』, pp. 1394−
1405, 1406−1415.

26 Lai, "Managing pandemic/epidemic crises", pp. 96−98.

27 Lai, "Managing pandemic/epidemic crises", pp. 98−100.

28 Lai, "Managing pandemic/epidemic crises", pp. 100−104; Huang and
Smith, "China's response to pandemics", pp. 172−175.

29 Josephine Ma, "Coronavirus: China's first confirmed Covid-19 case
traced back to November 17", *South China Morning Post*, March 13, 2020,
www.scmp.com (검색일: 2020.3.13.).

30 「關於群衆反映的涉及李文亮醫生有關情況調查的通報」.

31 「'發哨人'刪稿背後 疫情中的興情與法理」, 《多維新聞》 2020년 3월
12일, www.dwnesw.com (검색일: 2020.3.12.).

32 「關於群衆反映的涉及李文亮醫生有關情況調查的通報」.

33 중국 정부의 '코로나19 백서', 즉 『코로나19에 맞선 중국 경험(抗擊新冠肺炎
疫情的中國經驗)』(2020년 6월, 국무원 신문판공실)에는 이에 대한 기록이 없다.
제2차 조사팀은 '비공식적으로' 파견한 것이라 기록하지 않았거나, 아니
면 잘못된 조사 결과를 보고했기 때문에 이를 숨기기 위해 백서에서 고
의로 언급하지 않았을 수 있다.

34 「國家醫療專家組專家: 武漢不明原因肺炎病源認定意義重大, 目
前總體可控」, 《央視新聞》 2020년 1월 11일, www.nbd.com.cn (검색일:

2020.4.23.); 「衛健委專家組成員王廣發出院了」, 《瀟湘晨報》2020년 2월 2일, k.sina.com.cn (검색일: 2020.4.11.).

35 國務院 新聞辦公室, 「抗擊新冠肺炎疫情的中國行動(2020年6月)」, 《人民網》 2020년 6월 8일, www.people.com.cn (검색일: 2020.6.8.); 「國家衛建委高級別專家組就新型冠狀病毒肺炎答記者問」, 《央視新聞》2020년 1월 21일, www.hubei.gov.cn (검색일: 2020.4.9.); 「蔣超良被免內幕, 鍾南山團隊披露武漢始末」, 《多維新聞》2020년 3월 25일, www.dwnesw.com (검색일: 2020.3.26.).

36 팡팡 지음, 조유리 옮김, 『우한일기: 코로나19로 봉쇄된 도시의 기록』(파주: 문학동네, 2020), pp. 91, 243.

37 Myers, "China created a fail-safe system to track contagions".

38 「衛健委專家組成員王廣發出院了」.

39 팡팡 지음, 조유리 옮김, 『우한일기』(파주: 문학동네, 2020), pp. 49, 59, 101, 281.

40 Rui, "Coronavirus: Why did China's multimillion-dollar early warning system fail?"; Wendy Wu, "Coronavirus: China's Central Disease Control should have power to warn public, says country's leading expert", *South China Morning Post*, April 13, 2020, www.scmp.com (검색일: 2020.4.13.).

41 Sidney Leng, "China's coronavirus response slowed by bureaucracy, unstable funding as government never empowered lower level officials", *South China Morning Post*, March 9, 2020, www.scmp.com (검색일: 2020.3.9.).

42 Ma, "Coronavirus: China's first confirmed Covid-19 case traced back to November 17."

43 팡팡 지음, 조유리 옮김, 『우한일기』(파주: 문학동네, 2020), p. 230.

44 Eric Kit—wai Ma and Joseph Man Chan, "Global Connectivity and Local Politics: SARS, Talk Radio, and Public Opinion", Deborah Davis and Helen Siu (eds.), *SARS: Reception and Interpretation in Three Chinese Cities* (London: Routledge, 2007), p. 31.

45 Schnur, "The role of the World Health Organization in combating SARS", pp. 49—52.

46 팡팡 지음, 조유리 옮김, 『우한일기』(파주: 문학동네, 2020), p. 200.

47 조영남, 『중국의 통치 체제 2: 공산당 통제 기제』(나남: 21세기북스, 2022), pp. 463—681.

48 유상철, 「『우한일기』 작가 고발…中 코로나 잠잠한 틈타 보복 시작됐다」, 《중앙일보》 2020년 4월 9일, www.joins.com (검색일: 2020.4.9.); 「方方6套房產來源不明遭擧報, 本人回應」, 《多維新聞》 2020년 4월 8일, www.dwnesw.com (검색일: 2020.4.9.); Chun Han Wong, "A Wuhan writer rages against China's communist machine and becomes an online star", *Wall Street Journal*, April 1, 2020, www.wsj.com (검색일: 2020.4.8.); "She kept a diary of China's epidemic. Now she faces a political storm", *New York Times*, April 14, 2020, www.nytimes.com (검색일: 2020.4.15.).

5장 어떻게 신속한 통제에 성공했는가?: 중앙의 대응

1 習近平, 「在統籌推進新冠肺炎疫情防控和經濟社會發展工作部署會議上的講話」, 《新華網》 2020년 2월 23일, www.xinhua.net (검색일: 2020.2.25.).

2 習近平, 「在中央政治局常委會會議研究應對新型冠狀病毒肺炎疫情工作時的講話」, 《求是網》 2020년 2월 15일, www.qstheory.cn (검색일: 2020.2.17.).

3   Daniel A. Bell and Wang Pei, "China's coronavirus response and Italy's struggles show the benefits of a hierarchical system and where it needs improvement", *South China Morning Post*, March 14, 2020, www.scmp.com (검색일: 2020.3.16.).

4   Daniel A. Bell, *The China Model: Political Meritocracy and the Limits of Democracy* (Princeton: Princeton University Press, 2015); Daniel A. Bell, *China's New Confucianism: Politics and Everyday Life in a Changing Society* (Princeton: Princeton University Press, 2008); Daniel A. Bell, *Beyond Liberal Democracy: Political Thinking for an East Asian Context* (Princeton: Princeton University Press, 2006); Daniel A. Bell, *East Meets West: Human Rights and Democracy in East Asia* (Princeton: Princeton University Press, 2000).

5   Jonathan Schwartz, "Compensating for the 'authoritarian advantage' in crisis response", *Journal of Chinese Political Science*, Vol. 17, No. 3 (July 2012), pp. 313−331.

6   Zheng Yongnian and Lye Liang Fook, "SARS and China's political system", Jon Wong and Zheng Yongnian (eds.), *The SARS Epidemic: Challenges to China's Crisis Management* (Singapore and Hongkong: World Scientific, 2004), pp. 45−75; Hongyi Lai, "Local management of SARS in China: Guangdong and Beijing", Wong and Zheng, *The SARS Epidemic*, pp. 77−97; Tony Saich, "Is SARS China's Chernobyl or much ado about nothing?" Arthur Kleinman and James L. Watson (eds.), *SARS in China: Prelude to Pandemic?* (Stanford: Stanford University Press, 2006), *SARS in China*, pp. 71−104.

7   「中華人民共和國傳染病防治法」, 新華月報 編, 『十六大以來黨和國家重要文件選編(上·二)』(北京: 人民出版社, 2005), pp. 1384−1393.

8 「突發公共衛生事件應急條例」,「傳染性非典型肺炎防治管理辦法」,《新華月報》,『十六大以來黨和國家重要文件選編(上·二)』, pp. 1394—1405, 1406—1415.

9 Hongyi Lai, "Managing pandemic/epidemic crises: Institutional setup and overhaul", Jae Ho Chung (ed.), *China's Crisis Management* (London: Routledge, 2012), pp. 87—107.

10 Yanzhong Huang and Christopher J. Smith, "China's response to pandemics: From inaction to overaction", *Eurasian Geography and Economics*, Vol. 51, No. 2 (2010), pp. 162—183; 「全國防治非典工作情況」, 國務院應急管理辦公室, 2005년 8월 9일, www.gov.cn (검색일: 2020.3.20.).

11 習近平,「在統籌推進新冠肺炎疫情防控和經濟社會發展工作部署會議上的講話」.

12 習近平,「在統籌推進新冠肺炎疫情防控和經濟社會發展工作部署會議上的講話」; 習近平,「全面提高依法防控依法治理能力, 健全國家公共衛生應急管理體系」,《求是網》2020년 2월 29일, www.qstheory.cn (검색일: 2020.2.29.).

13 「進一步研究疫情防控形勢, 部署有針對性加强防控工作」,《人民網》2020년 1월 30일, www.people.com.cn (검색일: 2020.1.30.).

14 「中央應對新型冠狀病毒疫情工作領導小組」,《維基百科》, zh.wikipedia.org (검색일: 2020.4.1.).

15 「慎終如始加强疫情防控」,《人民網》2020년 3월 7일, www.people.com.cn (검색일: 2020.3.7.).

16 「中央指導組約談武漢市相關人員」,《人民網》2020년 2월 12일, www.people.com.cn (검색일: 2020.2.12.).

17 習近平,「在統籌推進新冠肺炎疫情防控和經濟社會發展工作部署會議上的講話」.

18 「習近平開17萬人大會, 信號非同尋常」,《多維新聞網》2020년 2월 24일, www.dwnews.com (검색일: 2020.2.24.); William Zheng, "Why Chinese President Xi Jinping called 170,000 cadres about the coronavirus epidemic?" *South China Morning Post, February 25*, 2020, www.scmp.com (검색일: 2020.2.25.).

19 習近平,「在統籌推進新冠肺炎疫情防控和經濟社會發展工作部署會議上的講話」.

20 「一條時間軸縱覽習近平的戰'疫'日志」,《人民網》2020년 2월 17일, www.people.com.cn (검색일: 2020.2.17.).

21 Chun Han Wong, "Beijing portrays President Xi Jinping as hero of coronavirus fight", *Wall Street Journal*, March 8, 2020, www.wsj.com (검색일: 2020.3.9.); Javier C. Hernandez, "China spins coronavirus crisis, hailing itself as a global leader", *New York Times*, February 28, 2020, www.nytimes.com (검색일: 2020.3.1.).

22 Chris Buckley and Steven Lee Myers, "Where's Xi? China's leader commands coronavirus fight from safe heights", *New York Times*, February 9, 2020, www.nytimes.com (검색일: 2020.2.10.).

23 「新聞聯播報道玄機, 折射中南海抗疫模式」,《多維新聞》2020년 3월 19일, www.dwnesw.com (검색일: 2020.3.19.).

24 Kristin Huang, "Coronavirus: Wuhan doctor says officials muzzled her for sharing report on Wechat", *South China Morning Post*, March 11, 2020, www.scmp.com (검색일: 2020.3.11.);「發哨人'刪稿背後 疫情中的輿情與法理」,《多維新聞》2020년 3월 12일, www.dwnesw.com (검색일: 2020.3.12.).

25 Jeremy Page, Wenxin Fan and Natasha Khan, "How it all started: China's early coronavirus missteps", *Wall Street Journal*, March 6, 2020, www.wsj.com (검색일: 2020.3.7.).

26 박우, 「코로나19, 사회 통제, 그리고 방역 정치」, 백영서 엮음, 『팬데믹 이후 중국의 길을 묻다』(서울: 책과함께, 2021), p. 59; Guobin Yang, *The Wuhan Lockdown* (New York: Columbia University Press, 2022), p. 12.

27 Guobin Yang, *The Wuhan Lockdown* (New York: Columbia University Press, 2022), pp. 187–210.

28 Mimi Lau, Echo Xie, Guo Rui, "Coronavirus: Li Wenliang's death", *South China Morning Post*, February 12, 2020, www.scmp.com (검색일: 2020.2.12.).

29 Jun Mai and Mimi Lau, "Chinese scholar blames Xi Jinping, Communist Party for not controlling coronavirus outbreak", *South China Morning Post*, February 6, 2020, www.scmp.com (검색일: 2020.2.6.); Jane Cai, "China is paying a heavy price for coronavirus because of lack of free speech, says leading professor", *South China Morning Post*, February 18, 2020, www.scmp.com (검색일: 2020.2.19.).

30 「兩高兩部: 嚴懲妨害疫情防控犯罪, 推動提高依法治理能力」, 《人民網》 2020년 2월 10일, www.people.com.cn (검색일: 2020.2.11.); Shi Jiantao, "Chinese authorities say coronavirus control at heart of clampdown on 10 broad categories of crime", *South China Morning Post*, February 12, 2020, www.scmp.com (검색일: 2020.2.13.).

31 Raymond Zhong, "China clamps down on coronavirus coverage as cases surge", *New York Times*, February 2, 2020, www.nytimes.com (검색일: 2020.2.6.); Paul Wolfowitz and Max Frost, "China censorship helps

spread the virus", *Wall Street Journal*, January 26, 2020, www.wsj.com (검색일: 2020.1.28.).

32 「사진핑 비판 후 실종된 중 기업인, 당국 조사받아」, 《연합뉴스》 2020년 4월 8일, www.donga.com (검색일: 2020.4.8.).

33 「'시진핑 하야' 촉구 중국 활동가 쉬즈융 체포 구속」, 《동아일보》 2020년 2월 17일, www.donga.com (검색일: 2020.2.17.).

34 유상철, 「『우한일기』 작가 고발…中 코로나 잠잠한 틈타 보복 시작됐다」, 《중앙일보》 2020년 4월 9일, www.joins.com (검색일: 2020.4.9.); 「方方6套房産來源不明遭擧報, 本人回應」, 《多維新聞》 2020년 4월 8일, www.dwnews.com (검색일: 2020.4.9.); Chun Han Wong, "A Wuhan writer rages against China's communist machine and becomes an online star", *Wall Street Journal*, April 1, 2020, www.wsj.com (검색일: 2020.4.8.).

35 팡팡 지음, 조유리 옮김, 『우한일기: 코로나19로 봉쇄된 도시의 기록』(파주: 문학동네, 2020), p. 435.

36 「『大國戰'疫'』近期出版」, 《新華網》 2020년 2월 26일, www.xinhuanet.com (검색일: 2020.2.26.).

37 「『大國戰'疫'』下架背後的紅與黑」, 《多維新聞》 2020년 3월 3일, www.dwnews.com (검색일: 2020.3.3.).

38 Guobin Yang, *The Wuhan Lockdown* (New York: Columbia University Press, 2022), pp. 106−108; Li Yuan, "Coronavirus weakens China's powerful propaganda machine", *New York Times*, February 26, 2020, www.nytimes.com (검색일: 2020.2.27.); Chun Han Wong, "China's virus censorship and propaganda draw backlash", *Wall Street Journal*, February 25, 2020, www.wsj.com (검색일: 2020.2.26.).

39 「江山嬌與紅旗漫」, 《維基百科》, zh.wikipedia.org (검색일: 2020.4.1.).

6장 어떻게 신속한 통제에 성공했는가?: 지방의 대응

1 「中共中央印發「通知」, 黨員要堅定站在疫情防控第一綫」, 《解放日報》 2020년 1월 29일, www.shanghai.gov.cn (검색일: 2020.4.10.).

2 「精準監督, 凝聚抗疫合力」, 《人民網》 2020년 4월 22일, www.people. com.cn (검색일: 2020.4.22.).

3 「黨旗高高飄揚在防控疫情鬥爭第一綫」, 《新華網》 2020년 1월 29일, www.xinhuanet.com (검색일: 2020.1.29.).

4 「分析新型冠狀病毒肺炎疫情形勢研究近期防控重點工作」, 《人民網》 2020년 2월 27일, www.qstheory.cn (검색일: 2020.2.27.); 「應勇主持召開湖 北省常委會會議」, 《湖北省人民政府門戶網站》 2020년 2월 28일, www. hubei.gov.cn (검색일: 2020.4.8.).

5 「中共中央組織部印發通知, 要求各級黨組織做好黨員自願捐款指導 服務工作, 支持新冠肺炎疫情防控工作」, 《新華網》 2020년 2월 25일, www.xinhuanet.com (검색일: 2020.2.26.); 「彰顯忠誠擔當, 書寫大愛真情」, 《人民網》 2020년 3월 9일, www.people.com.cn (검색일: 2020.3.9.).

6 「全國1037萬多名黨員自願捐款11.8億元」, 《人民網》 2020년 3월 1일, www.people.com.cn (검색일: 2020.3.1.); 「彰顯家國情懷, 匯聚人間大愛」, 《人民網》 2020년 5월 22일, www.people.com.cn (검색일: 2020.5.22.).

7 「牢記宗旨, 勇挑重擔, 為打贏疫情防控阻擊戰作出貢獻」, 《人民網》 2020년 1월 30일, www.people.com.cn (검색일: 2020.1.30.).

8 「軍隊抽組醫療力量, 承擔武漢火神山醫院醫療救治任務」, 《人民網》 2020년 2월 3일, www.people.com.cn (검색일: 2020.2.3.); 「中央指導組首次 披露！11位部級幹部在湖北一綫協調指揮」, 《上觀新聞》 2020년 3월 6일, www.jfdaily.com (검색일: 2020.4.9.); Minnie Chan, "How China's military took a frontline role in the coronavirus crisis", *South China Morning Post,*

March 17, 2020, www.scmp.com (검색일: 2020.3.17.).

9 「動員聯係群衆, 投身疫情防控」, 《人民網》 2020년 4월 16일, www.people.com.cn (검색일: 2020.4.16.).

10 Ian Johnson, "Religious groups in China step into the coronavirus crisis", *New York Times*, February 23, 2020, www.nytimes.com (검색일: 2020.2.24.).

11 Guobin Yang, *The Wuhan Lockdown* (New York: Columbia University Press, 2022), pp. 111−133.

12 Jonathan Schwartz and R. Gregory Evans, "Causes of effective policy implementation: China's public health response to SARS", *Journal of Contemporary China*, Vol. 16, No. 51 (May 2007), pp. 195−213.

13 Bo Zhiyue, *China's Elite Politics: Governance and Democratization* (Singapore: World Scientific, 2010), pp. 297−298.

14 Li Yuan, "In Coronavirus fight, China sidelines an ally: Its own people", *New York Times*, February 18, 2020, www.nytimes.com (검색일: 2020.2.19.).

15 習近平, 「在中央政治局常委會會議研究應對新型冠狀病毒肺炎疫情工作時的講話」, 《求是網》 2020년 2월 15일, www.qstheory.cn (검색일: 2020.2.17.).

16 유상철, 「사망 425명, 확진 2만명 돌파…중 분풀이할 희생양 찾고 있다」, 《중앙일보》 2020년 2월 4일, www.joins.com (검색일: 2020.2.4.).

17 「湖北省召開全省領導幹部會議傳達中央決定」, 《湖北日報》 2020년 2월 13일, www.hubei.gov.cn (검색일: 2020.4.8.).

18 「黃岡處理處分防控不力黨員幹部337人, 6名領導幹部予以免職」, 《湖北省人民政府門戶網站》 2020년 2월 2일, www.hubei.gov.cn (검색일: 2020.4.9.).

19 「省委組織部通報表揚214個醫院基層黨組織和223名醫院工作者」,《湖北省人民政府門戶網站》2020년 2월 7일, www.hubei.gov.cn (검색일: 2020.4.9.).

20 「關於給予張定宇和張繼先同志大功獎勵的決定」,《湖北省人民政府門戶網站》2020년 2월 6일, www.hubei.gov.cn (검색일: 2020.4.9.).

21 「抓緊做好在新冠肺炎疫情防控一綫發展黨員工作」,《人民網》2020년 2월 27일, www.people.com.cn (검색일: 2020.2.27.).

22 「全力做好新冠肺炎防控工作」,《人民網》2020년 4월 23일, www.people.com.cn (검색일: 2020.4.23.).

23 「2019冠狀病毒中國大陸疫區封鎖措施」,《維基百科》, zh.wikipedia.org (검색일: 2020.4. 30.).

24 「蔣超良要求全力打好疫情殲滅戰, 堅決遏制疫情蔓延勢頭」,《湖北省人民政府門戶網站》2020년 1월 24일, www.hubei.gov.cn (검색일: 2020.4.8.); 「應勇: 優化指揮部職能, 做細做實各項防控工作」,《湖北省人民政府門戶網站》2020년 2월 17일, www.hubei.gov.cn (검색일: 2020.4.8.).

25 「武漢成立防控指揮部, 公佈定點救治醫療機構名單」,《湖北省人民政府門戶網站》2020년 1월 21일, www.hubei.gov.cn (검색일: 2020.4.9.).

26 「武漢成立新型冠狀病毒感染肺炎疫情防控指揮部」,《中國新聞南方網》2020년 1월 21일, www.southcn.com (검색일: 2020.4.9.).

27 「財經部: 今年一季度全國財政收支同比雙降, 各級財政共安排疫情控制資金1452億元」,《央視網》2020년 4월 20일, www.cctv.com (검색일: 2020.4.23.).

28 「王曉東出席新型肺炎防控新聞發佈會並答記者問」,《湖北省人民政府門戶網站》2020년 1월 27일, www.hubei.gov.cn (검색일: 2020.4.8.).

29 中華人民共和國 國務院 新聞辦公室, 「抗擊新冠肺炎疫情的中國經驗」(2020年 6月).

30 「堅持重症輕症幷重, 千方百計救治患者」,《人民網》2020년 2월 20일, www.people.com.cn (검색일: 2020.2.20.).

31 「援漢疾控隊凱旋!」,《人民網》2020년 4월 20일, www.people.com.cn (검색일: 2020.4.20.).

32 「官方發布! 各省對口支援湖北名單來了」,《湖北省人民政府門戶網站》2020년 2월 7일, www.hubei.gov.cn (검색일: 2020.4.9.).

33 陳義平·徐理響 主編,『當代中國的基層民主建設』(合肥: 安徽人民出版社, 2014), pp. 74-75.

34 陳義平·徐理響,『當代中國的基層民主建設』, pp. 90-105; 박철현, 「중국 사구모델의 비교분석: 상하이와 선양의 사례」,《중국학연구》69집 (2014년), pp. 321-354.

35 장윤미, 「중국 '안정유지(維穩)'의 정치화 딜레마」,《동아연구》64권 (2013년 2월), pp. 105-143; 장윤미, 「'돈으로 안정을 산다': 시위 급증에 대처하는 중국식 해법」,《중앙일보》2020년 4월 8일, www.joins.com (검색일: 2020.4.8.).

36 뤄스치·백승욱, 「사회치리(社會治理)로 방향 전환을 모색하는 광둥성의 사회관리 정책」,《현대중국연구》17집 2호 (2016년 2월), pp. 37-78; 백승욱·장영석·조문영·김판수, 「시진핑 시대 중국 사회건설과 사회관리」,《현대중국연구》17집 1호 (2015년 8월), pp. 1-51; 조문영·장영석·윤종석, 「중국 사회 거버넌스(治理) 확산 속 동북지역 사구건설의 진화」,《중소연구》41권 2호 (2017년 여름), pp. 181-223.

37 「疫情防控要用好社區網格化管理」,《人民網》2020년 2월 10일, www.people.com.cn (검색일: 2020.2.11.).

38 Jonathan Schwartz and R. Gregory Evans, "Causes of effective policy

implementation: China's public health response to SARS", *Journal of Contemporary China*, Vol. 16, No. 51 (May 2007), pp. 195—213.

39 「兩部門: 為疫情防控社區志願者發放補貼, 合理安排社區防控工作人員輪休」, 《湖北省人民政府門戶網站》 2020년 2월 18일, www.hubei. gov.cn (검색일: 2020.4.9.).

40 「中央應對新冠肺炎疫情工作領導小組印發通知」, 《人民網》 2020년 3월 5일, www.people.com.cn (검색일: 2020.4.10.).

41 「這道疫情防控的重要防綫, 習近平高度重視」, 《人民網》 2020년 4월 10일, www.people.com.cn (검색일: 2020.4.10.); 「毫不放鬆抓緊抓實抓細各項防控工作, 堅決打贏湖北保衛戰武漢保衛戰」, 《人民網》 2020년 3월 3일, www.people.com.cn (검색일: 2020.3.3.).

42 「習近平回信勉勵武漢東湖新城區全體社區工作者」, 《人民網》 2020년 4월 9일, www.people.com.cn (검색일: 2020.4.9.).

43 「蔣超良召開省委常會會議暨省新型肺炎防控指揮部會議」, 《湖北省人民政府門戶網站》 2020년 1월 29일, www.hubei.gov.cn (검색일: 2020.4.8.).

44 「省指揮部下發新規十三條: 紅事一律禁止, 百事一律從簡並報備」, 《湖北省人民政府門戶網》 2020년 2월 6일, www.hubei.gov.cn (검색일: 2020.4.9.); 「關於農村疫情防控措施抓實抓細抓落地的緊急通知」, 《湖北省人民政府門戶網站》 2020년 2월 7일, www.hubei.gov.cn (검색일: 2020.4.9.).

45 「〈關於全力以赴堅決打贏我省新冠肺炎疫情防控阻擊戰的意見〉解讀之二」, 《湖北省人民政府門戶網站》 2020년 2월 19일, www.hubei.gov. cn (검색일: 2020.4.9.).

46 팡팡 지음, 조유리 옮김, 『우한일기: 코로나19로 봉쇄된 도시의 기록』(파주: 문학동네, 2020), pp. 127, 197.

47 「省疫情防控指揮部下發通知: 所有下沉社區(村)黨員幹部嚴禁挂名式點卯式下沉」,《湖北省人民政府門戶網站》2020년 2월 27일, www.hubei.gov.cn (검색일: 2020.4.9.).

48 William Zheng and Kristin Huang, "Street by street, home by home: How China used social controls to tame an epidemic", *South China Morning Post*, April 22, 2020, www.scmp.com (검색일: 2020.4.23.).

49 팡팡 지음, 조유리 옮김, 『우한일기』(파주: 문학동네, 2020), pp. 62, 102.

50 「非接觸送菜移動菜籃子供銷小貨郎, 我省推廣市場保供七大招」,《湖北省人民政府門戶網站》2020년 2월 13일, www.hubei.gov.cn (검색일: 2020.4.9.).

51 「武漢市新冠肺炎防控指揮部通告」,《湖北省人民政府門戶網站》2020년 1월 23일, www.hubei.gov.cn (검색일: 2020.4.9.);「湖北省應對新冠肺炎疫情接受社會捐贈情況公告(第6號)」,《湖北省人民政府門戶網站》2020년 2월 18일, www.hubei.gov.cn (검색일: 2020.4.9.).

52 「武漢專項招募志願者, 為居民提供代購代送等服務」,《湖北省人民政府門戶網站》2020년 2월 23일, www.hubei.gov.cn (검색일: 2020.4.9.).

53 팡팡 지음, 조유리 옮김, 『우한일기』(파주: 문학동네, 2020), p. 65.

54 「關於群眾反映的涉及李文亮醫生有關情況調查的通報」,《人民網》2020년 3월 20일, www.people.com.cn (검색일: 2020.3.20.); Jeremy Page, Wenxin Fan and Natasha Khan, "How it all started: China's early coronavirus missteps", *Wall Street Journal*, March 6, 2020, www.wsj.com (검색일: 2020.3.7.).

55 Jun Mai and Mimi Lau, "Chinese scholar blames Xi Jinping, Communist Party for not controlling coronavirus outbreak", *South China Morning Post*, February 6, 2020, www.scmp.com (검색일: 2020.2.6.); Guo

Rui, "Li Wenliang: Chinese academics call for justice for coronavirus whistle-blower", *South China Morning Post*, February 8, 2020, www.scmp.com (검색일: 2020.2.10.).

56 "She kept a diary of China's epidemic. Now she faces a political storm", *New York Times*, April 14, 2020, www.nytimes.com (검색일: 2020.4.15.). 한국어 번역본에는 이후에 수정된 내용이 실려 있다. 팡팡 지음, 조유리 옮김, 『우한일기』(파주: 문학동네, 2020), pp. 88-89.

57 Chun Han Wong, "A Wuhan writer rages against China's communist machine and becomes an online star", *Wall Street Journal*, April 1, 2020, www.wsj.com (검색일: 2020.4.8.).

58 팡팡 지음, 조유리 옮김, 『우한일기』(파주: 문학동네, 2020), pp. 295-297.

59 양범수, 「'시진핑에 감사' 캠페인으로 역풍 맞은 中 공산당, '우한 시민 띄우기'로 수습 모색」, 《조선일보》 2020년 3월 10일, www.chosun.com (검색일: 2020.3.12.); 「湖北省委書記應勇救火'感恩論', 輿論風暴當讓中共引以爲戒」, 《多維新聞》 2020년 3월 10일, www.dwnews.com (검색일: 2020.3.10.).

60 「毫不放鬆抓緊抓實抓細各項防控工作, 堅決打贏湖北保衛戰武漢保衛戰」, 《人民網》 2020년 3월 10일, www.people.com.cn (검색일: 2020.3.11.).

61 Jun Mai and Echo Xie, "Searching for answers in Wuhan's coronavirus aftermath: people at epicentre of China's crisis want explanations", *South China Morning Post*, April 17, 2020, www.scmp.com (검색일: 2020.4.18.).

62 팡팡 지음, 조유리 옮김, 『우한일기』(파주: 문학동네, 2020), pp. 422, 428-429.

63 He Baogang, "SARS and freedom of the press: Has the Chinese government learned a lesson?" Wong and Zheng, *The SARS Epidemic*, pp. 181–198.

7장 왜 갑자기 제로 코로나 정책을 폐기했는가?

1 國務院 聯防聯控機制 綜合組, 「關於對新型冠狀病毒感染實施'乙類乙管'的總體方案」(2022.12.27.); 白劍鋒, 「新冠病毒感染將由乙類甲管調整爲乙類乙管」, 《人民網》 2022年 12月 27日, www.people.com.cn (검색일: 2022.12.28.).

2 國務院 聯防聯控機制 綜合組, 「新型冠狀病毒感染防控方案(第十版)」(2023.1.7.); Wendy Wu, "China stops declaring daily Covid cases as wave strains hospitals, funeral services", *South China Morning Post*, December 25, 2022, www.scmp.com (검색일: 2022.12.26.).

3 William Zheng, "How political and economic pressure led to Beijing's abrupt U–turn on zero–covid", *South China Morning Post*, January 10, 2023, www.scmp.com (검색일: 2023.1.11.).

4 Suisheng Zhao, "Rhetoric and reality of China's global leadership in the context of COVID–19: Implications for the US–led world order and liberal globalization", *Journal of Contemporary China*, Vol. 30, No. 128 (2021), pp. 233–248.

5 문지영, 「중국 봉쇄 정책이 중국 경제에 미치는 영향」, 《정세와 정책》 2022년 6월호; Vivian Wang, "China's zero covid bind: No easy way out despite the cost", *New York Times*, September 7, 2022, www.nytimes.com (검색일: 2022.9.8.); Zhuang Pinghui, "Zero–Covid: Why Chinese official media moved to squash hopes of swift end to policy after party congress", *South China Morning Post*, October 12, 2022, www.scmp.com (검색일:

2022.10.13.); Phoebe Zhang, "China's zero—Covid policy comes under fire, but experts don't expect big changes any time soon", *South China Morning Post*, November 27, 2022, www.scmp.com (검색일: 2022.11.28.).

6 David Pierson and Chang Che, "After mass protests, China appears to back away from harsh covid rules", *New York Times*, December 1, 2022, www.nytimes.com (검색일: 2022.12.1.); Ryan Manuel Bilvy, "Listening to Chinese whispers shielded Beijing from COVID—19 blame", *EAF*, December 4, 2022, www.eastasiaforum.com (검색일: 2022.12.17.); Keith Bradsher, Chang Che and Amy Chang Chien, "China eases zero covid restrictions in victory for protesters", *New York Times*, December 7, 2022, www.nytimes.com (검색일: 2022.12.8.).

7 Christian Shepherd and Lyric Li, "China eases covid testing and health—pass rules in wake of protests", *Washington Post*, December 7, 2022, www.washingtonpost.com (검색일: 2022.12.8.); Brian Wong, "Decoding China's covid—19 policy U—turn", *Diplomat*, December 16, 2022, www.thediplomat.com (검색일: 2022.12.20.); Zhuoran Li, "How Beijing accidentally ended the zero covid policy", *Diplomat*, January 7, 2023, www.thediplomat.com (검색일: 2023.1.25.); Lyly Kuo, "Why China dumped its zero covid policy so suddenly and disastrously", *Washington Post*, January 19, 2023, www.washingtonpost.com (검색일: 2023.1.20.); Lingling Wei and Jonathan Cheng,「習近平放棄動態清零的來龍去脈」, *Wall Street Journal*, 2023년 1월 6일, cn.wsj.com (검색일: 2023.1.12.).

8 Echo Xie, "China's potentially grim Covid death toll is avoidable, new study says", *South China Morning Post*, December 27, 2022, www.scmp.com (검색일: 2022.12.28.).

9 Muyi Xiao et al., "What Videos Show About the Extremes of China's Zero Covid Policy", *New York Times*, November 16, 2022, www.nytimes.com (검색일: 2022.11.17.); Mimi Lau and Stella Chen, "Why China's lockdown protests pose an unprecedented challenge to Beijing", *South China Morning Post*, December 2, 2022, www.scmp.com (검색일: 2022.12.3.).

10 Amy Chang Chien et al., "In a challenge to Beijing, unrest over covid lockdowns spreads", *New York Times*, November 24, 2022, www.nytimes.com (검색일: 2022.11.24.).

11 陳芳 外, 「世紀戰'疫'的中國答卷」, 《人民網》 2023年 1月 20日, www.people.com.cn (검색일: 2023.1.21.); 「動態清零」, 《百度百科》, http://baike.baidu.com (검색일: 2023.1.3.).

12 「2022년 상하이시 코로나19 봉쇄에 따른 경제 현황 및 전망」, *KITA Market Report*, 2022년 5월 30일; Zhuoran Li, "Will China learn from its biggest covid-19 mistake?" *Diplomat*, May 10, 2022. www.thediplomat.com (검색일: 2023.1.20.).

13 Xinlu Liang, "How covid-19 lockdowns in China's Xinjiang region trapped millions for months on end", *South China Morning Post*, December 4, 2022, www.scmp.com (검색일: 2022.12.5.).

14 김보성, 「최근 중국 코로나19 재확산의 영향 및 향후 방역 정책 방향」, [현지정보](한국은행 북경사무소) 2022년 11월 10일, www.bok.or.kr (검색일: 2022.11.25.).

15 Austin Ramzy, "China's zero-covid approach explained", *New York Times*, September 8, 2022, www.nytimes.com (검색일: 2022.9.9.); Jinghua Gao and Pengfei Zhang, "China's public health policies in response to COVID-19: From an authoritarian perspective", *Frontiers in Public*

Health, Vol. 9 (December 15, 2021), www.frontiersin.org; Pengfei Zhang and Jinghua Gao, "Evaluation of China's public health system response to COVID−19", *Journal of Global Health*, Vol. 11 (2021), www.jogh.org: Ziheng Shangguan and Mark Yaolin Wang, "China's community−based crisis management model for COVID−19: A zero−tolerance approach", *Frontiers in Public Health* (July 22, 2022), www.frontiersin.org; Mingniu Dong, Chen Zhou and Zhenhua Zhang, "Analyzing the Characteristics of Policies and Political Institutions for the Prevention and Control Governance of the COVID−19 Pandemic: Evidence form China", *International Journal of Environmental Research and Public Health*, Vol. 19 (2022), www.mdpi.com.

16 「中共中央政治局常務委員會召開會議, 習近平主持會議」,《人民網》 2022年 3月 17日, www.people.com.cn (검색일: 2022.3.18.).

17 「中共中央政治局常務委員會召開會議, 習近平主持會議」,《中國政府網》2022年 5月 5日, www.gov.cn (검색일: 2022.5.6.).

18 Zhuoran Li, "The logic and limitation of China's zero−COVID policy", *Diplomat*, September 14, 2021, www.thediplomat.com (검색일: 2023.1.10.); Zhuoran Li, "What keeps China's zero−COVID policy going", *Diplomat*, March 22, 2022, www.thediplomat.com (검색일: 2023.1.10.); Zhuoran Li, "China's performative zero−COVID policy", *Diplomat*, November 15, 2022, www.thediplomat.com (검색일: 2023.1.10.).

19 陳芳 外, 「在堅持中贏得戰略主動」.

20 鐘聲, 「無視中國三年抗疫貢獻暴露無知與偏見」,《人民網》2023年 1月 20日, www.people.com.cn (검색일: 2023.1.21.).

21 仲聲, 「因時因勢決策 科學精準防控」,《人民網》2022年 12月 16日,

www.people.com.cn (검색일: 2022.11.17.); 仲聲, 「不斷築牢保障人民健康安全的防控屏障」, 《人民網》 2022年 12月 17日, www.people.com.cn (검색일: 2022.12.18.); 仲聲, 「在疫情防控中有力保障改善民生」, 《人民網》 2022年 12月 18日, www.people.com.cn (검색일: 2022.12.19.); 仲聲, 「最大程度保護人民生命安全和身體健康」, 《人民網》 2022年 12月 19日, www.people.com.cn (검색일: 2022.12.20.); 仲聲, 「最大限度減少疫情對經濟社會發展的影響」, 《人民網》 2022年 12月 20日, www.people.com.cn (검색일: 2022.12.21.).

22 Carry Wu et al., "Chinese citizen satisfaction with government performance during COVID−19", *Journal of Contemporary China*, Vol. 30, No. 132 (2021), pp. 930−944; Jeroen de Kloet, Jian Lin and Jueling Hu, "The politics of emotion during COVID−19: Turning fear into pride in China's WeChat discourse", *China Information*, Vol. 35, No. 3 (2021), pp. 366−392.

23 Alexandra Stevenson and Zixu Wang, "The age of P.C.R. prosperity?: China's covid−Testing strategy comes under strain", *New York Times*, October 12, 2022, www.nytimes.com (검색일: 2022.10.13.).

24 서유진, 「中 봉쇄 포기 속사정 드러났다…광둥성서만 방역 비용 27조원」, 《중앙일보》 2023년 1월 17일, www.joongang.co.kr (검색일: 2023.1.18.); 임진수, 「中 방역 비용 급증에 체로 코로나 포기…광둥성만 3년 27조원」, 《노컷뉴스》 2023년 1월 17일 (검색일: 2023.1.18.).

25 "COVID−19 made China's debt problem worse", *Diplomat*, May 18, 2021, www.thediplomat.com (검색일: 2022.5.8.).

26 「中 지방채 이자 부담액 1조 위안 돌파」, *CSF*(중국 전문가포럼) 2023년 2월 2일, csf.kiep.go.kr (검색일: 2023.2.3.).

27 李心萍, 「2022年全國城鎮新增就業1206萬人」, 《人民網》2023年 1月 19日, www.people.com.cn (검색일: 2023.1.19.).

28 Frank Tang, "Why China's zero-Covid U-turn has cast a long shadow over Beijing's economic leadership", *South China Morning Post*, January 12, 2023, www.scmp.com (검색일: 2023.1.13.).

29 Luna Sun, "China GDP: One-fifth of economy is under lockdown, and analysts expect it to get much worse", *South China Morning Post*, November 24, 2022, www.scmp.com (검색일: 2022.11.24.).

30 Josephine Ma, "Chinese officials say Covid peak passed in many places but aren't so open about death toll", *South China Morning Post*, January 10, 2023, www.scmp.com (검색일: 2023.1.11.); Josephine Ma, "Beijing has costly lessons to learn in the wake of zero-Covid", *South China Morning Post*, December 13, 2022, www.scmp.com (검색일: 2022.12.13.).

31 Josephine Ma, "How Omicron variant of coronavirus led to busting of China's zero-Covid dykes", *South China Morning Post*, January 11, 2023, www.scmp.com (검색일: 2023.1.12.); Huo Jingnan, 「是奧秘克戎變異了, 還是專家變異了?: 中國放棄清零, 困惑與假消息蔓延」, *NPR*, December 20, 2022, www.npr.org (검색일: 2023.1.12.).

32 Harris Doshay et al., "How (un)popular is covid-zero?" *China Data Lab*, chinadatalab.ucsd.edu (검색일: 2022.12.8.).

33 Chang Che, Claire Fu and Amy Chang Chien, "As China reopens, online finger-pointing shows a widening gulf", *New York Times*, January 11, 2023, www.nytimes.com (검색일: 2023.1.13.).

34 習近平, 「國家主席習近平發表二〇二三年新年賀詞」, 《新華社》2022年 12月 31日, www.gov.cn (검색일: 2023.1.1.).

35 Xiaohan Wang et al., "Policy disparity in fighting COVID−19 among Japan, Italy, Singapore and China", *International Journal for Equity in Health*, Vol. 20, No. 33 (2021), doi.org (검색일: 2022.12.25.); Jin−Ling and Kamran Abbasi, "What can the world learn from China's response to covid−19", *BMJ*, 2021:375:n2806, dox.doi.org(검색일: 2023.1.13.); Hao Jin et al., "COVID−19 emergencies around the globe: China's experience in controlling COVID−19 and lessons learned", *International Journal for Quality in Health Care* (December 2020), doi:10.1093/intqhc/mzaa143 (검색일: 2023.1.13.).

36 Shibanin Mahtani and Theodora Yu, "For two years, Hong Kong held off the pandemic. Then everything fell apart", *Washington Post*, February 16, 2022, www.washingtonpost.com (검색일: 2022.2.17.); Umair Irfan, "How Hong Kong's pandemic success story turned into a nightmare", *Vox*, March 25, 2022, www.vox.com (검색일: 2022.11.9.).

37 Zhou Xin, "How Hong Kong's pandemic fight experience can help China escape the zero−Covid trap", *South China Morning Post*, November 8, 2022, www.scmp.com (검색일: 2022.11.9.).

38 Brian Wong, "Decoding China's covid−10 policy U−turn", *Diplomat*, December 16, 2022, www.thediplomat.com (검색일: 2022.12.20.).

39 陳芳 外, 「世紀戰'疫'的中國答卷」.

40 「中共中央政治局常務委員會召開會議 習近平主持會議」, 《中國政府網》2022年 11月 1日, www.gov.cn (검색일: 2022.11.2.).

41 國務院 聯防聯控機制 綜合組, 「關於進一步優化新冠肺炎疫情防控措施 科學準確做好防控工作的通知」(2022.11.11.).

42 仲音, 「堅定不移貫徹動態清零總方針」, 《人民網》2022年 11月 15日,

www.people.com.cn (검색일: 2022.11.16.); 新華社評論員, 「堅持三個堅定
不移不動搖」, 《中國政府網》 2022年 11月 19日, www.gov.cn (검색일:
2022.11.20.).

43 Zhenze Huang, "China's 'fragmented authoritarianism' during the
COVID-19 pandemic", *Diplomat*, June 22, 2022, www.thediplomat.com
(검색일: 2022.9.25.).

44 Connie Mei Pickart, "Resentment is rising against China's zero-COVID
policy", *Diplomat*, September 29, 2022, www.thediplomat.com (검색일:
2022.10.5.); Mimi Lau, "Why China's local officials will remain caught
in zero-Covid paradox", *South China Morning Post*, November 9, 2022,
www.scmp.com (검색일: 2022.11.9.); Xinlu Liang, "China warns cities
against the ease Covid-19 response", *South China Morning Post*, November
17, 2022, www.scmp.com (검색일: 2022.11.19.).

45 '백지'는 세 가지 의미를 띠고 있다. 첫째는 '목소리가 없다', 즉 언론 통
제와 표현의 자유 부재에 대한 항의다. 둘째는 화재 희생자에 대한 추
모다(흰색은 애도의 상징). 셋째는 소련 경험과 홍콩 시위의 모방이다.
Chang Che and Amy Chang Chien, "Memes, puns and blank sheets of
paper", *New York Times*, November 28, 2022, www.nytimes.com (검색일:
2022.11.30.).

46 Vivian Wang, "A protest? A vigil? In Beijing, anxious crowds are
unsure how far to go", *New York Times*, November 28, 2022, www.
nytimes.com (검색일: 2022.11.30.).

47 최예지, 「중 현지 반응: 코로나 정책 완화 원해…반정부 시위는 과장」,
《아주경제》 2022년 11월 29일, www.ajunews.com (검색일: 2022.11.30.).

48 Holly Chik, "Were China's 3 years of strict Covid controls a wasted

opportunity?" *South China Morning Post*, January 12, 2023, www.scmp.
com (검색일: 2023.1.13.); Shannon Tiezzzi, "The real importance of
China's zero covid protests", *Diplomat*, November 28, 2022, www.
thediplomat.com (검색일: 2022.11.30.).

49 Chris Buckley, "After Xi's coronation, a roar of discontent against his
hard—line politics", *New York Times*, December 1, 2022, www.nytimes.
com (검색일: 2022.12.3.).

50 Kathy Huang et al., "Did China's street protests end harsh COVID
policies?" Council on Foreign Relations, December 14, 2022, www.cfr.
org (검색일: 2022.12.23.); Corey Lee Bell, "Why Xi Jinping's China will
clamp down harder on domestic criticism", *Diplomat*, January 11, 2023,
www.thediplomat.com (검색일: 2023.1.15.).

51 「以有力舉措貫徹落實黨的二十大精神 堅決維護國家安全和社
會穩定」,《人民網》2022年 11月 30日, www.people.com.cn (검색일:
2022.11.30.); Phoebe Zhang, "China's security chief vows crackdown
on hostile forces after protests against Covid restrictions", *South China
Morning Post*, November 30, 2022, www.scmp.com (검색일: 2022.11.30.);
Paul Mozur et al., "How China's police used phones and faces to track
protests", *New York Times*, December 4, 2022, www.nytimes.com (검색
일: 2022.12.4.); Cate Cadell and Christian Shepherd, "Tracked, detained,
vilified: How China throttled anti—covid protests", *Washington Post*,
January 4, 2023, www.washingtonpost.com (검색일: 2023.1.4.).

52 「孫春蘭强調 充分發揮各方專家優勢 不斷優化完善防控措施」,《中國
政府網》2022年 11月 30日, www.gov.cn (검색일: 2022.12.1.).

53 Finbarr Bermingham, "Chinese President Xi Jinping believes frustrated students are behind Covid−19 protest, EU officials say", *South China Morning Post*, December 2, 2022, www.scmp.com (검색일: 2022.12.3.).

54 윤고은, 「중 방역 혼란…오미크론 독감 같아 vs 방역 완화는 서방의 음모」, 《연합뉴스》 2022년 12월 4일, www.yna.co.kr (검색일: 2022.12.5.); Zhuang Pinghui, "Coronavirus: Cities in China roll back testing in a sign of shift in strict zero−Covid policy", *South China Morning Post*, December 2, 2022, www.scmp.com (검색일: 2022.12.3.).

55 楊彥帆, 「落細落實防控措施, 有效抓好疫情處置(國務院聯防聯控機制發佈會)」, 《人民網》 2022年 11月 30日, www.people.com.cn (검색일: 2022.11.30.).

56 國務院 聯防聯控機制 綜合組, 「關於進一步優化落實新冠肺炎疫情防控措施的通知」(2022.12.7.).

57 「持續提高防控科學精準水平: 國務院聯防聯控機制新聞發佈會解讀 '新十條'看點」, 《中國政府網》 2022年 12月 8日, www.gov.cn (검색일: 2022.12.9.).

58 준준형, 「중 한 달간 병원 내 코로나 사망자 약 6만 명…유행 정점 찍고 하향」, 《연합뉴스》 2023년 1월 15일, www.yna.co.kr (검색일: 2023.1.16.); Phoebe Zhang, "Amid China's coronavirus crisis, Beijing draws doctors and staff from provinces to ease overwhelmed hospitals", *South China Morning Post*, December 23, 2022, www.scmp.com (검색일: 2022.12.23.); Xinlu Liang, "Why has China had such a struggle vaccinating the elderly against Covid−19?" *South China Morning Post*, December 26, 2022, www.scmp.com (검색일: 2022.12.27.); Jane Cai, "China's sudden shift form Covid−zero raises more questions than answers", *South China Morning Post*, December 28, 2022, www.scmp.com (검색일: 2022.12.28.); Chang

Che, "Covid is spreading rapidly in China, new sighs suggest", *New York Times*, December 25, 2022, www.nytimes.com (검색일: 2022.12.26.); Christian Shepherd et al., "After years with little covid, videos show China is now getting hit hard", *Washington Post*, December 27, 2022, www.washingtonpost.com (검색일: 2022.12.30.).

59 「中共中央政治局常務委員會召開會議, 聽取近期新冠疫情防控工作情況匯報」(2023).

60 Zhou Xin, "Pragmatism, not ideology, is driving China's new Covid controls and property policy", *South China Morning Post*, December 16, 2022, www.scmp.com (검색일: 2022.12.16.); Zhou Xin, "Why China's embrace of economic pragmatism in the case of chaotic zero−Covid exit deserves attention and recognition", *South China Morning Post*, December 20, 2022, www.scmp.com (검색일: 2022.12.20.).

KI신서 11754

중국의 위기 대응 정책:
코로나와의 인민 전쟁

1판 1쇄 인쇄 2024년 2월 14일
1판 1쇄 발행 2024년 3월 18일

지은이 조영남
펴낸이 김영곤
펴낸곳 (주)북이십일 21세기북스

인문기획팀장 양으녕   **책임편집** 노재은
디자인 푸른나무디자인
출판마케팅영업본부장 한충희
마케팅2팀 나은경 정유진 박보미 백다희 이민재
출판영업팀 최명열 김다운 김도연 권채영
제작팀 이영민 권경민

출판등록 2000년 5월 6일 제406-2003-061호
주소 (10881) 경기도 파주시 회동길 201(문발동)
대표전화 031-955-2100 **팩스** 031-955-2151 **이메일** book21@book21.co.kr

ⓒ 조영남, 2024
ISBN 979-11-7117-442-3 (93340)

(주)북이십일 경계를 허무는 콘텐츠 리더

21세기북스 채널에서 도서 정보와 다양한 영상자료, 이벤트를 만나세요!
페이스북 facebook.com/jiinpill21   **포스트** post.naver.com/21c_editors
인스타그램 instagram.com/jiinpill21   **홈페이지** www.book21.com
유튜브 youtube.com/book21pub

서울대 **가**지 않아도 들을 수 있는 **명강**의! 〈서가명강〉
'서가명강'에서는 〈서가명강〉과 〈인생명강〉을 함께 만날 수 있습니다.
유튜브, 네이버, 팟캐스트에서 '서가명강'을 검색해보세요!